ADAC
Reiseführer

Rügen

Hiddensee Stralsund

von Gabriel Calvo Lopez-Guerrero
und Sabine Tzschaschel

Intro

Unterwegs

St. Nikolai

St. Nikolai

Ein Rundgang

RUNDGANG

1 Bürgermeisteraltar, zw. 1500 und 1516 von den Bürgermeistern Henning Mörder und Sabel Oseborn gestiftet. Im Mittelteil die Kreuzabnahme, auf dem linken Seitenflügel St. Georg und Katharina, rechts Martin und das Martyrium einer weiteren Heiligen. Auf den Malflügeln Szenen aus dem Leben von Maria und Jesus.

2 Barockes Taufgehäuse, 1714, von Elias Kessler. An den Ecken die christlichen Tugenden Glaube, Liebe, Hoffnung, Geduld. Auf dem Baldachin Johannes der Täufer.

3 Kreuztragender Christus, um 1400.

4 Hauptaltar, 1708 nach Entwurf von Andreas Schlüter von Bildhauer Thomas Phalert geschaffen. In der Mitte das Auge Gottes im Wolkenkranz musizierender Engel, darüber Abendmahlsdarstellung. Kreuzigung Jesu von Maria und Johannes und den allegorischen Gestalten Hoffnung (Anker) und Glaube (Buch) umrahmt.

5 Kanzel, 1611. Von Mosestatue getragen. Im Kanzelkorb Alabasterreliefs mit Lebensgeschichte Jesu. Am Kanzelportal die Apostel Petrus und Paulus, darüber der Sündenfall. Treppenbrüstung mit den vier Evangelisten. Schalldeckel von 1678.

6 Hochaltar, um 1480 aus Stralsunder Werkstatt. Im Mittelbild Kreuzigung Jesu (während Auslagerung 1945 teilweise zerstört) mit Kruzifix von Johann-Peter Hinz von 1997. Auf den Flügeln Passionsszenen, in der Predella die Kindheitsgeschichte Jesu. Die Malflügel des Hochaltars seit 1988 an den Chorpfeilern.

7 Kruzifix, 2. Hälfte des 14. Jhdts. Ursprünglich auf dem Triumphbalken.

8 Tauffünte, vor 1260, von gotländischen Steinmetzen für die Vorgängerkirche gefertigt.

9 Altar der Schneider, spätes 15. Jhdt. Im Mittelbild oben ein Gnadenstuhl, unten Maria mit spielendem Jesus. Malflügel mit Szenen aus der Passion Jesu.

10 Altar der Familie Junge, um 1430. Im Zentrum eine ‚Schöne Madonna des weichen Stils‘. Auf den Flügeln die Verkündigung.

Herzlich willkommen in St. Nikolai!

Wir freuen uns über Ihren Besuch in unserer Kirche und wünschen Ihnen Momente der Ruhe und der Besinnung.
Mit diesem kleinen Führer wollen wir Ihnen die wichtigsten Ausstattungsstücke unserer Kirche etwas näher bringen. Wir würden uns sehr freuen, wenn Sie uns gegen Ende Ihres Besuches mit einer Spende helfen würden, diese schöne Kirche zu erhalten.
Wir wünschen Ihnen Gottes reichen Segen auf Ihrem Weg.

Die Gemeinde St. Nikolai

DER BAU

St. Nikolai ist die älteste Kirche Stralsunds. Mit der Verleihung des Stadtrechtes 1234 begann der Bau einer Hallenkirche. Ein Brand oder Einsturz war vermutlich Anlass, diesen Bau im Bereich des Chores wieder abzureißen und nach dem Vorbild französischer Kathedralen neu zu errichten. Bereits 1279 wird die Weihe der Hochaltars überliefert. Langhaus und Turm des Vorgängerbaus werden zu Beginn des 14. Jhdts. abgerissen. Es wird mit dem Bau der Doppelturmanlage begonnen. Bis etwa 1350 ist der Bau abgeschlossen.
Die Ratskirche wird mit 56 Altären ausgesprochen reich ausgestattet. Der größte Teil der Altäre wurde mit der Reformation (1525) aus der Kirche entfernt. In nachreformatorischer Zeit wurden die Kapellen als Räume für die Bestattung vornehmer Bürgerfamilien genutzt.
Seit 1971 wird mit erheblichen kirchlichen Mitteln das Äußere der Kirche vor dem Verfall bewahrt. Die Restaurierung des Innenraumes der Kirche begann 1980. Ziel der Restaurierung ist die Architekturfarbigkeit von 1350. In den Jahren 2003 bis 2006 wurde die bedeutende frühromantische Orgel des Berliner Orgelbauers Carl August Buchholz (1841) komplett auf den Originalzustand mit mechanischer Traktur zurückgeführt und restauriert.

GESCHICHTE

1270 – 1350	Bauzeit der heutigen Kirche
1276	erste urkundliche Erwähnung
1279	Weihe des Hochaltars
um 1260	Großplastik der Annaselbdritt
1311	Bauarbeiten am Turmmassiv
1357	Messinggrabtafel des Bürgermeisters Hovener
1394	Astronomische Uhr
nach 1400	Gestühl der Rigafahrer
1411	Gewandschneider geben die Chorschranken in Auftrag
um 1420	Albert Junge stiftet den Altar mit der „Schönen Madonna des weichen Stils“
1451	Stiftung des Altars der Riemer und Beutler
um 1480	Hochaltar
um 1480	Altar der Schneider
um 1500	Altar der Bergenfahrer
um 1510	Bürgermeisteraltar
1525	Reformation in Stralsund
1574	Krämergestühl
1611	Kanzelkorb
1652	Ratsgestühl
1678	Schalldeckel der Kanzel
1707 –33	Trennaltar
1714	Barocktaufe
1840 – 41	Orgelbau durch Buchholz (Berlin)
1888 – 1909	Generalinstandsetzung, neugotische Architekturfassung
1971	Beginn der jetzigen Instandsetzung
ab 1981	Rekonstruktion der Architekturfassung
1986	Chororgel durch Schuke (Potsdam)
1993	Abbruch sämtlicher Arbeiten bis auf Einzelobjekte wegen nicht vorhandener finanzieller Mittel
1994	Restaurierung Astronomische Uhr
1995	Wiederaufstellung des Jungealtars und Restaurierung des Westportals
1995 – 2011	Restaurierung des Hochaltars
1996	Umhängung der Lehmeier-Glocke (Stralsund, 1662; Gewicht: 1.600 kg)
1997	Kruzifix von Johann-Peter Hinz
2003 – 06	Restaurierung der Buchholz-Orgel
2006	Einbau der Fenster von Prof. Johannes Schreiter

MACHT Urlaub

Die Ausstellung zum "KdF-Seebad" Prora

dokumentations zentrum prora

Ein Projekt der Stiftung NEUE KULTUR

Die Anlage in Prora war eine Verheißung des nationalsozialistischen Regimes: 20.000 Menschen sollten hier Urlaub machen. In ihrer Monumentalität ist sie ein sozialgeschichtlich wichtiges Zeugnis für das Bemühen des NS-Regimes, die Arbeiter, deren Parteien und Organisationen 1933 zerschlagen worden waren, zu befrieden und für die Kriegs-, Lebensraum- und Rassenpolitik zu gewinnen. Die "Nerven des Volkes", so stellten führende NS-Funktionäre heraus, sollten für den nächsten Krieg gestärkt werden.
Das "KdF-Seebad der Zwanzigtausend" ist ein baugeschichtlich interessantes Beispiel für den Gebrauch der Architektur der Moderne im Nationalsozialismus, ein Baustil, der damals offiziell verfemt war.
Das Gelände war zu Zeiten der DDR militärisches Sperrgebiet und wurde erst 1991 für die Öffentlichkeit zugänglich.
Gegenwärtig ist Prora im In- und Ausland als Denkmal der Bau- und Sozialgeschichte des "Dritten Reiches" bekannt und wird jährlich von Hunderttausenden besucht.

Die "Deutsche Arbeitsfront" (DAF) und die NS-Gemeinschaft "Kraft durch Freude" (KdF)

Die "Deutsche Arbeitsfront" war an die Stelle der am 2. Mai 1933 gewaltsam aufgelösten Gewerkschaften getreten und diente ausdrücklich nicht der Wahrung wirtschaftlicher und sozialer Interessen der Arbeiter: "Das hohe Ziel der Arbeitsfront ist die Erziehung aller im Arbeitsleben stehenden Deutschen zur nationalsozialistischen Gesinnung", wie der Führer der Arbeitsfront Robert Ley formulierte. Die Arbeitsfront übernahm das beschlagnahmte Vermögen und auch die Mitglieder der Gewerkschaften und wurde dadurch zur reichsten und mitgliederstärksten NS-Massenorganisation.
Die NS-Gemeinschaft "Kraft durch Freude" wurde im Rahmen der DAF im November 1933 gegründet und hatte im "Dritten Reich" die Aufgabe, die Arbeiter in ihrer Freizeit zu betreuen. Dazu sollten auch Großprojekte dienen, wie etwa eine Flotte von "KdF-Urlaubsschiffen", der "KdF-Wagen" – Volkswagen – und auch das "KdF-Seebad Rügen", das ein Prototyp für vier weitere Bäder sein sollte. Die KdF-Organisation war durch ihre Freizeitangebote die populärste und erfolgreichste Gliederung der DAF.
Das "KdF-Seebad" war bis 1939 – ähnlich dem "KdF-Wagen" – ein wesentliches Element der sozialen Propaganda des Regimes.

Das "KdF-Seebad der Zwanzigtausend" in Prora/Rügen

Die etwa 4,5 km lange Anlage des "KdF-Seebades" wurde im Auftrag der NS-Gemeinschaft "Kraft durch Freude" zwischen 1936 und 1939 gebaut und in großen Teilen vollendet. Der Architekt Clemens Klotz plante entlang der Küstenlinie 8 Bettenhäuser, 450 m lange Trakte. Heute stehen davon drei südlich des geplanten, unbebauten Festplatzes und zwei im Norden, Ruinen zweier weiterer Blöcke schließen sich dort an. Die Anlage ist neben dem Reichsparteitagsgelände in Nürnberg die größte geschlossene architektonische Hinterlassenschaft der nationalsozialistischen Zeit und steht heute unter Denkmalschutz.
Bereits 1936 hatte Hitler verlangt, dass die Anlage in Prora "im Kriegsfalle" auch als Lazarett nutzbar sein sollte. 1939, mit

"KdF-Seebad Rügen", Architekturperspektive nach dem Entwurf von Clemens Klotz, 1936

Kriegsbeginn, wurden die Arbeiten in Prora eingestellt und die Bauarbeiter zum Raketenversuchsgelände Peenemünde abgezogen, wo die "V-Waffen" entwickelt wurden. Die Anlage blieb unvollendet, Prora ist als "KdF-Bad" nie genutzt worden. Teile der Anlage dienten nach 1939 zur Ausbildung eines Polizeibataillons, auch Nachrichtenhelferinnen der Kriegsmarine wurden hier geschult. Zwangsarbeiter und Kriegsgefangene wurden in Prora für Ausbauarbeiten eingesetzt, auch an diesem erklärten Ort der Freude und Erholung gab es Opfer der Gewaltherrschaft. 1943 fanden Menschen aus Hamburg, die durch Bombenangriffe obdachlos geworden waren, Notunterkünfte in Prora, gegen Kriegsende dann Flüchtlinge aus dem Osten. 1944 diente Prora auch als Lazarett.

Das Dokumentationszentrum Prora

Die seit 2004 gezeigte Dauerausstellung MACHTUrlaub dokumentiert einmal die Bau- und Nutzungsgeschichte der Anlage. Thematisiert werden die Hintergründe des Projektes und seine Vereinnahmung durch die nationalsozialistische Propaganda sowie das regionale Umfeld zu dieser Zeit. Ein weiterer Ausstellungsteil bettet die Geschichte der Anlage in die Arbeits- und Sozialgeschichte des Nationalsozialismus ein. Ausgehend von dem nationalsozialistischen Gesellschaftsmodell der "Volksgemeinschaft" wird ein umfassendes Panorama der Arbeits- und Lebenswelt im "Dritten Reich" dargestellt.
Neben zahlreichen Bild- und Textdokumenten zeigen Ton- und Filmsequenzen, wie aus der Sicht des Regimes die "Volksgemeinschaft" gestaltet werden sollte, ein dokumentarischer Begleitfilm ist Teil der Ausstellung.

Dokumentationszentrum Prora

Die Ausstellung hat einen engen Bezug zu ihrem Ausstellungsort, dem ehemaligen "KdF-Bad" Prora, an dem sie zu historischer Aufklärung und politischer Bildung beitragen möchte. Sie beschäftigt sich als erste Dauerausstellung in Deutschland mit dem Thema Arbeits- und Sozialgeschichte des "Dritten Reiches". Begleitet wird die Dokumentation durch wechselnde Ausstellungen und Veranstaltungen mit Themen zu Geschichte, Architektur, Kunst, Natur und Politik.

Das "KdF-Seebad Rügen" und die deutsche "Volksgemeinschaft"
Rundgang durch die Ausstellung

2. **Das "KdF-Seebad Rügen"**
2.1 Rügen im Nationalsozialismus
2.2 Idee und Planung
2.3 Das "KdF-Seebad Rügen" in der Propaganda
2.4 Baugeschichte und Nutzung bis 1945
2.5 Nachkriegsgeschichte

3. **Die deutsche "Volksgemeinschaft"**
3.1 Das Modell der deutschen "Volksgemeinschaft"
3.2 Formierung der "Volksgemeinschaft"
3.3 Soziale Realitäten der deutschen "Volksgemeinschaft"
3.4 Propaganda und Massenkultur
3.5 Die Instrumentalisierung der Kultur
3.6 Die "Modernität" des NS-Staates

Filmraum: Begleitfilm zur Ausstellung, 35 Minuten

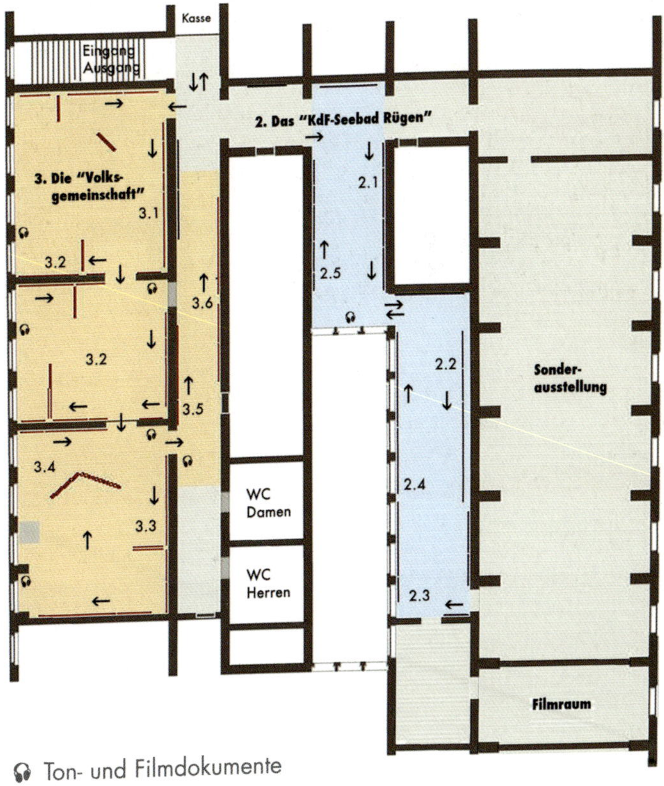

Ton- und Filmdokumente

Die Ausstellung wird sukzessive erweitert - deshalb beginnt der aktuell zu sehende Teil mit der Nummerierung 2.

die als Gefolgschaft dem "Führer" treu und gehorsam ergeben sein und dann ein Anrecht auf soziale Leistungen, wie etwa den Urlaub in Prora, haben sollte.
An dem NS-Monumentalbau in Prora wird die gefährliche Faszination des Nationalsozialismus spürbar. Und eben an diesem Ort können die politischen Hintergründe aufgedeckt, das nationalsozialistische Gesellschaftssystem in seiner Komplexität beschrieben und Mythen entzaubert werden. Zeigen nicht die Anlage mit ihren endlosen Reihungen und Massierungen, die vogesehene zentrale Festhalle für Massenveranstaltungen, der Mangel an privater Rückzugsmöglichkeit eine strukturelle Gewalt, die nicht zufällig an Kasernen erinnert?
Es ist kein Abstrich an der Authentizität des Ortes, dass Prora als "KdF-Bad" nicht in Betrieb gegangen ist, sondern Folge der expansionistischen und rassistischen Politik des "Dritten Reiches", die eine viel größere Dynamik entwickelte als die Bemühungen um die "Deutsche Volksgemeinschaft" und die innere Befriedung. Die Anlage ist ein Beleg des Scheiterns der nationalsozialistischen Sozialpolitik, ein Scheitern als Konsequenz der Politik des "Dritten Reiches", zu der genauso Völkermord, Massengräber und Zivilisationsbruch gehörten.

KdF Werbeplakat von 1939. Im Hintergrund die Bauten von Prora

Bezeichnenderweise fand die Grundsteinlegung in Prora am dritten Jahrestag des "Sturms auf die Gewerkschaften", am 2. Mai 1936, statt. Seebad und Volkswagen wurden nur propagandistisch, nie jedoch als soziale Wohltaten wirksam. Mit Beginn des Krieges 1939 wurden die gesamte KdF-Organisation und ihre Einrichtungen für den Krieg dienstbar gemacht. Teil dieser Geschichte ist auch der Tod tausender Flüchtlinge beim Untergang des militärisch genutzten KdF-Schiffes "Wilhelm Gustloff" in der Ostsee im Januar 1945.

Schiffsneubauten der Kdf "Robert Ley" und "Wilhelm Gustloff", 1939

Ein Denkmal der Zeitgeschichte

In der deutschen Erinnerungslandschaft werden bisher vor allem die Verbrechen des NS-Regimes dargestellt. Die Beschäftigung mit den Verheißungen und Angeboten des Regimes – die vorgeblich klassenlose "Volksgemeinschaft", die Partizipation an Kultur, Reisen, Konsum, Technik und Motorisierung – ist aber unverzichtbar für das Verständnis der Zeit. Erst die Gesamtheit von glänzender Fassade und unfassbaren Gewaltverbrechen, von Moderne und Barbarei ergibt ein Bild vom "Dritten Reich", das für nachfolgende Generationen verständlich ist.

Nach mehr als einem halben Jahrhundert nach Kriegsende hält sich der Mythos von angeblich guten Seiten, von sozialen Errungenschaften des "Dritten Reiches". Prora ist der Ort, an dem sich dieser immer noch wirkende Mythos architektonisch monumental kristallisiert. Dieser Mythos entspricht aber nicht der sozialen Realität in der nationalsozialistischen Gesellschaft, die durch soziale Ungleichheit und Ausgrenzung ganzer Bevölkerungsgruppen gekennzeichnet war. Die Ideologie der "Volksgemeinschaft" beschwor eine rassisch und politisch homogene Gemeinschaft,

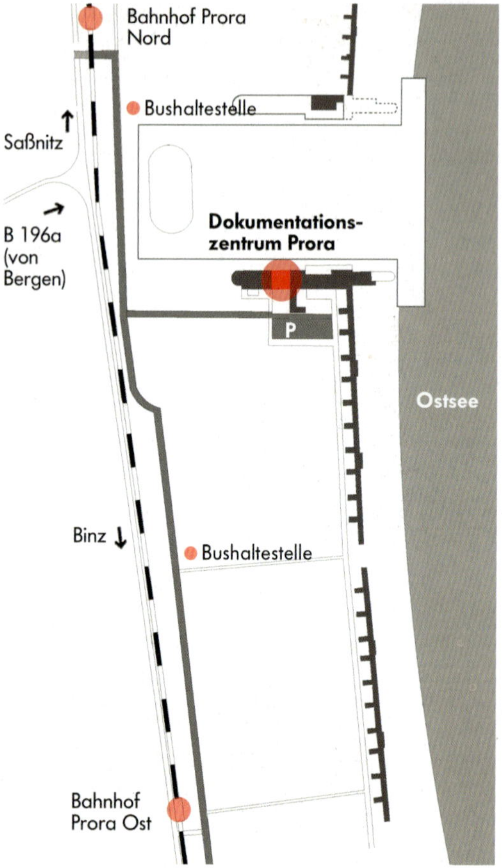

dokumentationszentrum prora
Objektstraße 1 - Block 3/Querriegel · 18609 Prora
Telefon (038393) 13991 · Fax (038393) 13934

Öffnungszeiten
März · April · Mai · September · Oktober · täglich 10.00-18.00 Uhr
Juni · Juli · August · täglich 9.30-19.00 Uhr
November · Dezember · Januar · Februar · täglich 11.00-16.00 Uhr

täglich Führungen

Büro Berlin
Telefon (030) 27594166 · Fax (030) 27594167

www.prora.eu · info@prora.eu

dokumentationszentrum prora · Stiftung Neue Kultur · Mecklenburg Vorpommern · Bildung und Kultur · Kultur 2000

GERHART-HAUPTMANN-HAUS

Kloster auf Hiddensee

HAUS SEEDORN

Das Haus in dem Gerhart Hauptmann in den Sommern 1926 bis 1943 lebte und arbeitete.

Grundriss des Gerhart-Hauptmann-Hauses

Erdgeschoss

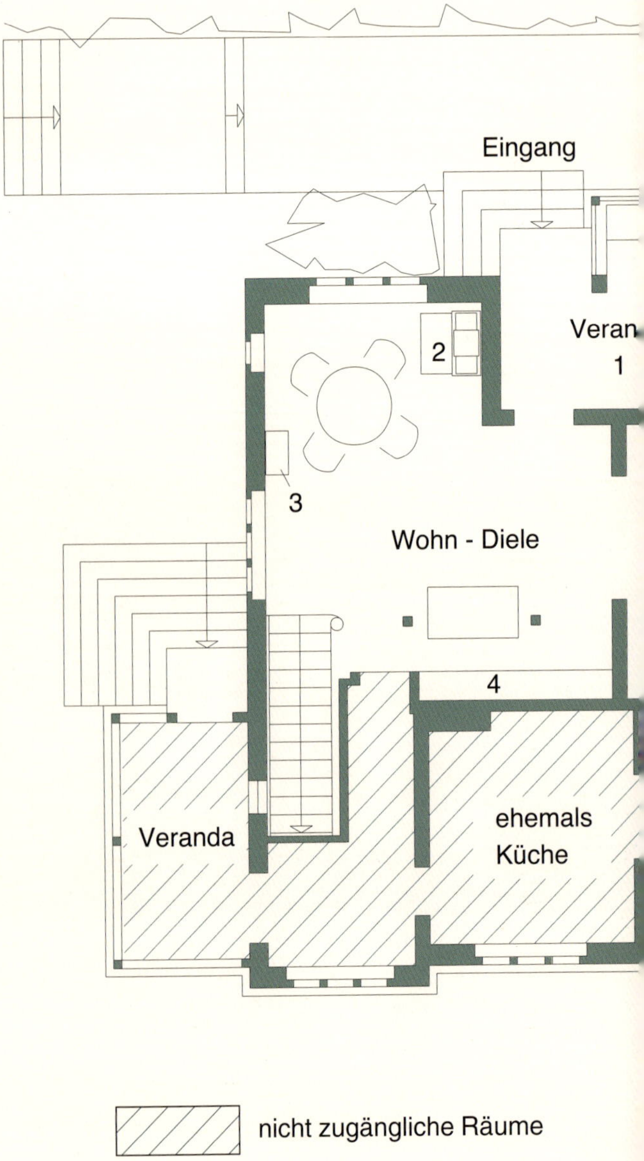

1. Obergeschoss

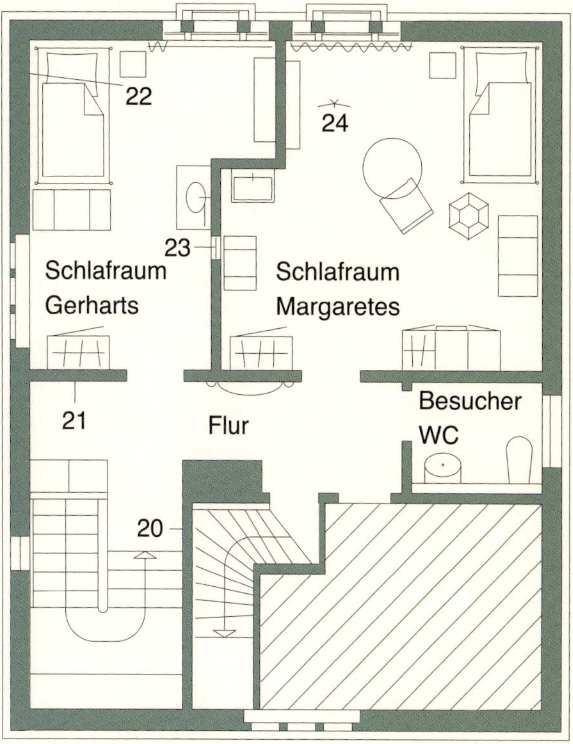

LEGENDE
1. Obergeschoss

20 Aquarelle von Ivo Hauptmann
21 Fotokopien der Wandbeschriftung
22 Bleistiftnotizen an der Wand
23 Verbindungsfenster
24 Notenständer

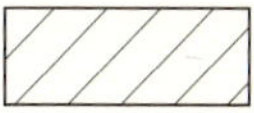
nicht zugängliche Räume

„In meines Hauses stillem Raum herrscht der Traum“
Gerhart Hauptmann „Die Insel“ Hiddensee 1943

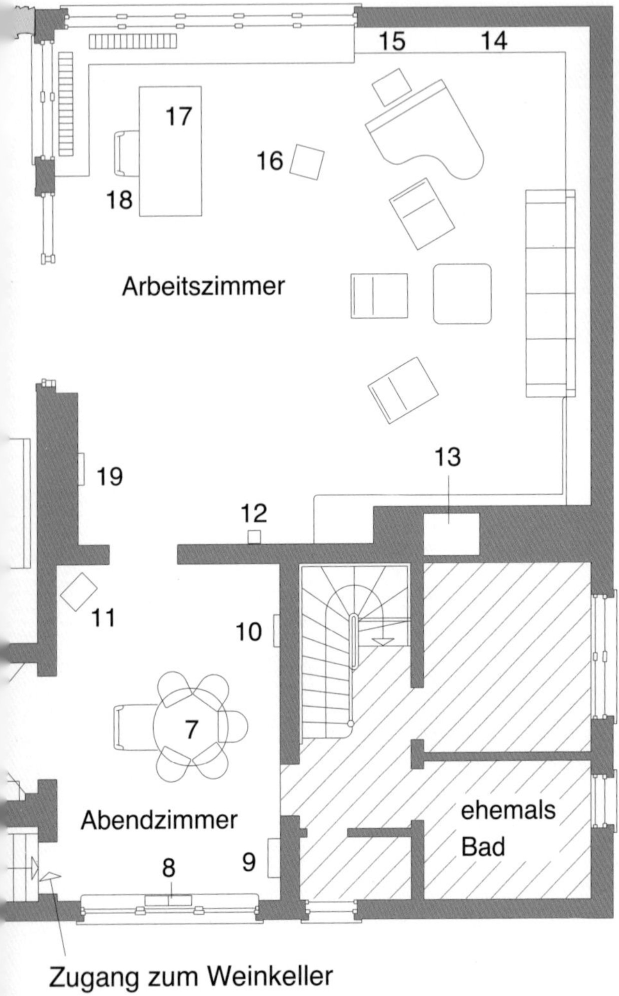

10 Messing-Blaker
11 Skulptur von Georg Kolbe
12 Christus-Torso, 13. Jh., italienisch
13 Kamin
14 Nachlassbibliothek
15 Nobelpreismedaille 1912 u. Geschenke
16 Stehpult
17 Schreibtisch aus Makassarholz
18 Schreibtischsessel gedrechselt
19 Kruzifix, 15. Jh., italienisch

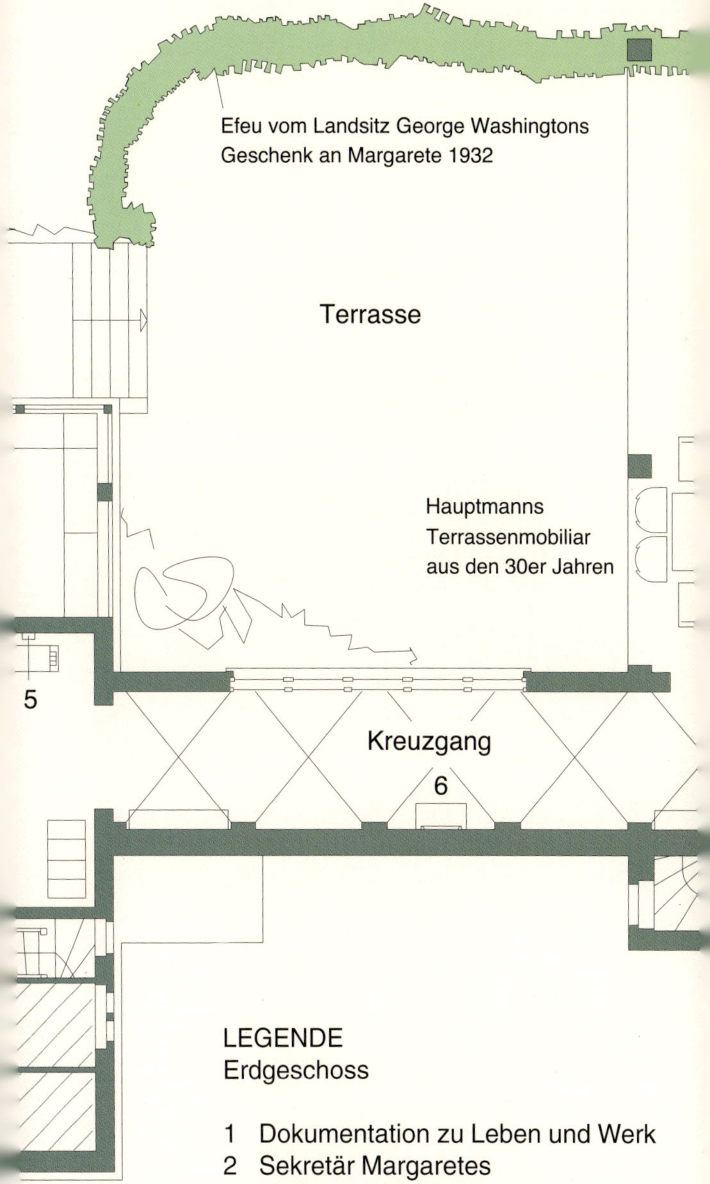

LEGENDE
Erdgeschoss

1 Dokumentation zu Leben und Werk
2 Sekretär Margaretes
3 Radio aus den 30er Jahren
4 eingebauter Vitrinenschrank
5 Totenmaske von E. Rülke
6 Renaissance-Kommode und Barockspi
7 Eßtisch mit Ohrensessel Margaretes und Chippendale-Stühlen
8 Fotoalbum der Familie Hauptmann
9 Wiener Hausherrenuhr, Empire Stil

Der Sommerwohnsitz Gerhart Hauptmanns ist eines der wenigen noch im Originalzustand erhaltenen Dichterhäuser.

Arbeitszimmer, Schlafzimmer, Kreuzgang und Weinkeller, Terrasse und Park vermitteln, wie der Künstler auf der Insel der Fischer, Maler und Poeten lebte.

Eine Ausstellung informiert über Leben und Werk und über neue Inszenierungen seiner Stücke auf den Theatern.

Foto: Beyer

Von Ostern bis Oktober können Sie abends in intimer Atmosphäre des Arbeitszimmers profilierte Schriftsteller, Musiker und Schauspieler erleben.

Wir bieten Bücher und als besonders Souvenir den Wein an, den Hauptmann bevorzugte.

Öffnungszeiten

Mai bis Oktober	täglich 10 - 17 Uhr
November bis April	täglich 11 - 16 Uhr

Januar geschlossen
Führungen auf Anmeldung

Gerhart-Hauptmann-Haus
Kirchweg 13
18565 Kloster

Telefon:	038300 - 397
Fax:	038300 - 60565
E-Mail:	hauptmannhaus@gmx.de
Internet:	www.gerhart-hauptmann-museen.de

Kap Arkona
tgarten
Nationalpark-Zentrum
Königsstuhl
im UNESCO-Weltnaturerbe
WWF
Tromper
Wiek
Lohme
Blandow
Glowe
Nipmerow
P
161
Nationalpark Jasmund
Achtung
Am Kreidekliff kann es zu Abbrüchen kommen. Bitte beachten Sie die Warnhinweise
Bobbin
Neddesitz
Großer
Polchow
Jasmund
Sagard
Neuhof
96
Jasmunder
SASSNITZ
96b
Bodden
E22
E251
Dubnitz
www.insassnitz.de
Tel.: 038392 6490
TOURIST SERVICE SASSNITZ
Lietzow
Neu Mukran
Ralswiek
Kleiner
Jasmunder
Prorer
Wiek
Prora
Buschvitz
Bodden
Lubkow
Streu
Binz
Karow
Zirkow
Granitz
Neklade
Dalkvitz
196
Sellin
Serams
Lancken-Granitz
Baabe
PUTBUS
Vilmnitz
Groß Stresow
Seedorf
Göhren
Nordperd
Mönchgut
Middelhagen
Kasnevitz
Muglitz
Having
Krakvitz
Neuendorf
Neu Reddevitz
Alt Reddevitz
Lobbe
Hagensche Wiek
Neukamp
Vilm
/Rügen
Gager
Groß Zicker
Rügischer
Bodden
Klein Zicker
Südperd
Thiessow
Biosphärenreservat
Südost-Rügen
Zicker
Grabow
Greifswalder
Bodden

Erlebnisausstellung
Interaktive Zeitreise durch die Erlebniswelt Kreideküste

Multivisionskino
180°-Projektion auf vier Leinwänden

Königsstuhl
Einmaliger Blick über die Ostsee in 118 Meter Höhe

Nationalpark-Theater
Der Bühnenspaß für die ganze Familie (Juli - August)

Außengelände
Waldspielplatz mit Abenteuer-Parcours, Kreidetische, Bodenbrütergelege, Matschanlage, Energiestation

Weitere Angebote
Geführte Wanderungen, Kindergeburtstage, Bistro u.v.m.

Öffnungszeiten

Ostern - 31.10.	tägl. von 9 - 19 Uhr
01.11. - Ostern	tägl. von 10 - 17 Uhr

Anreise

mit dem Bus: alle 30 Minuten von den Seebädern mit der Bäderlinie des RPNV bis Haltestelle „Königsstuhl"
Wir empfehlen das Königsstuhl-Ticket.

mit dem Auto: bis Parkplatz Hagen P, dann mit dem Pendelbus (ca. alle 15 Min.)
jeweils kostenpflichtig

Weitere Informationen
Nationalpark-Zentrum KÖNIGSSTUHL
Stubbenkammer 2 | 18546 Sassnitz
Tel.: 038392 6617-66 | www.koenigsstuhl.com

Nationalpark-Zentrum
Königsstuhl
im UNESCO-Weltnaturerbe

BINZ
Viel Meer Flair

MEER
Urlaubstipps.

September 2012

- Veranstaltungen
- Ausflugsfahrten
- Fahrpläne
- Museen
- Ortsplan

Zum Finale des „Monats der Bäderarchitektur" öffnen am 29./30.9. Binzer Villen ihre Türen. Bei geführten Rundgängen gibt es spannende Aktionen und Einblicke in die Binzer Geschichte.

20. Jahrgang – Ausgabe September 2012

Verbreitungsgebiet: Rügen/Stralsund

Herausgeber:
Gemeinde Ostseebad Binz
Kurverwaltung
Heinrich-Heine-Straße 7
18609 Ostseebad Binz
Tel. 038393/148148
Fax 038393/148145
info@ostseebad-binz.de
www.ostseebad-binz.de

Anzeigenannahme:
rügendruck gmbh putbus
Tel. 038301/80616
verlag@ruegen-druck.de

Auflage: 20.000 Stück

Satz & Druck:
rügendruck gmbh putbus
Circus 13, 18581 Putbus
Tel. 03 83 01 / 80 60
Fax 03 83 01 / 578
info@ruegen-druck.de
www.ruegen-druck.de

Alle Angaben in diesem Heft wurden sorgfältig recherchiert, eine Gewähr wird jedoch nicht übernommen.

Foto Titel: Mirko Boy

Der Umwelt zuliebe gedruckt auf 100 % chlorfrei gebleichtem Papier.

Bernsteinschmuck
Bistro & Eiscafé

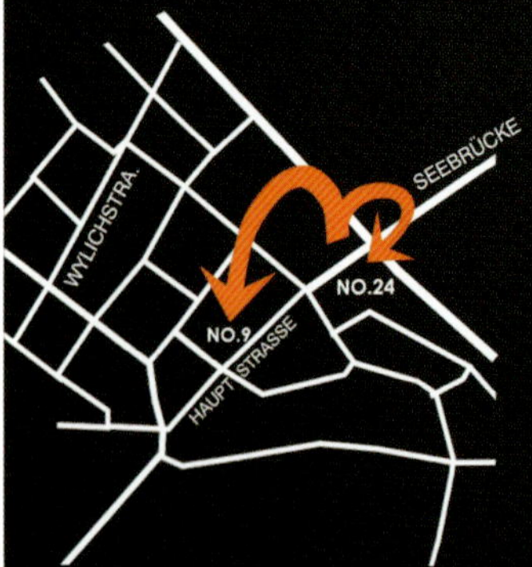
SEEBRÜCKE
WYLICHSTRA.
NO.24
NO.9
HAUPTSTRASSE

meeresgold

September 2012

Monat der Bäderarchitektur

1. bis 9. September
6. Duckstein Festival Binz – Kunst – Kultur – Kulinarisches

29./30. September
Abschluss-Wochenende „Hereinspaziert in die Villen der Bäderarchitektur"

Oktober 2012

13./14. Oktober
Binzer Herbstfest

Dezember 2012

13. bis 16. Dezember
Binzer Weihnachtsmarkt „Engel, Licht & Meer"

27. Dezember bis 6. Januar
Binzer Wintermarkt

31. Dezember
Binzer Silvesternacht

Januar 2013

1. Januar
Neujahrskonzert

März 2013

2. März
7. Wohltätigkeitsball auf der Insel Rügen

30./31. März
Binzer Osterfest

April/Mai 2013

27. April bis 1. Mai
5. Zeitreise in die Binzer Sommerfrische – historische Tage u. a. mit Maibaumsetzen, Kunsthandwerkermarkt und Anbaden

4. Mai
5. Binzer Halbmarathon & 18. Binzer Promenaden- und Crosslauf

9. bis 12. Mai
12. Rügenclassics – Oldtimer-Rallye auf Rügen

Juni 2013

15./16. Juni
Binzer Seebrückenfest

20. bis 23. Juni
17. Blue Wave Festival auf Rügen

Juli 2013

27./28. Juli
Binzer Sommerfest

August 2013

1. bis 3. August
Schlossfest Binz

14. bis 20. August
Weinfest am Schmachter See

17./18. August
Beach-Soccer-Meisterschaften

(Stand: August 2012, Änderungen vorbehalten!)

Info: Gemeinde Ostseebad Binz – Kurverwaltung, Heinrich-Heine-Straße 7, 18609 Ostseebad Binz
Telefon: 038393/148148, Fax 038393/148145, http://events.inBinz.info, info@ostseebad-binz.de

Gemeinde Ostseebad Binz
Kurverwaltung
Haus des Gastes
Heinrich-Heine-Straße 7
18609 Ostseebad Binz

Touristinformation
Tel. 038393/148-148, Fax /148-145
www.ostseebad-binz.de
Mo-Fr 09.00-18.00 Uhr
Sa/So 10.00-18.00 Uhr
Informationen, Buchung für Bustagesfahrten, Literatur, Broschüren, Souvenirs, Zimmernachweis, Kartenservice
Angebot: Ausleih von Bollerwagen für unsere Kleinen

Bibliothek / Leseecke
Tel. 038393/148-112
Mo-Fr 09.00-18.00 Uhr
Sa/So 10.00-18.00 Uhr
Ausleih von Büchern, DVDs, Musikkassetten, CDs, PC-Spielen, DVD-Playern und Gesellschaftsspielen; Leseecke mit einer Auswahl von Tageszeitungen und Zeitschriften; öffentlicher Internetzugang (3 Computer-Arbeitsplätze, Hot Spot für Internet-Zugang über WLAN) mit Möglichkeit zum Drucken (kostenpflichtig)

Außenstelle Touristinformation im Kleinbahnhof
Bahnhofstraße 54
Tel. 038393/663854
Täglich 09.00-16.30 Uhr
Informationen, Busfahrkarten, Literatur, Broschüren, Zimmernachweis, Kartenservice, Souvenirs von Binz und Rügen

Außenstelle Touristinformation Pavillon am Seebrückenvorplatz
Täglich 09.00-16.30 Uhr
Informationen, Schiffskarten, Zimmernachweis, Souvenirs von Binz und Rügen

Gemeindeverwaltung
Ostseebad Binz
Jasmunder Straße 11
18609 Ostseebad Binz
Tel. 038393/374 0
www.gemeinde-binz.de
u.a. Büro des Bürgermeisters, Standesamt, Fundbüro

Fremdenverkehrsverein
Wylichstraße 13
18609 Ostseebad Binz
Tel. 038393/665740, Fax /665750
www.gastgeber-binz.de
Mo-Fr 09.00-18.00 Uhr
Sa 11.00-17.00 Uhr
Informationen, Buchung für Bustagesfahrten, Literatur, Zimmernachweis, Katrtenservice, Zimmervermittlung

Kinder- und Jugendfreizeitzentrum Binz mit Internetcafé
Dollahner Straße 77 a
18609 Ostseebad Binz
Tel. 038393/32141
Mo-Fr 14.00-20.00 Uhr
Sa 14.00-21.00 Uhr
Die Betreuung von Gastkindern ist in der Kindertagesstätte Dollahner Straße 77a nach Absprache möglich (Tel. 038393/2677)

Infostelle der Tourismuszentrale Rügen GmbH
Ringstraße 113-115 (City-Center)
18528 Bergen auf Rügen
Telefon 03838/807780

Der Bernstein Fischer
KLEINE HOLZ- & BERNSTEINWERKSTATT & MEER
INHABER FINBARR CORRIGAN
TELEFON / FAX: 03 83 93 / 43 64 44
18609 OSTSEEBAD BINZ - PAULSTRASSE 1
Schillerstr.
Zeppelinstr.
Paulstr.
Hauptstr. 5
Jasmunder Str.

Kunstmeile Binz
• Margaretenstraße •
NEW CREATIONS
GOLDSCHMIEDE NICO FARRELL
Galerie Robert Denier
Fotografien Malerei
tonicum
KERAMIK
Galerie Jahreszeiten
Karen Utermann
wellenKUNST
schönes von der ostsee
NEW CREATIONS
GALERIE FÜR KUNST UND SCHMUCK
MALEREI VERONIKA BRUDER

Arkona & Rugard Strandhotel, Strandpromenade 59/62

20.30 Uhr	täglich	Barmusik in der Arkona-Bar des Arkona Strandhotels oder in der Störtebeker-Bar des Rugard Strandhotels, täglich wechselnd

Grand Hotel Binz, Strandpromenade 7

21.00 Uhr	mi, sa	Live-Musik in der Bar

Seehotel BINZ-THERME Rügen, Strandpromenade 76

20.00 Uhr	mi, sa	Musik und Tanz in der Brasserie „Sundowner“

Travel Charme Kurhaus Binz, Strandpromenade 27

15.00 Uhr	täglich	Kaffeekonzert im Café Glashaus (außer sonntags)
20.00 Uhr	täglich	Piano-Live-Musik in der Kakadu-Bar (außer sonntags)

Loev Hotel Rügen, Hauptstraße 20-22

20.00 Uhr	13.9.	Livemusik mit Zig Zag
20.00 Uhr	27.9.	Livemusik mit Freebird

IFA Rügen Hotel & Ferienpark, Strandpromenade 74

20.00 Uhr	di & do	Live-Musik in der Bierkneipe „Wellenbrecher“
20.00 Uhr	mo	Tanz & Unterhaltung im Vitarium auf der Plaza
18.30 Uhr	fr	Klaviermusik im Seestern-Promenaden-restaurant

Discothek M3, Objektstraße 51, Prora

ab 22.00 Uhr sa

(Änderungen vorbehalten)

Rundfahrt – Seebäderarchitektur **mittwochs**
16,00 € **ca. 4,5 Std.** **Abfahrt ab Binz 9.45 Uhr**

Binz-Rundfahrt (ohne Ausstieg), Sellin mit 1 Std. Führung, Baabe mit Fotostopp am Bollwerk, Göhren 1 Std. Führung

Rundfahrt – Nordrügen **montags bis freitags**
22,00 € **ca. 8 Std.** **Abfahrt lt. Anbieter**

Binz – Kreisstadt Bergen – Naturbühne Ralswiek (nach Anbieter) – Kap Arkona – Fischerdorf Vitt – Viktoriasicht (Aufenthalt) – Sassnitz – Mukran – Prora – Binz

Rundfahrt – Südrügen **dienstags**
22,00 € **ca. 8 Std.** **Abfahrt lt. Anbieter**

Binz – Putbus (Stadtrundfahrt) – Hafen Lauterbach – Badehaus Goor – Hünengräber Lancken Granitz – Moritzdorf mit dem Aussichtspunkt Moritzburg – Ostseebad Sellin mit Seebrücke – Ostseebad Göhren – Fahrt über die Halbinsel Mönchgut mit ihren verträumten Fischerdörfern – Binz

Fahrt zur Insel Hiddensee **dienstags bis freitags**
34,00 € **ca. 9,5 Std.** **Abfahrt lt. Anbieter**

Binz – Busfahrt nach Schaprode – Fährüberfahrt nach Hiddensee – Inselführung – Freizeit – Fährüberfahrt nach Schaprode – Binz

Hansestadt Stralsund **dienstags/donnerstags**
22,00 € **ca. 7,5 Std.** **Abfahrt lt. Anbieter**

Binz – über Putbus und die Alleenstraße nach Stralsund – Führung durch die Altstadt – ca. 3,5 Std. Freizeit (Besichtigung des Meereskundemuseums möglich) – Binz

Greifswald **donnerstags**
28,00 € **ca. 8 Std.** **Abfahrt 9.05 Uhr**

Binz über Stralsund nach Greifswald – Stadtrundgang – Dombesichtigung – Weiterfahrt nach Wieck – Besichtigung der Klosterruine Eldena – Rückfahrt nach Binz

Fahrt zur Insel Vilm **montags**
25,00 € **ca. 5,5 Std.** **Abfahrt 9.15 Uhr**

Binz – Lauterbach – Schiffsfahrt zur Insel Vilm – Führung über die Insel (ca. 2 Std.) – Schiffsfahrt nach Lauterbach – Rückkehr nach Binz

Fahrt zur Halbinsel Fischland-Darß-Zingst
donnerstags
25,00 € **ca. 10 Std.** **Abfahrt 7.55 Uhr**

Binz – Ostseeheilbad Zingst (Aufenthalt) – Weiterfahrt nach Prerow mit Besichtigung der Schifferkirche – Ahrenshoop (Aufenthalt/Freizeit) – Wustrow (Boddenhafen und Kirche) – Besuch der Bernsteinmanufaktur Ribnitz-Damgarten (Eintritt: 2,00 Euro) – Rückfahrt nach Binz

Kap Arkona & Halbinsel Wittow **mittwochs/sonntags**
20,00 € **ca. 6 Std.** **Abfahrt 10.10 Uhr**

Rundfahrt über die Halbinsel Wittow – Kap Arkona (mit Besuch der Leuchttürme und des Restes der slawischen Burganlage) – Breege

Königsstuhl & Nationalpark Jasmund **montags/donnerstags**
25,00 € **ca. 6 Std.** **Abfahrt 10.10 Uhr**

Rundfahrt über die Halbinsel Jasmund in den Nationalpark am Königsstuhl (inkl. Besuch der Aussichtsplattform und des Nationalparkzentrums mit Ausstellung und Multivisionsshow)

Gutshäuser & Kirchen **montags**
20,00 € **ca. 6 Std.** **Abfahrt 10.10 Uhr**

Besuch einiger Baudenkmäler von Boldevitz bis Pansevitz, von Gingst nach Waase.

Schweden **montags**
58,00 € **ca. 15 Std.** **Abfahrt 6.50 Uhr**

Binz – Fährhafen Sassnitz – ca. 4 stündige Fährüberfahrt nach Trelleborg – Rundfahrt durch den südlichen Teil Schwedens mit Besichtigung der Städte Lund und Malmö sowie der Öresundbrücke (in Malmö längerer Aufenthalt/Freizeit) – Rückreise inkl. Fährüberfahrt nach Sassnitz/Binz

Kopenhagen **mittwochs**
75,00 € **ca. 15 Std.** **Abfahrt ab 6.50 Uhr**

Binz – Fährhafen Sassnitz – ca. 4 stündige Fährüberfahrt nach Trelleborg – über die Öresundbrücke nach Kopenhagen – Stadtrundfahrt Aufenthalt/Freizeit – Rückreise inkl. Fährüberfahrt nach Sassnitz/Binz

Störtebeker (bis 8.9.) **montags bis samstags**
ca. 6 Std. **Abfahrt ab 18.15 Uhr**

13,00 € nur Bustransfer 11,00 € nur Bustransfer Kinder
37,00 € Bustransfer mit Eintritt in der PG 3
27,00 € Bustransfer mit Eintritt in der PG 3, Kinder

Dies ist eine Auswahl möglicher Busrundfahrten. Weitere Angebote in der Tourist-Information. Alle Busfahrten unter Vorbehalt und auf Nachfrage. Mindestteilnehmerzahl erforderlich. Bitte erfragen Sie die genauen Abfahrtszeiten bei der Kurverwaltung Ostseebad Binz.

Buchungen – spätestens am Vortag – bei der Kurverwaltung, Heinrich-Heine-Straße 7.

Auszug aus den allgemeinen Vertragsbedingungen/Rücktrittsbedingungen:

Rücktritt von gebuchten Fahrten ist möglich, folgende Rücktrittsgebühren werden durch die Buchungsstelle erhoben:

- inklusive 7. Tag vor Reisebeginn gebührenfrei
- 6. bis 2. Tag vor Reisebeginn 10 % des Reisepreises
- ein Tag vor Reisebeginn 50 % des Reisepreises
- am Reisetag und danach 100 % des Reisepreises

Jagdschlossexpress

Binz – Jagdschloss Granitz – Binz

Ortsrundfahrt ***und anschließende Fahrt zum Jagdschloss Granitz (täglich) mit vielen Erläuterungen zur Geschichte des Ostseebades Binz und des Jagdschlosses.***

Fahrplanänderungen vorbehalten!

Fahrpreise: (Hin- und Rückfahrt)

Erwachsene:	EUR 8,00
Kinder: (5 bis 11 Jahre)	EUR 4,00

Gruppenermäßigungen ab 15 Personen

Fahrzeiten: (vom 01.05. bis 30.09.)

- ab Seebrücke Binz: 09.30, 10.15, 11.00, 11.45, 12.30, 13.15, 14.00, 14.45, 15.30 und 16.15 Uhr
- ab Jagdschloss Granitz zur Seebrücke Binz: 10.15, 11.10, 11.45, 12.40, 13.15, 14.10, 14.45, 15.30, 16.15, 17.00, 17.30 und 18.15 Uhr

Haltepunkte: ***Seebrücke Binz … Hotel Rugard … IFA-Ferienpark … Dünenpark Binz … Jagdschloss Granitz***

Telefon 03 83 93 / 3 38 80 … www.Jagdschlossexpress.de

Sind Sie schon einmal auf den Spuren von Caspar David Friedrich gewandelt? Dann empfehlen wir Ihnen einen Ausflug zur Kreideküste, im Nationalpark Jasmund gelegen, mit einem wunderschönen Aussichtspunkt: dem berühmten Königsstuhl. Die strahlend weißen Kreidefelsen und das Blau des Meeres bieten von der Seeseite her betrachtet ein faszinierendes Panorama. Ein Ausflug mit einem Fahrgastschiff entlang der Kreideküste wird damit ganz sicher zu einem unvergesslichen Erlebnis.

Schiffsfahrten von Binz entlang der Kreidefelsen/Königsstuhl

Täglich:

Ab Seebrücke Binz	**10.00**	**10.45**	**12.30**	**13.15***	**14.15 Uhr**
An Seebrücke Binz	**12.45**	**14.15**	**15.00**	**16.00***	**16.50 Uhr**

* nicht dienstags, mittwochs und donnerstags
(Wetterbedingte Änderungen kurzfristig möglich, Mindestteilnehmerzahl erforderlich, alle Angaben unter Vorbehalt)

Natürlich ist auch eine Wanderung durch den Nationalpark Jasmund vom berühmten Königsstuhl bis zur Hafenstadt Sassnitz immer wieder von besonderem Reiz. Vom Ostseebad Binz aus lässt sich die Hafenstadt Sassnitz bzw. die Stubbenkammer als Ausgangspunkt für eine Wanderung bequem per Bus erreichen. Bei all Ihren Unternehmungen beachten Sie bitte die jeweilige Wetterlage sowie die Sicherheitshinweise zum Wandern an der Steilküste (Aushänge und Flyer dazu finden Sie im Haus des Gastes).

Für Fahrplanauskünfte sowie weitere Ausflugsempfehlungen stehen Ihnen die Mitarbeiter der Kurverwaltung im Haus des Gastes, Heinrich-Heine-Straße 7, Tel. 038393/148148 gern zur Verfügung.

Hier bin ich wieder, Eure Wilma!
Ihr entdeckt mich in dieser Broschüre immer an den Stellen, an denen ich Euch Tipps für Euren Urlaub in Binz gebe.
Seht mal, was hier alles los ist!

Binzer Haus des Gastes

Für Euch sind täglich das Spielzimmer und die Bibliothek im Haus des Gastes geöffnet. Die Leseratten unter Euch können hier Bücher ausleihen. Es gibt aber auch CDs, DVDs, Gesellschafts- und Computerspiele im Verleih.

Teddy-Werkstatt „Ostseebären"

Immer montags um 10 Uhr im Haus des Gastes könnt Ihr unter liebevoller Anleitung Euren eigenen Teddybären oder Euer Lieblingstier in Plüsch anfertigen.

Kinderzeit auf dem Kurplatz

Ein spezielles Bühnenprogramm für Kinder erwartet Euch auf dem Kurplatz:

12.9., 15 Uhr: Puppenmusiktheater Zauberton: „Rotkäppchen"
19.9., 15 Uhr: Pit der Pirat

Märchenstunde

Die Puppenbühne Rabatz zeigt Euch am **2.9.** die Geschichte „Der Goldschatz in der Mühle".
Der Vorhang hebt sich um **10:30 Uhr** im Haus des Gastes.

Basteln mit Holz im Haus des Gastes

Bastelwilli erwartet Euch am **7. und 14.9.** jeweils um **10 Uhr** zum gemeinsamen Werkeln im Haus des Gastes.
Aus einem Holzbausatz entstehen so zum Beispiel ein Rahsegler und ein Rennauto.

Auf den Spuren der Bäderarchitektur in Binz

Jedes Jahr im September schauen wir ganz besonders auf die schönen Binzer Häuser. Meistens sind sie weiß angestrichen, haben Balkone oder Türmchen und viele fantasievolle Details.
Da findet man zum Beispiel prunkvolle Säulen, antike Götterfiguren oder auch Blüten und Rosetten aus Metall und Holz.
Diese Mischung aus verschiedenen Gestaltungselementen und Materialien nennt man Bäderarchitektur.
Schaut Euch die Häuser also mal ganz genau an.
Welches findet Ihr am schönsten?

Bis zum nächsten Mal und einen schönen Urlaub! Eure Wilma

EXPERIMENTA
DAS "VERRÜCKTE" LABOR
Tolle Idee !
GOLDWASCHEN
EDELSTEINSUCHE
KOSTET NICHTS EXT
Ein Museum zum Anfassen auf 1.000m
mit tollen Experimenten und Phänomenen.
Gefrorene Schatten, Erdbebensimulator,
und viel Spannung zum Mitmachen.
EXPERIMENTA
Prorarer Chaussee/Gewerbepark
18609 Binz-Prora
038393-131318
täglich ab 10.00 Uhr
www.experimenta-ruegen.de
Plopper
Gratis
Gegen Abgabe dieses Bon's erhält man beim Kauf von zwei Erwachsenen-Tickets einen Plopper gratis !
VAK-Binz
Gilt bis 31.10.12
Solange Vorrat reicht.

Samstag 01.09.

12:00-23:00 Uhr
6. Duckstein Festival Binz
Kunst - Kultur - Kulinarisches
Kurplatz:
19:30 Uhr
Boppin B
(Rock ´n Roll)
Seebrückenvorplatz:
12:30 Uhr
Die Ferner-Liefen-Show
14:15 Uhr
Strange Comedy
Hauptstraße:
Stelzen-Art

19:00 Uhr
Jubiläumsparty im Rugards Gourmet
Anmeldung unter
Tel. 038393-56830
Rugard Strandhotel,
Strandpromenade 62

Sonntag 02.09.

10:30 Uhr

Der Goldschatz in der Mühle
Märchenstunde mit
Puppenbühne Rabatz
Kinder ab 3 Jahren
und Erwachsene
jeweils 4,00 Euro
Haus des Gastes,
Heinrich-Heine-Straße 7

Täglich 7:30 - 18:00 Uhr
(bis 09.09.)
SportStrand Binz 2012
Professionell betreute
Sportangebote,
Teilnahme kostenfrei,
Strand unterhalb
des Kurplatzes

12:00-22:00 Uhr
6. Duckstein Festival Binz
Kunst - Kultur - Kulinarisches
Kurplatz:
13:30 Uhr
Urban Beach
19:15 Uhr
Volkan Baydar & Band
(Soul-Pop)
Seebrückenvorplatz:
12:30 Uhr
Die Ferner-Liefen-Show
14:15 Uhr
Strange Comedy
Hauptstraße:
Stelzen-Art

Montag 03.09.

10:00 Uhr

Teddy-Werkstatt „Ostseebären“
Fertigen Sie unter liebevoller Anleitung Ihren eigenen Teddybären oder ihr Lieblingstier in Plüsch an. Eintritt frei, es werden Materialkosten erhoben
(ab 9,00 Euro)
Haus des Gastes,
Heinrich-Heine-Straße 7

10:00 Uhr
Binzer Parkgeflüster
Geführte Wanderung
durch den Kurpark und
den Park der Sinne
2,00 Euro mit Kurkarte,
4,00 Euro ohne Kurkarte
Treff: Haus des Gastes,
Heinrich-Heine-Str. 7

10:00 Uhr
Fahrradfahrer aufgepaßt
45-minütige Präsentation
mit Tipps zu Radtouren
rund um Binz
Teilnahme kostenfrei
Hapimag Ferienresort
Binz/Rügen,
Strandpromenade 66

12:00-22:00 Uhr
6. Duckstein Festival Binz
Kunst - Kultur - Kulinarisches
Kurplatz:
13:30 Uhr
8 to the bar
(Boogie, Blues & Evergreens)
19:15 Uhr
Edo Zanki & Band (Soul)
Seebrückenvorplatz:
12:30 Uhr
Mick M.-Show
(Comedy-Pantomime)
16:00 Uhr
Alex & Barti (DK)
(Marionettentheater)
Hauptstraße:
Stelzen-Art

20:00 Uhr
Blühende Insel Rügen
Lichtbilder-Vortrag
über die Insel
und ihre Menschen
2,00 Euro mit Kurkarte;
4,00 Euro ohne Kurkarte
Haus des Gastes,
Heinrich-Heine-Straße 7

20:00 Uhr
Orchesterkonzert mit der Kammerphilharmonie Köln
Vorverkauf im
Haus des Gastes
15,00 Euro / 10,00 Euro
Evang. Kirche Binz,
Bahnhofstr. 1

Dienstag 04.09.

10:00 Uhr
Radwanderung in die nähere Umgebung
Geführte Radtour in
Richtung Prora / Mukran /
Feuersteinfelder, Dauer: 4
Stunden, Mindestteilnehmerzahl: 5 Personen
2,00 Euro mit Kurkarte,
5,00 Euro ohne Kurkarte
(exkl. Fahrradausleihe)
Treff: Zweiradhaus
am Großbahnhof

Grill
Das Steakhaus
Restaurant
Einfach nur lecker!
Genießen Sie bei uns das Beste:
saftige Rindersteaks vom Grill,
knackig-frische Salate, Pasta und Burger -
alles in der bekannten Qualität der Spitzenklasse.
Dienstag-Sonntag geöffnet ab 12:00 Uhr
Tischreservierung: 03 83 93 - 66 54 52
Travel Charme Binz GmbH · Strandpromenade 27
D - 18609 Ostseebad Binz · www.das-steakhaus.com
direkt am Kurplatz Binz

12:00-22:00 Uhr
6. Duckstein Festival Binz

Kunst - Kultur - Kulinarisches

Kurplatz:
13:30 Uhr
Los Esplendidos (Jazz)
19:15 Uhr
Soneros de Verdad feat. Luis Frank & Mayito Rivera
(Son Cubano)

Seebrückenvorplatz:
12:45 Uhr
Lutz & Moritz – „On the Rocks“
(Cocktail-Jonglage-Show)
14:15 Uhr
Alex & Barti (DK)
(Marionettentheater)

Hauptstraße:
Stelzen-Art

17:30 Uhr
Bodyworkout
Voranmeldung unter
Tel. 038393-6631400
10,00 Euro p.P.
Hotel meerSinn,
Schillerstraße 8

18:00 Uhr
Weinverkostung
Voranmeldung unter
Tel. 038393-500
29,90 Euro p.P.
Genuss-Lounge Byntze
1318, Zeppelinstr. 8

Mittwoch 05.09.

10:00 Uhr
Kreatido Kerzendesign
Gestalte deine eigene Urlaubskerze, ganz nach deinen Wünschen und Vorstellungen.
Eintritt frei, es werden Materialkosten erhoben
Haus des Gastes,
Heinrich-Heine-Straße 7

10:00 Uhr
Ortsführung: Auf den Spuren der Bäderarchitektur
Teilnahme mit Kurkarte kostenlos,
2,00 Euro ohne Kurkarte
Treff: Haus des Gastes,
Heinrich-Heine-Str. 7

11:00 Uhr
Vorführung der 100jährigen Grüneberg-Orgel
mit Kantor Thomas Klee
Evang. Kirche Binz,
Bahnhofstr. 1

12:00-22:00 Uhr
6. Duckstein Festival Binz

Kunst - Kultur - Kulinarisches

Kurplatz:
13:30 Uhr
Nervling
(Acoustic-Soul-Pop)
19:15 Uhr
Big Daddy Wilson & Band
(Blues)

Seebrückenvorplatz:
12:30 Uhr
Herr Niels
(Visuelle Comedy)
14:15 Uhr
Lutz & Moritz – „On the Rocks“
(Cocktail-Jonglage-Show)

Weitere Künstler auf der Hauptstraße

19:00 Uhr
Zumba
Voranmeldung unter
Tel. 038393-6631400
10,00 Euro p.P.
Hotel meerSinn,
Schillerstr. 8

Täglich ab 10:00 Uhr
3. Rügener Sandskulpturen-Festival
Festwiese Binz,
Proraer Chaussee

19:30 Uhr
Arztvortrag
Mit wöchentlich wechselnden Themen.
Voranmeldung unter
Tel. 038393-6630
6,00 Euro p.P. inkl. Mineralwasser und Tees
Hotel meerSinn,
Schillerstraße 8

19:30 Uhr
Festspiele M-V: Junge Elite – Augustin Hadelich
Es spielen: Augustin Hadelich (Violine), Sophia Rahman (Klavier), Werke von F. Poulenc, T. Takemitsu, E. Ysaye, J. Brahms u. P. d. Sarasate
20,00 Euro (zzgl. VVK-/Ak-Gebühr), nur mit Shuttle ab Binz (inkl.)
Jagdschloß Granitz

20:00 Uhr
Binzer Filmsommer
Filmvorführung im Saal, Filmtitel laut Aushang
3,00 Euro mit Kurkarte,
5,00 Euro ohne Kurkarte
Haus des Gastes,
H.-Heine-Str. 7

Donnerstag 06.09.

10:00 Uhr
Echtschmuck-Gestaltung
Gestalten Sie Ihren Schmuck ganz einfach selber – ob Halskette, Armbänder, Fußkettchen oder Ohrringe.\r\n
Eintritt frei, es werden Materialkosten erhoben
(Ketten ab 15,00 Euro, Armbänder ab 8,00 Euro, Ohrringe ab 4,00 Euro)
Haus des Gastes,
Heinrich-Heine-Straße 7

10:00 Uhr
Wanderung zum Jagdschloß Granitz
Inklusive Schlossbesichtigung und Pause (Einkehr möglich)
3,00 Euro mit Kurkarte,
5,00 Euro ohne Kurkarte
Treff: Haus des Gastes,
Heinrich-Heine-Str. 7

10:00 Uhr
Ganztages-Radwanderung Richtung Mönchgut
Dauer: 6 Stunden,
Mindestteilnehmerzahl: 5 Personen
5,00 Euro mit Kurkarte,
8,00 Euro ohne Kurkarte
(exkl. Fahrradausleihe)
Treff: Zweiradhaus am Großbahnhof

10:00-18:00 Uhr
Ernährungsberatung: Säure-Basen-Haushalt
Wir testen Ihren Säure-Basen-Grad, individuelle Beratung
Reformhaus casa verde,
Zeppelinstr. 5

12:00-22:00 Uhr
6. Duckstein Festival Binz

Kunst - Kultur - Kulinarisches

Kurplatz:
13:30 Uhr
Maximilian Kraft
(Klassik, Pop, Jazz)
16:30 Uhr
Ken Norris Swing Ensemble
19:30 Uhr
Max & friends feat. Nathalie
(Pop & Soul)

Seebrückenvorplatz:
12:30 Uhr
Nagelritz
(Musik & Komik)
14:15 Uhr
Herr Niels
(Visuelle Comedy)

Weitere Künstler auf der Hauptstraße

17:30 Uhr
Pilates
Voranmeldung unter
Tel. 038393-6631400
10,00 Euro p.P.
Hotel meerSinn,
Schillerstraße 8

20:00 Uhr
Erich Kästner's „Lyrische Hausapotheke“
Gereimtes und Ungereimtes zum Kranklachen und Gesundschmunzeln
6,00 Euro mit Kurkarte;
8,00 Euro ohne Kurkarte
Haus des Gastes,
Heinrich-Heine-Straße 7

20:00 Uhr
Orgelkonzert mit Kantor Thomas Klee
10,00 Euro, 8,00 Euro für Kinder, Schwerbeschädigte, Arbeitslose
Evang. Kirche Binz,
Bahnhofstr. 1

21:00 Uhr
Micha Maass Late Night Blues: Crazy Hambones
Konzertreihe mit Blue-Wave-Festival-Gründer Michael Maass; Jazz, Blues und Soul in intimer Clubatmosphäre;
Reservierung unter
Tel. 038393-390
12,50 Euro
Loev Hotel Rügen,
Hauptstr. 20-22, Loev Bar

Freitag 07.09.

10:00 Uhr
Bastelwilli kommt!

Wir basteln einen Rahsegler.
Eintritt frei, es werden geringe Materialkosten erhoben
Haus des Gastes,
Heinrich-Heine-Straße 7

10:00 Uhr
Zeitreise – Führung durch Neu-Binz
2,00 Euro mit Kurkarte,
4,00 Euro ohne Kurkarte
Treff: Haus des Gastes,
Heinrich-Heine-Str. 7

12:00-23:00 Uhr
6. Duckstein Festival Binz

Kunst - Kultur - Kulinarisches

Kurplatz:
19:30 Uhr
Soultyzer
(Soul & Groove)

Seebrückenvorplatz:
12:30 Uhr
Nagelritz
(Musik & Komik)
14:15 Uhr
Herr Niels
(Visuelle Comedy)

Hauptstraße:
Stelzen-Art

20:00 Uhr
Der Schmachter See in Binz – größter See Rügens
Vortrag mit Dr. Bernd Rost
4,00 Euro / ermäßigt
3,00 Euro (für Mitglieder und Förderer Förderverein Museum Ostseebad Binz e.V. frei)
Museum Ostseebad Binz,
Bahnhofstr. 54
(Kleinbahnhof)

Samstag 08.09.

12:00-23:00 Uhr
6. Duckstein Festival Binz

Kunst - Kultur - Kulinarisches

Kurplatz:
19:30 Uhr
Rockhouse Brothers
(Rock'n Roll)

Weitere Künstler auf Seebrückenvorplatz & Hauptstraße

19:00 Uhr
Jubiläumsparty im Rugards Gourmet
Anmeldung unter
Tel. 038393-56830
Rugard Strandhotel,
Strandpromenade 62

22:00-03:00 Uhr
Casino Club
Clubnacht im Casino
mit DJ DESTO
Eintritt: 5,00 Euro
Spielbank Binz im Loev
Hotel, Hauptstr. 20-22

Sonntag 09.09.

12:00-23:00 Uhr
6. Duckstein Festival Binz
Kunst - Kultur - Kulinarisches
Kurplatz:
13:30 Uhr
Claas Vogt & Günther Brackmann
(Blues & Boogie Woogie)
19:15 Uhr
San Glaser & Band
(Jazz, Soul, Folk & Pop)
Weitere Künstler auf Seebrückenvorplatz & Hauptstraße

Montag 10.09.

10:00 Uhr
Teddy-Werkstatt „Ostseebären"

Fertigen Sie unter liebevoller Anleitung Ihren eigenen Teddybären oder ihr Lieblingstier in Plüsch an. Eintritt frei, es werden Materialkosten erhoben (ab 9,00 Euro)
Haus des Gastes,
Heinrich-Heine-Straße 7

10:00 Uhr
Binzer Parkgeflüster
Geführte Wanderung durch den Kurpark und den Park der Sinne
2,00 Euro mit Kurkarte,
4,00 Euro ohne Kurkarte
Treff: Haus des Gastes,
Heinrich-Heine-Str. 7

10:00 Uhr
Fahrradfahrer aufgepaßt
45-minütige Präsentation mit Tipps zu Radtouren rund um Binz
Teilnahme kostenfrei
Hapimag Ferienresort
Binz/Rügen,
Strandpromenade 66

16:00 Uhr
Fotoworkshop zur Bäderarchitektur 10.-12. September
Nur mit Anmeldung (bis 5.9.) unter
Tel. 038393-148115
Telnahmebetrag:
158,00 Euro
Weitere Infos unter
www.ostseebad-binz.de
Haus des Gastes,
Heinrich-Heine-Straße 7

20:00 Uhr
Blühende Insel Rügen
Lichtbilder-Vortrag über die Insel und ihre Menschen
2,00 Euro mit Kurkarte;
4,00 Euro ohne Kurkarte
Haus des Gastes,
Heinrich-Heine-Straße 7

20:00 Uhr
„Weibernehmen ist kein Pferdekauff" – Konzert für Countertenor und Laute
Lautenlieder an der Ostsee aus dem 17. Jhd.
10,00 Euro, 8,00 Euro für Kinder, Schwerbeschädigte, Arbeitslose
Evang. Kirche Binz,
Bahnhofstr. 1

Dienstag 11.09.

10:00 Uhr
Radwanderung in die nähere Umgebung
Geführte Radtour in Richtung Prora / Mukran / Feuersteinfelder, Dauer: 4 Stunden, Mindestteilnehmerzahl: 5 Personen
2,00 Euro mit Kurkarte,
5,00 Euro ohne Kurkarte
(exkl. Fahrradausleihe)
Treff: Zweiradhaus
am Großbahnhof

15:00 Uhr
Konzert mit Heidis Musikboutique
Kurplatz

17:30 Uhr
Bodyworkout
Voranmeldung unter
Tel. 038393-6631400
10,00 Euro p.P.
Hotel meerSinn,
Schillerstraße 8

18:00 Uhr
Weinverkostung
Voranmeldung unter
Tel. 038393-500
29,90 Euro p.P.
Genuss-Lounge Byntze
1318, Zeppelinstr. 8

Mittwoch 12.09.

10:00 Uhr
Kreatido Kerzendesign
Gestalte deine eigene Urlaubskerze, ganz nach deinen Wünschen und Vorstellungen.
Eintritt frei, es werden Materialkosten erhoben
Haus des Gastes,
Heinrich-Heine-Straße 7

Täglich ab 10:00 Uhr
3. Rügener Sandskulpturen-Festival
Festwiese Binz,
Proraer Chaussee

10:00 Uhr
Ortsführung: Auf den Spuren der Bäderarchitektur
Teilnahme mit Kurkarte kostenlos,
2,00 Euro ohne Kurkarte
Treff: Haus des Gastes, Heinrich-Heine-Str. 7

11:00 Uhr
Vorführung der 100jährigen Grüneberg-Orgel
mit Kantor Thomas Klee
Evang. Kirche Binz, Bahnhofstr. 1

15:00 Uhr

Puppenmusiktheater Zauberton: Rotkäppchen
Kinderprogramm
Kurplatz

19:00 Uhr
Zumba
Voranmeldung unter Tel. 038393-6631400
10,00 Euro p.P.
Hotel meerSinn, Schillerstr. 8

19:00 Uhr
Entertainment Regional
Musik mit dem Duo Appollo
Moderation Jörg Hinz
Kurplatz

Täglich
11.00-03.00 Uhr
Automatenspiel
donnerstags-samstags
19.00-03.00 Uhr
Klassisches Spiel
donnerstags
19.00-20.00 Uhr
Einführung in die Geschichte des Glücksspiels
freitags/samstags
19.15-22.00 Uhr
Poker-Weekend Sit & Go Turnier
Spielbank Binz im Loev Hotel, Hauptstraße 20-22

19:30 Uhr
Arztvortrag
Mit wöchentlich wechselnden Themen.
Voranmeldung unter Tel. 038393-6630
6,00 Euro p.P. inkl. Mineralwasser und Tees
Hotel meerSinn, Schillerstraße 8

Donnerstag 13.09.

10:00 Uhr
Echtschmuck-Gestaltung
Gestalten Sie Ihren Schmuck ganz einfach selber – ob Halskette, Armbänder, Fußkettchen oder Ohrringe
Eintritt frei, es werden Materialkosten erhoben (Ketten ab 15,00 Euro, Armbänder ab 8,00 Euro, Ohrringe ab 4,00 Euro)
Haus des Gastes, Heinrich-Heine-Straße 7

10:00 Uhr
Wanderung zum Jagdschloß Granitz
Inklusive Schlossbesichtigung und Pause (Einkehr möglich)
3,00 Euro mit Kurkarte,
5,00 Euro ohne Kurkarte
Treff: Haus des Gastes, Heinrich-Heine-Str. 7

10:00 Uhr
Ganztages-Radwanderung Richtung Mönchgut
Dauer: 6 Stunden,
Mindestteilnehmerzahl: 5 Personen
5,00 Euro mit Kurkarte,
8,00 Euro ohne Kurkarte (exkl. Fahrradausleihe)
Treff: Zweiradhaus am Großbahnhof

10:00-18:00 Uhr
Ernährungsberatung: Säure-Basen-Haushalt
Wir testen Ihren Säure-Basen-Grad, individuelle Beratung
Reformhaus casa verde, Zeppelinstr. 5

17:30 Uhr
Pilates
Voranmeldung unter Tel. 038393-6631400
10,00 Euro p.P.
Hotel meerSinn, Schillerstraße 8

20:00 Uhr
Orgel trifft Saxophon: Lustvolle Klänge
Es musizieren Alexander Därr (Orgel) und Lutz Häfner (Saxophon)
10,00 Euro, 8,00 Euro für Kinder, Schwerbeschädigte, Arbeitslose
Evang. Kirche Binz, Bahnhofstr. 1

Freitag 14.09.

10:00 Uhr

Bastelwilli kommt!
Wir basteln ein Rennauto.
Eintritt frei, es werden geringe Materialkosten erhoben
Haus des Gastes, Heinrich-Heine-Straße 7

10:00 Uhr
Zeitreise – Führung durch Neu-Binz
2,00 Euro mit Kurkarte,
4,00 Euro ohne Kurkarte
Treff: Haus des Gastes, Heinrich-Heine-Str. 7

19:00 Uhr
7. Country Island Festival
Line-Dance-Party und Workshops
Jugendzeltplatz Prora, Mukraner Str. 12

ONLINE SUCHEN UND BUCHEN
www.wfv-gmbh.de
Binz · Göhren · Baabe
Sellin · Serams
wfv
Ferienwohnungen an Ost- & Nordsee
Ferienwohnungen & -häuser
- alle Kategorien u. Lagen -
M. ruegen@wfv-gmbh.de
W. www.wfv-gmbh.de
T. 038393 - 315 32
WFV-GmbH
Paulstraße 2
18609 Binz
Schöne Ferien wünscht Ihnen Ihr wfv-Team!
Für unsere vorgemerkten Kunden suchen wir Feriendomizile zum Kauf - sprechen Sie uns an

Im Ortsplan Nr. 17
★★★
Hotel
BINZER HOF
Restaurant
HOTEL
Öffnungszeiten:
abends ab 17.00 Uhr und morgens 07.00 - 10.00 Uhr
Wir heißen Sie herzlich Willkommen. Entdecken Sie unsere
Gastronomie mit familiärer Atmosphäre und toller regionaler Küche.
Lottumstr. 15-17 • 18609 Binz • Tel. 038393 / 13 30 • Fax 23 82 • www.binzerhof.de

★★★ Hotel-Klassifizierung (Dehoga)
★★★★ FW-Klassifizierung (DTV)
BINZER STERNE
Appartements mit Charme
★ komfortable Appartements für 2 bis 6 Personen
★ wahlweise Frühstücksbüfett oder Brötchenservice
★ Sauna, therapeutische Sandwärmeliege
★ Spielbereich für Groß und Klein
★ High Speed-Internetanschluss
★ hauseigene Parkplätze
★ Arrangementangebote / Sparpreise
★ NS: Appartement ab € 42,50 / Tag inkl. Nebenkosten
Sie haben Fragen – wir sind gerne für Sie da:
BINZER STERNE
Klünderberg 21
18609 Ostseebad Binz
Telefon: 03 83 93 / 137-0
Fax: 03 83 93 / 137-77
Referenzen:
www.binzersterne.de

20:00 Uhr
Wilhelm Klünder – Ältester Wirt und Gründer des Badeortes Binz
Vom Landwirt zum Hotelier –
Vortrag mit Klaus Boy
3,00 Euro mit Kurkarte;
5,00 Euro ohne Kurkarte
Haus des Gastes,
Heinrich-Heine-Straße 7

Samstag 15.09.

10:00 - 14:00 Uhr
Tag der offenen Tür
Gemeinde- und Kurverwaltung öffnen ihre Türen.
Weitere Infos zum Tag entnehmen Sie bitte dem Programm-Flyer, erhältlich an der Touristinformation.
Gemeindeverwaltung, Jasmunder Straße 11;
Kurverwaltung, Heinrich-Heine-Straße 7

14:00 Uhr
7. Country Island Festival
Line-Dance-Party und Workshops
Jugendzeltplatz Prora,
Mukraner Str. 12

15:00 Uhr
Konzert mit der Jazz Big Band Merseburg
Kurplatz

19:00 Uhr
Jubiläumsparty im Rugards Gourmet
Anmeldung unter
Tel. 038393-56830
Rugard Strandhotel,
Strandpromenade 62

Sonntag 16.09.

15:00 Uhr
Konzert mit Skiffle Train
Kurplatz

20:00 Uhr
„Ein Mann packt ein"
Kabarett mit Uli Masuth
Sein Stil ist ziel- und treffsicher, geistvoll und respektlos auf erstaunlich hohem Niveau.
12,00 Euro mit Kurkarte;
14,00 Euro ohne Kurkarte
Haus des Gastes,
Heinrich-Heine-Straße 7

20:00 Uhr
Goldbergvariationen von J.S. Bach auf der Orgel
Saison-Abschlusskonzert, es spielt Franz Promnitz (Dresden)
10,00 Euro, 8,00 Euro für Kinder, Schwerbeschädigte, Arbeitslose
Evang. Kirche Binz,
Bahnhofstr. 1

Montag 17.09.

10:00 Uhr
Teddy-Werkstatt „Ostseebären"
Fertigen Sie unter liebevoller Anleitung Ihren eigenen Teddybären oder ihr Lieblingstier in Plüsch an. Eintritt frei, es werden Materialkosten erhoben (ab 9,00 Euro)
Haus des Gastes,
Heinrich-Heine-Straße 7

10:00 Uhr
Binzer Parkgeflüster
Geführte Wanderung durch den Kurpark und den Park der Sinne
2,00 Euro mit Kurkarte,
4,00 Euro ohne Kurkarte
Treff: Haus des Gastes,
Heinrich-Heine-Str. 7

10:00 Uhr
Fahrradfahrer aufgepaßt
45-minütige Präsentation mit Tipps zu Radtouren rund um Binz
Teilnahme kostenfrei
Hapimag Ferienresort Binz/Rügen,
Strandpromenade 66

20:00 Uhr
Blühende Insel Rügen
Lichtbilder-Vortrag über die Insel und ihre Menschen
2,00 Euro mit Kurkarte;
4,00 Euro ohne Kurkarte
Haus des Gastes,
Heinrich-Heine-Straße 7

Dienstag 18.09.

10:00 Uhr
Erwachsenen-Ölmalkurs nach Bob Ross
Sämtliches Material wird gestellt. Mindestteilnehmerzahl: 5 Personen. Nur mit Anmeldungen unter: 0176/61074494
Eine Teilnahmegebühr wird erhoben.
Haus des Gastes,
Heinrich-Heine-Straße 7

10:00 Uhr
Radwanderung in die nähere Umgebung
Geführte Radtour in Richtung Prora / Mukran / Feuersteinfelder, Dauer: 4 Stunden, Mindestteilnehmerzahl: 5 Personen
2,00 Euro mit Kurkarte,
5,00 Euro ohne Kurkarte
(exkl. Fahrradausleihe)
Treff: Zweiradhaus am Großbahnhof

Täglich ab 10:00 Uhr
3. Rügener Sandskulpturen-Festival
Festwiese Binz,
Proraer Chaussee

11:00 Uhr
Konzert mit dem Bundeswehrorchester Neubrandenburg
Kurplatz

15:00 Uhr
Konzert mit der Reinhard Stockmann Band
Kurplatz

17:30 Uhr
Bodyworkout
Voranmeldung unter
Tel. 038393-6631400
10,00 Euro p.P.
Hotel meerSinn,
Schillerstraße 8

18:00 Uhr
Weinverkostung
Voranmeldung unter
Tel. 038393-500
29,90 Euro p.P.
Genuss-Lounge Byntze
1318, Zeppelinstr. 8

18:00-22:00 Uhr
2. Langer Abend in der Kunstmeile
Die Galerien und Werkstätten öffnen ihre Türen bis 22:00 Uhr
Margaretenstraße

Täglich
11.00-03.00 Uhr
Automatenspiel
donnerstags-samstags
19.00-03.00 Uhr
Klassisches Spiel
donnerstags
19.00-20.00 Uhr
Einführung in die Geschichte des Glücksspiels
freitags/samstags
19.15-22.00 Uhr
Poker-Weekend Sit & Go Turnier
Spielbank Binz
im Loev Hotel,
Hauptstraße 20-22

Mittwoch 19.09.

10:00 Uhr
Ortsführung: Auf den Spuren der Bäderarchitektur
Teilnahme mit Kurkarte kostenlos,
2,00 Euro ohne Kurkarte
Treff: Haus des Gastes,
Heinrich-Heine-Str. 7

15:00 Uhr
Pit der Pirat

Kinderprogramm
Kurplatz

19:00 Uhr
Entertainment Regional
Moderation & Musik mit Jörg Hinz:
„Barfuß oder Lackschuh"
Kurplatz

19:00 Uhr
Zumba
Voranmeldung unter
Tel. 038393-6631400
10,00 Euro p.P.
Hotel meerSinn,
Schillerstr. 8

19:30 Uhr
Arztvortrag
Mit wöchentlich wechselnden Themen.
Voranmeldung unter
Tel. 038393-6630
6,00 Euro p.P. inkl. Mineralwasser und Tees
Hotel meerSinn,
Schillerstraße 8

20:00 Uhr
Binz – Vom Dorf zum Seebad
Bilder und Texte aus alten Zeitungen und Reiseführern – Vortrag mit Klaus Boy.
3,00 Euro mit Kurkarte;
5,00 Euro ohne Kurkarte
Haus des Gastes,
Heinrich-Heine-Straße 7

Donnerstag 20.09.

10:00 Uhr
Echtschmuck-Gestaltung
Gestalten Sie Ihren Schmuck ganz einfach selber – ob Halskette, Armbänder, Fußkettchen oder Ohrringe
Eintritt frei, es werden Materialkosten erhoben (Ketten ab 15,00 Euro, Armbänder ab 8,00 Euro, Ohrringe ab 4,00 Euro)
Haus des Gastes,
Heinrich-Heine-Straße 7

10:00 Uhr
Wanderung zum Jagdschloß Granitz
Inklusive Schlossbesichtigung und Pause (Einkehr möglich)
3,00 Euro mit Kurkarte,
5,00 Euro ohne Kurkarte
Treff: Haus des Gastes,
Heinrich-Heine-Str. 7

10:00 Uhr
Ganztages-Radwanderung Richtung Mönchgut
Dauer: 6 Stunden,
Mindestteilnehmerzahl:
5 Personen
5,00 Euro mit Kurkarte,
8,00 Euro ohne Kurkarte
(exkl. Fahrradausleihe)
Treff: Zweiradhaus am Großbahnhof

10:00-18:00 Uhr
Ernährungsberatung: Säure-Basen-Haushalt
Wir testen Ihren Säure-Basen-Grad, individuelle Beratung
Reformhaus casa verde,
Zeppelinstr. 5

12:00 Uhr
Gourmetkochkurs
Anmeldung unter
Tel. 038393-56830
Rugard Strandhotel,
Strandpromenade 62

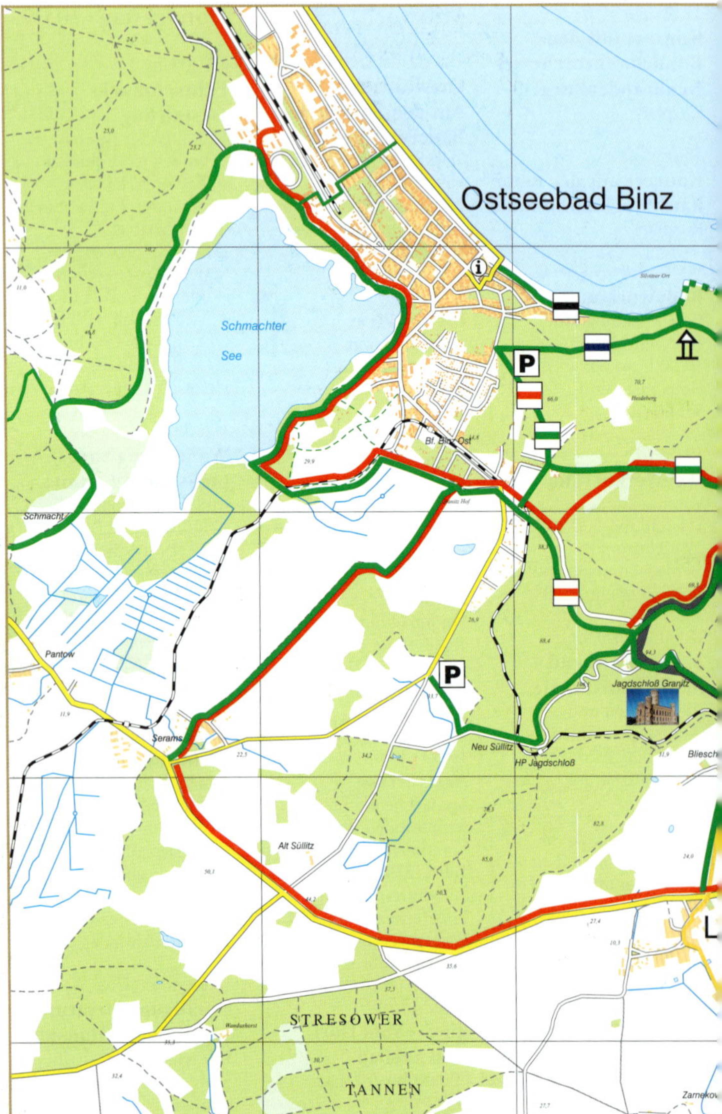

1. Hochuferweg

(teilweise beschwerlich)
Binz / Fischerstrand / Ende der Strandpromenade, Treppe oder «Teufelsschlucht», Silvitzer Ort, Kieköver (Aussichtspunkt auf Prorer Wiek / Binz / Sassnitz / Stubnitz), Granitzer Ort, Schanzenort, Falkenberg (70 m): Aussichtspunkt nach Sellin, hier stand früher Gasthaus Waldhalle, Schlucht umgehen, ab hier Markierung «Schwarzer Strich», Hochufer, Freilichtbühne Sellin, Treppe zur Seebrücke Sellin. (6 km)

2. Nordweg

Parkplatz Klünderberg (am Tennisplatz, katholische Kirche), linker Weg, Schutzhütte oberhalb «Teufelsschlucht», Kesselmoor «Große Wiese» (rechts), Kreuzeiche (Schutzhütte), nördlich vom Schwarzen See (rechts Abstecher zum See empfohlen), Falkenberg (Aussicht), 150 m zurück weiter auf gelber Markierung zur evangelischen Kirche und Friedhof Sellin, Ende am Denkmal August-Bebel-Straße. (7 km)

3. Jagdschlossweg

Parkplatz Klünderberg, rechter Weg, Kriegerehrenmahl, alter Sportplatz, Wasserwerk, rechter Weg entlang neuer Siedlung zur Jagdschloßstraße, oder: Klünderberg, Kleinbahnhof, Torhaus, Jagdschlossstraße, Jagdschloss Granitz: Turmbesteigung empfohlen, Fürstenblick, abwärts zum Torhaus Blieschow, links am Waldrand entlang, Achtung! nach etwa 700 m zweigt Wanderweg rechts ab, Markierung beachten, zur Kleinbahnstrecke, Forstniederung, Holzablage / Schutzhütte, halblinks in den Wald, Friedhof / Kirche Sellin, August-Bebel-Straße. (7 km)

4. Mittelweg

Parkplatz Klünderberg, rechter Weg, Kriegerehrenmal, alter Sportplatz, Wasserwerk (links vorbei), Waldwiese, Dolge, Denkmal «Finnischer Krieger» (1806), Rastplatz, Weg abwärts zur Kleinbahnstrecke, entlang der Kleinbahnstrecke, Hartmannsruh, neue Schule Sellin, Granitzer Straße. (6 km)

Augenblickoptik-OHG
Brach + Werner
augenblick
optik
EXTRAVAGANT
+ FORMBEWUSST
Zinsfreie Finanzierungen bis zu 24 Monate*
Ostseebad Binz
Hauptstr. 5, Fon 03 83 93 . 21 646
Hafenstadt Sassnitz
Rügengalerie/Haupstr. 68c, Fon 03 83 92 . 22 617
Ostseebad Sellin
Ärztehaus/Granitzer Str. 18, Fon 03 83 03 . 866 32
kontakt@augenblickoptik-ohg.de
www.augenblickoptik-OHG.de
* mit der Santander-Bank

-con-ta-
Wäsche zum Wohlfühlen.
GUTSCHEIN
5% Rabatt
auf -con-ta- Wäsche!
(reduzierte Ware ausgeschlossen)
Unterwäsche für Damen, Herren und Kinder
Schlafanzüge und Nachthemden
BH's und Dessous
Funktionswäsche für Beruf und Freizeit
Damen-, Herren- und Kindersocken
Herren-Hemden und -Pullover
direkt vom Hersteller
hersteller
verkauf
Proraer Chaussee 3g · 18609 Binz · Telefon 038393/663916
Öffnungszeiten: Mo – Fr 10 – 18 Uhr, Sa 10 – 16 Uhr, Mai bis Sept. So 11 – 16 Uhr

17:30 Uhr
Pilates
Voranmeldung unter
Tel. 038393-6631400
10,00 Euro p.P.
Hotel meerSinn,
Schillerstraße 8

20:00 Uhr
Binzer Filmsommer
Filmvorführung im Saal,
Filmtitel laut Aushang
3,00 Euro mit Kurkarte,
5,00 Euro ohne Kurkarte
Haus des Gastes,
H.-Heine-Str. 7

Freitag 21.09.

10:00 Uhr
Zeitreise – Führung durch Neu-Binz
2,00 Euro mit Kurkarte,
4,00 Euro ohne Kurkarte
Treff: Haus des Gastes,
Heinrich-Heine-Str. 7

15:00 Uhr
Konzert mit der Reinhard Stockmann Band
Kurplatz

17:00 Uhr
Ausstellungseröffnung: „Juni 1941 – Der tiefe Schnitt"
Ausstellung zum deutschen Überfall auf die Sowjetunion im Juni 1941; Info unter
Tel. 038393-13991
Dokumentationszentrum Prora, Objektstr. 1
(Block 3/Querriegel)

20:00 Uhr
Die Geschichte von Prora zur NS- und DDR-Zeit
Vortrag mit Susanna Misgajski.
4,00 Euro / ermäßigt 3,00 Euro (für Mitglieder und Förderer Förderverein Museum Ostseebad Binz e.V. frei)
Museum Ostseebad Binz,
Bahnhofstr. 54
(Kleinbahnhof)

Samstag 22.09.

19:00 Uhr
Jubiläumsparty im Rugards Gourmet
Anmeldung unter
Tel. 038393-56830
Rugard Strandhotel,
Strandpromenade 62

19:30 Uhr
Konzert mit der Reinhard Stockmann Band
Kurplatz

20:00 Uhr
Oktoberfest in der Villa Salve
Zünftige bayrische Speisen, original Oktoberfestbier und gute Stimmung mit Marcus
Hotel Villa Salve,
Strandpromenade 41

Sonntag 23.09.

15:00 Uhr
Konzert mit Viva la Diva
Kurplatz

20:00 Uhr
„Ick hab` mir als jeheilt entlassen"
Ein Abend mit Heinz-Dieter Busch.
Absolut persönlich gemeinte Spitzfindigkeiten und „fabelhafte" Satire.
6,00 Euro mit Kurkarte;
8,00 Euro ohne Kurkarte
Haus des Gastes,
Heinrich-Heine-Straße 7

Täglich ab 10:00 Uhr
3. Rügener Sandskulpturen-Festival
Festwiese Binz,
Proraer Chaussee

Montag 24.09.

10:00 Uhr
Teddy-Werkstatt „Ostseebären"

Fertigen Sie unter liebevoller Anleitung Ihren eigenen Teddybären oder ihr Lieblingstier in Plüsch an. Eintritt frei, es werden Materialkosten erhoben (ab 9,00 Euro)
Haus des Gastes,
Heinrich-Heine-Straße 7

10:00 Uhr
Fotoworkshop zur Bäderarchitektur 24.-26. September
Nur mit Anmeldung (bis 19.9.) unter
Tel. 038393-148115
Teilnahmebetrag: 158,00 Euro
Weitere Infos unter www.ostseebad-binz.de
Haus des Gastes,
Heinrich-Heine-Straße 7

10:00 Uhr
Binzer Parkgeflüster
Geführte Wanderung durch den Kurpark und den Park der Sinne
2,00 Euro mit Kurkarte,
4,00 Euro ohne Kurkarte
Treff: Haus des Gastes,
Heinrich-Heine-Str. 7

10:00 Uhr
Fahrradfahrer aufgepaßt
45-minütige Präsentation mit Tipps zu Radtouren rund um Binz
Teilnahme kostenfrei
Hapimag Ferienresort Binz/Rügen,
Strandpromenade 66

20:00 Uhr
Blühende Insel Rügen
Lichtbilder-Vortrag über die Insel und ihre Menschen
2,00 Euro mit Kurkarte;
4,00 Euro ohne Kurkarte
Haus des Gastes,
Heinrich-Heine-Straße 7

Dienstag 25.09.

10:00 Uhr
Erwachsenen-Ölmalkurs nach Bob Ross
Sämtliches Material wird gestellt. Mindestteilnehmerzahl: 5 Personen.
Nur mit Anmeldungen unter: 0176/61074494
Eine Teilnahmegebühr wird erhoben.
Haus des Gastes,
Heinrich-Heine-Straße 7

10:00 Uhr
Radwanderung in die nähere Umgebung
Geführte Radtour in Richtung Prora / Mukran / Feuersteinfelder,
Dauer: 4 Stunden,
Mindestteilnehmerzahl: 5 Personen
2,00 Euro mit Kurkarte,
5,00 Euro ohne Kurkarte
(exkl. Fahrradausleihe)
Treff: Zweiradhaus am Großbahnhof

15:00 Uhr
Konzert mit Jazz no Problem
Kurplatz

17:30 Uhr
Bodyworkout
Voranmeldung unter
Tel. 038393-6631400
10,00 Euro p.P.
Hotel meerSinn,
Schillerstraße 8

18:00 Uhr
Weinverkostung
Voranmeldung unter
Tel. 038393-500
29,90 Euro p.P.
Genuss-Lounge Byntze 1318, Zeppelinstr. 8

Täglich ab 10:00 Uhr
3. Rügener Sandskulpturen-Festival
Festwiese Binz,
Proraer Chaussee

20:00 Uhr
Leipziger Pfeffermühle: „Schwarz, Rot, Geld“
In ihrem neuesten Programm folgen die Pfeffermüller, mit beinahe detektivischer Raffinesse der Spur des Geldes durch die Deutsche Republik.
15,00 Euro mit Kurkarte;
17,00 Euro ohne Kurkarte
Haus des Gastes,
Heinrich-Heine-Straße 7

Mittwoch 26.09.

10:00 Uhr
Ortsführung: Auf den Spuren der Bäderarchitektur
Teilnahme mit Kurkarte kostenlos,
2,00 Euro ohne Kurkarte
Treff: Haus des Gastes,
Heinrich-Heine-Str. 7

11:00 Uhr
Konzert mit Jazz no Problem
Kurplatz

19:00 Uhr
Entertainment Regional
Moderation & Musik mit Jörg Hinz Entertainment
Kurplatz

Täglich
11.00-03.00 Uhr
Automatenspiel
donnerstags-samstags
19.00-03.00 Uhr
Klassisches Spiel
donnerstags
19.00-20.00 Uhr
Einführung in die Geschichte des Glücksspiels
freitags/samstags
19.15-22.00 Uhr
Poker-Weekend Sit & Go Turnier
Spielbank Binz
im Loev Hotel,
Hauptstraße 20-22

19:00 Uhr
Zumba
Voranmeldung unter
Tel. 038393-6631400
10,00 Euro p.P.
Hotel meerSinn,
Schillerstr. 8

19:30 Uhr
Arztvortrag
Mit wöchentlich wechselnden Themen.
Voranmeldung unter
Tel. 038393-6630
6,00 Euro p.P. inkl. Mineralwasser und Tees
Hotel meerSinn,
Schillerstraße 8

Donnerstag 27.09.

10:00 Uhr
Echtschmuck-Gestaltung
Gestalten Sie Ihren Schmuck ganz einfach selber – ob Halskette, Armbänder, Fußkettchen oder Ohrringe
Eintritt frei, es werden Materialkosten erhoben (Ketten ab 15,00 Euro, Armbänder ab 8,00 Euro, Ohrringe ab 4,00 Euro)
Haus des Gastes,
Heinrich-Heine-Straße 7

10:00 Uhr
Wanderung zum Jagdschloß Granitz
Inklusive Schlossbesichtigung und Pause (Einkehr möglich)
3,00 Euro mit Kurkarte,
5,00 Euro ohne Kurkarte
Treff: Haus des Gastes,
Heinrich-Heine-Str. 7

10:00 Uhr
Ganztages-Radwanderung Richtung Mönchgut
Dauer: 6 Stunden,
Mindestteilnehmerzahl: 5 Personen
5,00 Euro mit Kurkarte,
8,00 Euro ohne Kurkarte
(exkl. Fahrradausleihe)
Treff: Zweiradhaus am Großbahnhof

Binzer Herbstfest

am 13. & 14. Oktober 2012

Strand-Pferderennen am Samstag

Anmeldung:
Kurverwaltung-Gemeinde Ostseebad Binz, Ralf Goede
Telefon 038393-148 260 • sportkv@ostseebad-binz.de
Informationen:
Telefon 148 148 • Fax 038393-148 299 • www.ostseebad-binz.de

BINZ
Viel Meer Flair

10:00-18:00 Uhr
Ernährungsberatung: Säure-Basen-Haushalt
Wir testen Ihren Säure-Basen-Grad, individuelle Beratung
Reformhaus casa verde, Zeppelinstr. 5

17:30 Uhr
Pilates
Voranmeldung unter Tel. 038393-6631400
10,00 Euro p.P.
Hotel meerSinn, Schillerstraße 8

Freitag 28.09.

10:00 Uhr
Zeitreise – Führung durch Neu-Binz
2,00 Euro mit Kurkarte, 4,00 Euro ohne Kurkarte
Treff: Haus des Gastes, Heinrich-Heine-Str. 7

15:00 Uhr
Konzert mit Jazz no Problem
Kurplatz

Täglich
11.00-03.00 Uhr
Automatenspiel
donnerstags-samstags
19.00-03.00 Uhr
Klassisches Spiel
donnerstags
19.00-20.00 Uhr
Einführung in die Geschichte des Glücksspiels
freitags/samstags
19.15-22.00 Uhr
Poker-Weekend Sit & Go Turnier

Spielbank Binz im Loev Hotel, Hauptstraße 20-22

20:00 Uhr
Villen – so weiß wie der Strand
Vortrag mit Otto Sieblist.
3,00 Euro mit Kurkarte; 5,00 Euro ohne Kurkarte
Haus des Gastes, Heinrich-Heine-Straße 7

Samstag 29.09.

Hereinspaziert in die Villen der Bäderarchitektur

Abschlusswochenende zum Monat der Bäderarchitektur, originelle Aktionen inklusive, u.a. mit verschiedenen geführten Touren

Ausführliche Infos zu den Führungen und Teilnehmern entnehmen Sie bitte dem Flyer zur Aktion, erhältlich an der Touristinformation

19:00 Uhr
Jubiläumsparty im Rugards Gourmet
Anmeldung unter Tel. 038393-560 oder -56830
Rugard Strandhotel, Strandpromenade 62

20:00 Uhr
Oktoberfest im IFA Rügen
IFA Rügen Hotel & Ferienpark, Strandpromenade 74

Sonntag 30.09.

Hereinspaziert in die Villen der Bäderarchitektur

Abschlusswochenende zum Monat der Bäderarchitektur, originelle Aktionen inklusive, u.a. mit verschiedenen geführten Touren

Ausführliche Infos zu den Führungen und Teilnehmern entnehmen Sie bitte dem Flyer zur Aktion, erhältlich an der Touristinformation

14:00-18:00 Uhr
Tag der offenen Tür
Spielbank Binz im Loev Hotel, Hauptstr. 20-22

20:00 Uhr
„Humor ist der Regenschirm der Weisen"
Eine heitere, literarisch bis musikalische Reise durch drei Jahrhunderte mit Texten von G.E. Lessing, W. Busch, K. Tucholsky, O. Reutter, E. Kästner u. a.
6,00 Euro mit Kurkarte; 8,00 Euro ohne Kurkarte
Haus des Gastes, Heinrich-Heine-Straße 7

20:00 Uhr
Oktoberfest
IFA Rügen Hotel & Ferienpark, Strandpromenade 74

(Änderungen vorbehalten)

SAND
SKULPTUREN
31. März bis
04. November
FESTIVAL
BINZ 2012
Märchen von Grimm
UND ANDEREN
Weltweit
größtes
Indoor-Event
2012
www.sandfest-ruegen.de
Täglich geöffnet
ab 10 Uhr
FESTWIESE BINZ
Ortsausgang Richtung Sassnitz - Proraer Chaussee

Im Schwedischen Hof

Das kleine Komfort-Hotel

Gourmet-Kamin-Restaurant

Galerie - Piano-Salon

Lassen Sie sich verwöhnen in unserem Gourmet-Restaurant durch die exzellenten Spezialitäten unserer nordischen Küche und genießen Sie jederzeit die angenehme Atmosphäre!

ganzjährig geöffnet

BINZ, Sonnenstraße 1

Tel. 03 83 93 / 25 49

www.im-schwedischen-hof.de

«Rügen-Impressionen» - Aquarell-Vernissage im Salon

Eeten op platt

plattdüütsch

Vorpommersches Spezialitätenrestaurant

Genießen Sie unsere Rügener Spezialitäten und Fischgerichte, probieren Sie unseren hausgebackenen Kuchen oder lassen Sie den Abend bei einem leckeren Cocktail oder einem erlesenen Wein ausklingen.

Restaurant · Café · Terrasse „plattdüütsch"

im Centralhotel · Hauptstraße 13 · 18609 Binz

Telefon 038393.3460 · www.centralhotel-binz.de

Restaurant „Titanic" *im Hotel Merkur*

Speisen Sie mit festen Planken unter den Füßen im Flair der „Titanic" und genießen Sie dabei die feine regionale Küche. Gern statten wir auch Ihre ganz persönliche Feier aus.

Hotel Merkur · Familie Böhme · Schillerstraße 15 · 18609 Ostseebad Binz

Telefon 03 83 93 / 13 50 · Fax 1 35 39 · hotel-merkur-binz@t-online.de

www.hotel-merkur-binz.de

Spielfeld, Lese- & Märchenzimmer, Legoland, Billard, Kerzen gießen, Einrad (Lern Kurse), Kletterwand, Playmobilland, Saftbar, Kartbahn, Figuren töpfern, Popcorn machen, Waveboard (Kurse), Kindertheater
KID'S CLUB
GUTSCHEIN
1 Stunde
IM KID`S CLUB BINZ
Dieser Gutschein ist personenbezogen, kann nicht bar ausgezahlt werden.
KID'S CLUB KINO
Vorstellungen:
Mo/Mi/Fr 17. 00 Uhr
(Kinder Kino ab 0 Jahre)
Mo/Mi/Fr 18.30 Uhr
(Kinderkino ab 6 Jahre)
Mo/Mi/Fr 20.00 Uhr
(Kinderkino ab 12 Jahre)
Das neue Kinderparadies auf 1300 m²!
KID'S CLUB BINZ | Telefon: 03 83 93/50 414
Zeppelinstr. 7 | 18609 Ostseebad Binz
Filme und Programm unter
www.kids-club-binz.de

Prora war jahrelang ein unbedeutendes Fleckchen Erde, wenige Kilometer von Binz entfernt. Heute befindet sich dort ein gewaltiger, fünf Kilometer langer Gebäudekomplex, der zur Zeit des Nationalsozialismus entstand. Ursprünglich sollte hier ein „KdF"– Bad („Kraft durch Freude") für 20.000 Urlauber gebaut werden. 1936 wurde mit dem Bau begonnen, doch durch den Ausbruch des zweiten Weltkrieges blieben die Arbeiten unvollendet. Nach jahrelanger militärischer Nutzung beherbergen die Gebäude heute teilweise Museen und Galerien sowie Gewerbeflächen. Im nördlichen Teil eröffnete im Sommer 2011 eine Jugendherberge.

Tägliche Führungen und Vorträge in Prora:

- **Dokumentationszentrum Prora**
  - Dauerausstellung „MACHTUrlaub – das KdF–Seebad Rügen und die deutsche „Volksgemeinschaft"
  - Führung durch die ehemals geplante KdF-Anlage Prora täglich 11:45 und 14:30 Uhr (Eintritt Museum +2,00 Euro p.P. für die Führung)
  - Treff & Info: Objektstraße 1 (Block 3/Querriegel), Telefon 038393/13991
- **KulturKunststatt Prora**
  - All-in-one-Museum auf 5.000 m²
  - Vortrag an der 18-m-Modellanlage und Film (ca. 30 Minuten): „Prora – Was war? Was ist? Was wird?", täglich um 11:45 und 14:30 Uhr
  - Täglich, non-stopp: Dokumentarfilm „NS-Kraft-durch-Freude Seebad Prora"
  - Täglich um 13:30 Uhr wechselnde Power-Point-Präsentationen & Vorträge (ca. 30 Min.):
    - Historik-Vortrag „PRORA/Rügen"
    - „Baugeschichte Hafen Mukran"
    - „Rügen und Rügendamm – Kriegsende 4.5.1945"
    - „100 Jahre Badeort Binz" u.a.
  - Digitaler Leseraum/Binz-Archiv sonntags, dienstags ab 12:00 Uhr
  - Für Vorträge u.ä. gilt: sind im Eintrittspreis der KulturKunststatt Prora enthalten; Mindestteilnehmerzahl
  - Außenführungen durch Teile der KdF-Anlage nach Vereinbarung
  - Treff & Info: Objektstraße Block 3, Telefon 038393/32696

Weitere Termine entnehmen Sie bitte dem Veranstaltungsteil sowie dem Museums- und Galerieführer in diesem Heft.

Galerie „Lichtblick“ (Bibliothek)

Cornelia Bläße (Langendorf): „Natur im Wandel der Zeit“

Cornelia Bläße stammt aus dem Erzgebirge und wurde schon früh von der Schönheit der Natur gefangen genommen. Für ihre ersten künstlerischen Versuche standen die Berge und Wälder ihrer Heimat Modell.

Der Umzug an die Ostsee in die Nähe von Stralsund eröffneten der gelernten Erzieherin völlig neue Sichtweisen und beflügelte ihre künstlerischen Ambitionen. In ihren Bildern tauchen nun Wasseroberflächen, Strände und Wolkenformationen auf.

Nach vielen Versuchen mit Buntstiften, Pastell- und Wasserfarben malt Cornelia Bläße seit einigen Jahren ausschließlich in Öl.

Themen ihrer Werke sind die Zeitdehnung und -raffung, der Tag-Nacht-Zyklus sowie die Natur im Wandel der Jahreszeiten.

Foyer (Obergeschoss)

Fotoausstellung der Kurverwaltung Binz zum „Monat der Bäderarchiteltur“

Das Ostseebad Binz ist berühmt für seine einzigartig schöne Bäderarchitektur. In keinem anderen Ort an der Ostseeküste finden sich so viele imposante Beispiele dieses verspielten Architekturstils, der mediterranes Flair mit nordischer Klarheit verbindet. Die weißen Holzbalkone und vorgebauten Veranden mit ihrem feinen Schnitzwerk sind zum Synonym für Binz geworden und ziehen jährlich tausende Besucher an. Grund genug um den Veranstaltungsmonat September unter das Motto „Binzer Bäderarchitektur“ zu stellen. In einer Fotoausstellung im Haus des Gastes zeigt die Kurverwaltung interessante Ortsansichten, die teilweise den Zustand der Bäderstil-Villen vor und nach der Rekonstruktion dokumentieren.
Wer sich die Originalgebäude anschauen möchte, sollte sich die Ortsführungen am Mittwoch um 10 Uhr vormerken, die mit den Gästen im historischen Binzer Ortskern auf den Spuren der Bädearchitektur wandeln.

Die Ausstellungen sind geöffnet:

Mo – Fr	09.00 – 18.00 Uhr
Sa/So	10.00 – 18.00 Uhr

www.ostseebad-binz.de

Lauterbach Mole ab	Putbus LB ab	Binz LB ab	Jagd- schloss Halt b. Bedarf	Sellin Ost	Baabe	Göhren an
	08:08	08:40	08:47	09:09	09:14	09:23
		09:44	09:51	10:13	10:18	10:27
	10:08	10:40	10:47	11:09	11:14	11:23
		11:44	11:51	12:13	12:18	12:27
11:22	12:08	12:40	12:47	13:09	13:14	13:23
		13:44	13:51	14:13	14:18	14:27
13:22	14:08	14:40	14:47	15:09	15:14	15:23
		15:44	15:51	16:13	16:18	16:27
15:22	16:08	16:40	16:47	17.09	17:14	17:23
		17:44	17:51	18:13	18:18	18:27
17:22	18:08	18:40	18:47	19:09	19:14	19:23
19:22	20:08	20:40	20:47	21:09	21:14	21:23
		22:44	22:51	23:13	23:18	23:27

Göhren ab	Baabe	Sellin Ost	Jagd schloss Halt b. Bedarf	Binz LB ab	Putbus ab	Lauterbach Mole an
08:49	08:59	09:07	09:27			
09:53	10:03	10:11	10:31	10:40	11:11	11:17
10:49	10:59	11:07	11:27			
11:53	12:03	12:11	12:31	12:40	13:11	13:17
12:49	12:59	13:07	13:27			
13:53	14:03	14:11	14:31	14:40	15:11	15:17
14:49	14:59	15:07	15:27			
15:53	16:03	16:11	16:31	16:40	17:11	17:17
16:49	16:59	17:07	17:27			
17:53	18:03	18:11	18:31	18:40	19:11	19:17
18:49	18:59	19:07	19:27			
19:53	20:03	20:11	20:31	20:40		
21:49	21:59	22:07	22:27			

(Irrtümer, Änderungen und Druckfehler vorbehalten)

Bitte beachten Sie für kurzfristige Fahrplanänderungen die örtlichen Aushänge auf den Bahnhöfen.

Informationen: Eisenbahn-Bau- und Betriebsgesellschaft Pressnitztalbahn mbH
Zweigniederlassung Rügensche BäderBahn „Rasender Roland“
Büro Bergen, Tel. 03838/813594 sowie www.ruegensche-baederbahn.de

Die Kurkarten der Ostseebäder Sellin, Baabe, Göhren und Binz berechtigen nicht zur kostenfreien Nutzung der Rügenschen BäderBahn.

Binz–Bergen–Stralsund

Binz ab	Bergen an	Bergen ab	Stralsund an	Bemerkungen
06:04	06:28	06:29	06:58	umsteigen in Lietzow, Mo-Fr
07:04	07:28	07:29	07:57	umsteigen in Lietzow
08:04	08:28	08:29	08:57	umsteigen in Lietzow
08:43	09:06	09:08	09:30	IC nach Frankfurt (M)
09:04	09:28	09:29	09:57	umsteigen in Lietzow
09:58	10:17	10:19	10:42	IC nach Köln, Sa
10:07	10:28	10:29	10:57	
10:29	10:52	10:55	11:18	IC nach Stuttgart
10:43	11:06	11:08	11:30	EC/IC nach Brno/Dresden Sa, So[1]
11:04	11:28	11:29	11:57	umsteigen in Lietzow
12:07	12:28	12:29	12:57	
12:29	12:49	12:56	13:19	IC nach Hamburg/Karlsruhe
12:44	13:07	13:09	13:33	ICE nach München, Sa
13:04	13:28	13:29	13:57	umsteigen in Lietzow
13:58	14:17	14:19	14:42	IC nach Köln, So
14:07	14:28	14:29	14:57	
15:04	15:28	15:29	15:57	umsteigen in Lietzow
16:07	16:28	16:29	16:57	
17:07	17:28	17:29	17:57	
18:07	18:28	18:29	18:57	
19:04	19:29	19:30	19:58	umsteigen in Lietzow
20:07	20:28	20:29	20:57	
21:07	21:31	21:31	22:00	umsteigen in Lietzow
22:07	22:28	22:29	22:57	Mo-Do, Sa, So
22:14	22:35	22:36	23:04	Fr

Stralsund–Bergen–Binz

Stralsund ab	Bergen an	Bergen ab	Binz an	Bemerkungen
06:04	06:32	06:33	06:57	umsteigen in Lietzow, Mo-Fr
07:04	07:32	07:33	07:57	umsteigen in Lietzow
08:04	08:32	08:33	08:57	umsteigen in Lietzow
09:04	09:32	09:33	09:54	
10:04	10:32	10:33	10:57	umsteigen in Lietzow
10:42	11:05	11:06	11:33	IC aus Hamb./Hannover, Mo-Sa
11:04	11:32	11:33	11:54	
12:04	12:32	12:33	12:57	umsteigen in Lietzow
12:41	13:04	13:06	13:31	IC aus Erfurt, Sa
13:04	13:32	13:33	13:55	
14:04	14:32	14:33	14:57	umsteigen in Lietzow
14:25	14:48	14:50	15:16	IC aus Koblenz
15:04	15:32	15:33	15:54	
16:00	16:23	16:25	16:44	IC aus Köln, Sa
16:04	16:33	16:33	16:57	umsteigen in Lietzow, Mo-Fr, So
16:07	16:35	16:36	16:57	umsteigen in Lietzow, Sa
16:32	16:54	16:55	17:20	IC aus Frankfurt/Hamburg, Sa
16:42	17:05	17:07	17:31	IC aus Frankfurt (M)
17:04	17:32	17:33	17:55	
18:04	18:32	18:33	18:57	umsteigen in Lietzow
18:33	18:55	18:57	19:20	EC aus Bratisl./Dresden, Fr, Sa[2]
19:04	19:32	19:33	19:55	
20:00	20:23	20:25	20:44	IC, Fr
20:09	20:37	20:37	20:59	umsteigen in Lietzow
21:04	21:32	21:33	21:55	Mo-Do, Sa, So
21:05	21:27	21:29	21:49	ICE aus München, Fr
21:09	21:40	21:41	22:03	Fr
22:09	22:37	22:37	22:59	umsteigen in Lietzow

1) ab 22.9. 2) bis 15.9. täglich, danach nur Sa **(Angaben ohne Gewähr)**

Auskünfte erteilt Ihnen die Deutsche Bahn AG unter der Service-Nummer 0180/5996633 (14 ct/Min. aus dem Festnetz, Tarif bei Mobilfunk max. 42 ct/Min.)

Faszination…

Zeitfenster Prora 1934 – 2002

Erlebnis-Museum

KulturKunststatt Prora *all in one*

6-Stock-Treppenhaus-Erlebnis

Erinnerungsarbeit ohne Büßerhemd

Auf 5.000 qm original erhalten/rekonstruiert (gesamt 120 Räume)

- »Kraft durch Freude Seebad Rügen« (40 Museumeinheiten)
- Einzige farbige Wandbilder-Dokumentation »Denkmal Prora«
- Planung, Entstehung und militärische Nutzung
- 40 Jahre Nationale Volksarmee in Prora (40 originale Räume)
- 9 Dokumentarfilme non-stop
- Dokumente KdF-Reisen u. mehr
- **PRORA**–Historik-Vortrag in Wort und Bild (PowerPoint)
- 2 x täglich Vortrag am Modell **Zeitfenster Prora 1934-2002** Was war – Was ist – Was wird

KdF-Museum

NVA-Museum

Rügen-Museum

Sonderausstellungen

Museum-Freundschaften

Wiener Kaffeehaus

Panoramasaal Silberreiher

Bilder-Galerie

Motorradwelt DDR

Objektstraße Block 3/TH2
Telefon und Fax: (038393) 32696
www.kulturkunststatt.de
Geöffnet: Sommer 9 - 19 Uhr – Winter 10 - 16 Uhr

P **PKW BUS** Parken direkt vor dem Erlebnismuseum
Parkfläche frei – nur für Museumbesucher **PKW BUS** **P**

Jagdschloß Granitz

täglich 09.00-18.00 Uhr
mit Sonderausstellung
Tel. 03 83 93/22 63

Galerie „Im Schwedischen Hof"

Sonnenstraße 1
täglich ab 10.00 Uhr
Tel. 03 83 93/25 49

KulturKunststatt Prora

All-in-one-Museum auf 5.000 qm
täglich 09.30-18.30 Uhr
Tel. 03 83 93/3 26 96

- **Täglich wechselnde Präsentationen und Vorträge** (ca. 30 Min.)
- **Digitaler Leseraum/ Binz-Archiv**
  sonntags und dienstags ab 12.00 Uhr
- **Dokumentarfilm**
  „NS-Kraft-durch-Freude Seebad Prora"
  täglich non-stop
- **Weitere Infos zu Vorträgen und Führungen siehe Seite 43**

KIK-Kunst im Klünder

Strandpromenade 12
nach Bedarf geöffnet
Tel. 03 83 93/53 20

Galerie A & M

Hauptstraße 20
Mo-Fr 10.00-18.00 Uhr
Sa 10.00-16.00 Uhr
Tel. 03 83 93/66 62 10

Museum Ostseebad Binz

Bahnhofstraße 54
(Kleinbahnhof)
täglich 10.00-17.00 Uhr
Tel. 03 83 93/12 97 93

Galerie „Lichtblick" im Haus des Gastes

Heinrich-Heine-Straße 7
Mo-Fr 09.00-18.00 Uhr
Sa/So 10.00-18.00 Uhr
Tel. 03 83 93/148 112

Kunstmeile in der Margaretenstraße

- **Atelier Robert Denier & Andreas Schiller**
  Strandpromenade /
  Ecke Margaretenstraße
  täglich 10.00-20.00 Uhr
  Tel. 01 62/9 24 88 69
- **Narrenkeramik – Galerie**
  Margaretenstraße 22
  Mo-Fr 14.30-18.00 Uhr
  Sa 11.00-13.00 Uhr
  & 14.00-17.00 Uhr
  Tel. 03 83 93/4 38 78
- **New Creations – Galerie für Kunst & Schmuck**
  Margaretenstraße 20
  Mo-Sa 10.00-18.00 Uhr
  Tel. 03 83 93/43 63 18
- **Galerie Jahreszeiten**
  Karen Utermann
  tonicum-Keramik
  Annette Pomp
  Margaretenstraße 20
  Mo-Sa 10.00-18.00 Uhr
  Tel. 03 83 93/43 63 12

- **„Dachträume" – Malereien von Mathias Gerlach in Sigis Bar**
  Margaretenstraße 20
  täglich ab 13.00 Uhr
  Tel. 03 83 93/1 39 20
- **wellenKÜNST – Schönes von der Ostsee**
  Margaretenstraße 18
  Mo-Fr 11.00-13.00 Uhr
  & 14.00-18.00 Uhr
  Sa 11.00-16.00 Uhr
  und nach telefonischer Absprache
  Carola Gännslen – Keramikgefäße „Sonntagslaune"
  Tel. 01 72/2 79 16 53
- **Glasbläserei Binz**
  Schillerstraße 11/ Ecke Margaretenstraße
  Mo-Sa 10.00-18.00 Uhr
  So 13.00-18.00 Uhr
  Tel. 03 83 93/3 14 95

Atelier Blau-Orange

Malerei „Dachträume"
Künstlerhaus Prora
täglich ab 11.00 Uhr
Tel. 01 73/9 13 92 41

Eisenbahn- und Technikmuseum Rügen/Prora

täglich 10.00-17.00 Uhr
Tel. 03 83 93/23 66

Museum zum Anfassen in Prora

täglich 10.30-17.00 Uhr
Tel. 03 83 93/13 13 18

Dokumentations-zentrum Prora

täglich 10.00-18.00 Uhr
Tel. 038393/13991

- **Dauerausstellung: MACHTUrlaub** – das KdF-Seebad Rügen und die Deutsche „Volksgemeinschaft"
- **Sonderausstellungen** „Im Objektiv des Feindes. Die deutschen Bildberichterstatter im besetzten *Warschau 1939 – 1945" (bis 12.9.), „Juni 1941 – Der tiefe Schnitt. Der deutsche Überfall auf die Sowjetunion im Juni 1941" (ab 22.9.)
- **Weitere Infos zu Vorträgen und Führungen** **siehe Seite 43**

Decorum Rügen

Strandpromenade 45
Grafik und Gemälde von Chagall und Liebermann bis Max Uhlig; altes Meissner, Rokoko und Biedermeierschätze auf Anfrage
Tel. 0179/4376581

Die Walentowski Galerien

Galerie im Elisenhof
Hauptstraße 10
Mo-Sa 10.00-19.00 Uhr
Tel. 038393/13030

Museumshof Zirkow

Mo-Fr 10.00-16.00 Uhr

Bernstein-Museum Sellin

Mo-Fr 10.00-12.00 Uhr
14.00-17.00 Uhr
Sa 10.00-12.00 Uhr
Tel. 038303/87279

Stadtmuseum Bergen

Di-Sa 10.00-16.30 Uhr
Tel. 03838/252226

Ernst-Moritz-Arndt-Turm Bergen

täglich 10.00-18.00 Uhr
Tel. 03838/20190

Ernst-Moritz-Arndt-Museum Garz

Di-Sa 10.00-16.00 Uhr
Tel. 038304/12212

Mühle Patzig

Mo-Fr 09.00-15.00 Uhr
Gruppen bitte anmelden
Tel. 03838/313665

Museumshof Göhren

Di-So 10.00-17.00 Uhr
Tel. 038308/2175

Heimatmuseum Göhren

Di-So 10.00-17.00 Uhr
Tel. 038308/2175

Rauchhaus Göhren (Rookhus)

Di-So 10.00-17.00 Uhr
Tel. 038308/2175

Museumsschiff „Luise" Göhren

Di-So 10.00-16.00 Uhr
Tel. 038308/2175

Schulmuseum und Hallenhaus Middelhagen

täglich 10.00-16.00 Uhr
Mittwochs um 10.00 Uhr historische Schulstunde
Tel. 038308/2478 oder 2153

Pfarrwitwenhaus und Kirche Groß Zicker

Mo-Sa 10.00-17.00 Uhr
So 13.00-17.00 Uhr
Tel. 038308/8248 oder 2153

Gerhart-Hauptmann-Gedenkstätte Kloster/Hiddensee

Mo-Sa 10.00-17.00 Uhr
So 13.00-17.00 Uhr
Tel. 038300/397

Heimatmuseum Kloster/Hiddensee

täglich 10.00-16.00 Uhr
Tel. 038300/363

Leuchtturm Hiddensee

täglich 10.30-16.00 Uhr
Tel. 038300/6420

Galerie des Landkreises in Putbus

Orangerie, Alleestr. 35
Di-So 11.00-18.00 Uhr
Wechselnde Ausstellungen
Tel. 038301/889797

Historisches Uhren- & Musikgeräte-museum Putbus

täglich 10.00-18.00 Uhr
Tel. 03 83 01/6 09 88

Rügener Puppen- und Spielzeugmuseum Putbus

täglich 09.00-19.00 Uhr
mit Café (täglich selbstgebackener Kuchen), auf Wunsch Führungen (bitte telefonisch anmelden)
Tel. 03 83 01/6 09 59

Dinosaurierland Rügen

Museums- und Freizeitpark bei Bobbin
täglich 10.00-18.00 Uhr
Tel. 03 83 02/71 98 74

RügenPark Gingst

Di-So 10.00-17.00 Uhr
Tel. 03 83 05/5 50 55

Marinehistorisches und Heimatmuseum Dranske/Bug

Mo-Sa 11.00-16.00 Uhr
neu in der „Alten Schule"
Schulstraße 19
Tel. 03 83 91/8 90 07

Kreide-Museum Gummanz bei Neddesitz

mit Kreide- und Naturlehrpfad
täglich 10.00-17.00 Uhr
Außerhalb der Zeiten sind Führungen und Besuch auf Anfrage möglich.
Tel. 03 83 02/5 62 29

Rügenhof Arkona in Putgarten

Mo-Sa 10.00-18.00 Uhr
Tel. 03 83 91/40 00

Kap Arkona

Informationsamt
Tel. 03 83 91/1 21 15

- **Schinkelturm**
täglich 10.00-18.00 Uhr
- **Neuer Leuchtturm**
täglich 11.00-17.00 Uhr
- **Peilturm**
täglich 10.00-18.00 Uhr

Sassnitzer Fischerei- und Hafenmuseum

Stadthafen Sassnitz
mit Museumsschiff „Havel"
täglich 10.00-18.00 Uhr
Tel. 03 83 92/5 78 46

Schmetterlingspark Sassnitz

täglich 09.30-17.30 Uhr
Tel. 03 83 92/6 64 42

U-Boot Museum (Britisches U-Boot H.M.S. OTUS)

Stadthafen Sassnitz
täglich 10.00-19.00 Uhr
Tel. 03 83 92/3 15 16

Heimattiergarten Sassnitz

täglich 10.00-18.00 Uhr
Tel. 03 83 92/2 23 81

Deutsches Meeres-museum Stralsund

täglich 10.00-18.00 Uhr
Tel. 0 38 31/2 65 02 11

OZEANEUM Stralsund

täglich 09.30-21.00 Uhr
Tel. 0 38 31/2 65 06 10

Foto: J. M. Schlorke

Marinemuseum Dänholm/Rügendamm

Di-So 10.00-17.00 Uhr
Tel. 0 38 31/29 73 27

NAUTINEUM Dänholm/Rügendamm

Di-So 10.00-18.00 Uhr
Tel. 0 38 31/28 80 10

Kulturhistorisches Museum Stralsund & Volkskundespeicher

täglich 10.00-17.00 Uhr
Tel. 0 38 31/2 87 90

Tierpark Stralsund

täglich ab 09.00 Uhr
Tel. 0 38 31/29 30 33

Johanniskloster

Mi-So 10.00-18.00 Uhr
letzter Einlass 17.30 Uhr
Schillerstraße 26

Kein Anspruch auf Vollständigkeit, Änderungen vorbehalten

Ärzte

FÄ f. Allgemeinmedizin, Palliativmedizin, Notfallmedizin, Akupunktur und Neuraltherapie
Dr. med. S. Funk
Telefon 40240,
Margaretenstraße 14

Arzt für Allgemeinmedizin
Dr. med. U. Mittelbach
Telefon 23 37,
Dünenstraße 32a
(im Notfall:
038301/60001 privat)

FÄ f. Allgemeinmedizin, Badearzt, Naturheilverfahren, Akupunktur
Dr. med. M. Tomschin;
Masseur und medizinischer Bademeister
(Massage n. V.)
D. Tomschin
Telefon 23 15,
Margaretenstraße 14

FA f. Allgemeinmedizin, Naturheilverfahren
Dr. med. I. Steiner
Telefon 3 38 71,
Dünenstraße 28b

FA für Chirurgie, Röntgen, D-Arzt, Unfallarzt
L. Aßmann
Telefon 49 00,
Jasmunder Straße 7

FA für Innere Medizin
Dr. T. Wätzold
Telefon 3 22 72,
Dünenstraße 33d

Kinderärztin, Badearzt
Dipl.-Med. G. Strelow
Telefon 23 64,
Dünenstraße 34b

Zahnarzt
Dipl.-Med. J. Strelow /
Dr. Fanny Strelow
Telefon 23 63,
Dünenstraße 34b

Zahnärztin
Dr. Karin Rusch
Telefon 24 62,
Margaretenstraße 14

Zahnärztin
Annett Haase
Telefon 2409
Dünenstraße 33a

Zahntechnik Binz
Jürgen Müller
Telefon 663993
Hauptstraße 3

Mobile Tierarztpraxis
Marco Nieburg
Funk 01 78 / 2 00 79 92

Physiotherapie

Massage- und med. Bäderpraxis
Telefon 9 20 80,
Strandpromenade 74
IFA Ferienpark, Vitarium

Physiotherapie
Stefanie Jantzen
Telefon 134888,
Proraer Chaussee 9

Naturheilpraxis
Michael Klett
Heilpraktiker
Funk 0177/4160905

Mobiler Massagedienst
Nadine Söder
Funk 0162/2033043

Physiotherapeut/ Masseur/ Lymphtherapeut
Grit Drahota
Telefon 666333,
Funk 0179/9795862
Dünenstraße 28c

Naturheil- & Massagepraxis
Bettina Linow
Telefon 32125,
Funk 0170/5358529,
Hauptstraße 14

Kosmetik

Sauerstoff-Cosmetic-Studio & mehr
Christina Münch
Telefon 30219,
Proraer Chaussee 9

Kosmetik-Institut
Beautyworld Binz
Telefon 29 15,
Wylichstraße 11

Thalasso Beauty-Farm
Arkona Strandhotel
Telefon 5 79 80,
Strandpromenade 59

Rugard Royal
Beauty & Vital SPA
Rugard Strandhotel
Telefon 5 66 99,
Strandpromenade 62

Kosmetik & Fußpflege
Wally Lackner
Telefon 32741
Lottumstraße 27

Kosmetik & Fußpflege
Traute Babiarz
Telefon 137801,
Margaretenstraße 14

Kosmetik-Institut „Cleopatra"
Manja Kaiser
Kosmetik-Fußpflege-Nagelmodellage
Permanent Make up
Ri-Soft® Lining
Telefon 66861,
Hauptstraße 9a

Medical Wellness

artepuri®
hotel meerSinn
Telefon 6630,
Schillerstraße 6-10

Institut
BeautyMedPoint
Telefon 663626
Proraer Straße 1

Apotheken in Binz

Bad-Apotheke
Hauptstr. 8, Tel. 038393/2064
Mo-Fr 08.00-18.00 Uhr
Sa 09.00-12.00 Uhr

Binz, Kur-Apotheke
Dünenstr. 34 a, Tel. 038393/33727
Mo-Fr 08.00-18.30 Uhr
Sa 08.00-12.30 Uhr

Die Notdienst-Zeiten entnehmen Sie bitte der regionalen Presse.

Postagentur Binz

Proraer Chaussee 2
Mo-Fr 09.00-17.00 Uhr
Sa 09.00-12.00 Uhr

Briefkästen finden Sie am Großbahnhof, an der Seebrücke, am Kleinbahnhof, in der Dünenstraße (EDEKA), am Eingang des Hotels IFA (Rezeption), in der Paulstraße (Tabakbörse) und im Haus des Gastes.

Bahnhof Binz

Tel. 038393/134960
Tel. 0800/1507090 (automatische Fahrplanauskunft / kostenfrei)

Schalteröffnungszeiten:
Mo-Fr 08.30-13.00 Uhr
13.50-17.00 Uhr
Sa 08.30-14.00 Uhr
So 09.50-12.50 Uhr
13.50-18.00 Uhr

Wichtige Rufnummern

Notruf Polizei	110
Polizei (Binz)	038393/133937
Feuerwehr/Rettungsleitstelle/ Notarzt	112
Kleinbahnhof Binz (Fahrkartenausgabe)	038393/2764
Funktaxi	038393/2424
Schlüsseldienst Binz	038393/32720
(Schlüsseldienst-/ Notdienst)	0172/2152692
Tankstelle	038393/2557
Pannenhilfe	038393/2512 0172/5264440

Ausleihmöglichkeiten

- **Fahrräder**

Großbahnhof, Tel. 32420
Tankstelle, Tel. 2927
Hauptstraße 9a, Tel. 66924
Kleinbahnhof, Tel. 663854

- **Bollerwagen**

Großbahnhof, Tel. 32420
Tankstelle, Tel. 2927
Haus des Gastes, Tel. 148148

- **Kinderwagen, Buggy, Bollerwagen**

Buntes Holzlädchen,
Jasmunder Str. 1, Tel. 14214

- **Rollstühle (Hilfsmitteldienst)**

Tel. 03838/8287604

Gottesdienste

Evangelische Kirche Binz
Bahnhofstraße 1, Tel. 03 83 93 / 22 69
sonntags 09.30 Uhr Gottesdienst

- **Alte Dorfkirche in Zirkow**

Gottesdienst:
30.9. 14.00 Uhr

- **Katholische Kirche „Stella Maris“ Binz**

Klünderberg 2, Tel. 03 83 93 / 27 36
sonntags 11.00 Uhr Gottesdienst
dienstags 08.30 Uhr Gottesdienst

- **Neuapostolische Kirche Binz**

Dollahner Str. 1, Tel. 03 83 93 / 20 82
oder 03838/253449
sonntags 09.30 Uhr Gottesdienst
mittwochs 19.30 Uhr Gottesdienst

Öffentliche Toiletten in Binz/Prora

Schmachterseestraße: 10.00-20.00 Uhr
Kleinbahnhof Binz / **Bahnhofstraße:** 09.00-19.00 Uhr
Strandzugang 5 / **Fischerstrand:** 09.30-19.00 Uhr
Strandzugang 14 / **Seebrücke:** 09.00-22.00 Uhr
Strandzugang 28 / **Mukraner Straße:** 09.00-22.00 Uhr
Strandzugang 36 / **Höhe Hapimag:** 09.30-19.00 Uhr
Strandzugang 47 / **Höhe IFA:** 09.30-19.00 Uhr
Strandzugang 51 / **Höhe Binz-Therme:** 09.30-19.00 Uhr
Strandzugang 56 / **Prora, Campingplatz BSW:** 09.30-18.00 Uhr
Strandzugang 66 / **Prora, Strandstraße:** 09.00-18.00 Uhr

(Änderungen vorbehalten)

IFA relax
Urlaub für die Sinne
Urlaub für die Sinne
SOMMERTRÄUME
Lassen Sie Ihre Haut an der sommerlichen Freude teilhaben und bereiten Sie sich auf die schönen Dinge des Sommers, wie den Sonnenschein, vor.
SOMMERTRAUM I p.P. 45,- €
Rücken-Kreidepeeling und Rücken-Massage mit Q 10
SOMMERTRAUM II p.P. 69,- €
Ganzkörper-Kreidepeeling und Ganzkörper-Massage mit Q 10
IFArelax Terminabsprache unter Telefon: 038393.91130
Weitere Angebote unter: www.ifa-ruegen-hotel.com
IFA
RÜGEN
HOTEL & FERIENPARK
****
Strandpromenade 74, 18609 Ostseebad Binz
T. +49 (0) 38393 . 90, reservierung.ruegen@ifahotels.com
www.ifa-ruegen-hotel.com

BINZ
Fremdenverkehrsverein Binz e.V.
Ihr Partner im
OSTSEEBAD BINZ
Wir bieten Ihnen Informationen rund um Ihren Urlaub – z.B. Zimmervermittlung, vielseitige Ausflugstipps, Tagesfahrten, Kartenmaterial u.v.m.
Wylichstraße 13 · 18609 Ostseebad Binz
Fon 038393/665740 · Fax 038393/665750
info@gastgeber-binz.de
WWW.GASTGEBER-BINZ.DE
Wir sind Herausgeber des Gastgeberverzeichnis – gern senden wir Ihnen dies auf Anfrage zu oder buchen Ihre Unterkunft.

SPIELBANK BINZ
Hauptstraße 20-22 · 18609 Ostseebad Binz
Tel. 038393 . 137 880
tägl. 11:00 bis 03:00 Uhr
www.ostsee-spielbanken.de
OSTSEE-SPIELBANKEN
STRALSUND · BINZ · HERINGSDORF

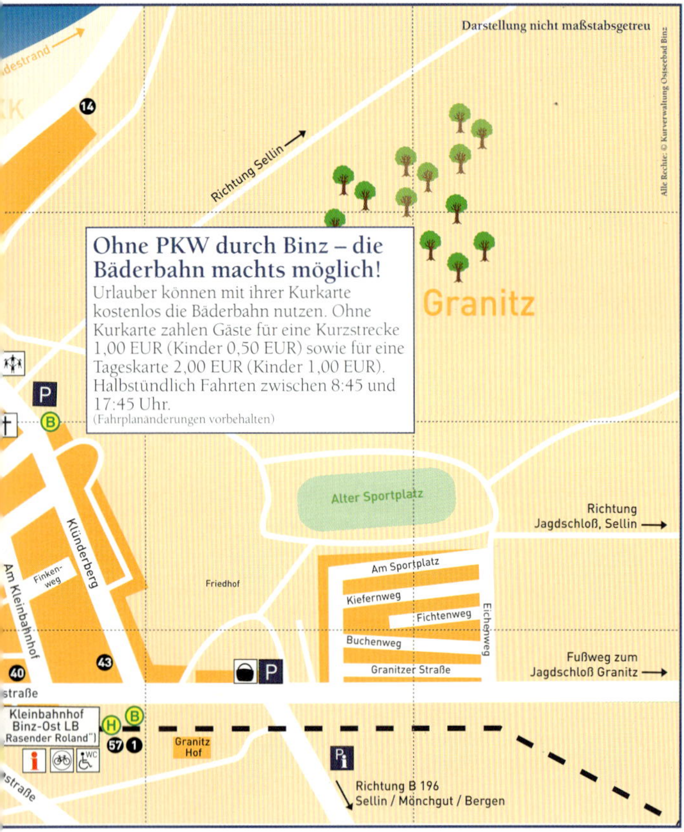

Ohne PKW durch Binz – die Bäderbahn machts möglich!

Urlauber können mit ihrer Kurkarte kostenlos die Bäderbahn nutzen. Ohne Kurkarte zahlen Gäste für eine Kurzstrecke 1,00 EUR (Kinder 0,50 EUR) sowie für eine Tageskarte 2,00 EUR (Kinder 1,00 EUR). Halbstündlich Fahrten zwischen 8:45 und 17:45 Uhr.

(Fahrplanänderungen vorbehalten)

– Spezialitäten
urant
de 23, Tel. 5 30 22

, Tel. 13 15 90

inzer Sterne
., Tel. 1 37 0

THETICS
3, Tel. 66 66 77

stik
13, Tel. 302 70

urant
Tel. 309 67

ptik Binz
Tel. 2 16 46

itanic
rkur
5, Tel. 13 50

e Binz
1, Tel. 668 33

57
Restaurant Rasender Roland
Bahnhofstraße 54, Tel. 13 49 70

58
Aparthotel Villa Monbijou
Hauptstraße 15, Tel. 49 30

59
Hotel Vier Jahreszeiten Byntze 1318
Zeppelinstraße 8, Tel. 500

59
Kids Club Binz
Zeppelinstraße 7, Tel. 504 14

60
Feriendomizil
Wylichstraße 6, Tel. 37 70

KM
Atelier Robert Denier & Andreas Schiller
Strandpromenade 29 / Ecke Margaretenstraße, Tel. 3 14 74

KM
Galerie Jahreszeiten – Karen Utermann
Margaretenstraße 20, Tel. 12 93 12

KM
Galerie Jahreszeiten – tonicum Keramik Anette Pomp
Margaretenstraße 20, Tel. 43 63 12

KM
New Creations – Galerie für Kunst und Schmuck
Margaretenstraße 20, Tel. 13 78 03

KM
wellenKÜNST – Schönes von der Ostsee
Margaretenstraße 18,
Tel. 01 72 / 2 79 16 53

Ortsplan Binz

1
Museum Ostseebad Binz
Bahnhofstraße 56,
Im Kleinbahnhof, Tel. 12 97 93

2
Fischrestaurant Poseidon
Lottumstraße 1, Tel. 26 69

3
artepuri hotel meerSinn
Schillerstraße 6-10, Tel. 66 30

4
Reformhaus casa verde
Zeppelinstraße 5, Tel. 321 28

6
Nudelhaus
Dünenstraße 2, Tel. 14 00

7
Restaurant Olivio im Dorint Strandhotel
Strandpromenade 58, Tel. 4 30

8
Hotel Villa Schwanebeck
Margaretenstr. 18, Tel. 20 13

10
Restaurant plattdüütsch im Centralhotel
Hauptstraße 13, Tel. 34 60

11
Aparthotel Rialto
Hauptstraße 21, Tel. 3 40

12
BIOMARIS Trink- und Beautypflege
Strandpromenade 24 A,
Tel. 43 65 46

13
Spielbank Binz
Hauptstraße 20, Tel. 13 78 80

14
Uhlendorf Immobilien & Ferienservice
Strandpromenade 3a, Tel. 1 30 60

15
Asia-Thai-Restaurant Kim Quy
Putbuser Straße 2, Tel. 321 16

16
Mode 42 plus
Hauptstraße 5/Ecke Paulstraße,
Tel. 2 18 88

17
Hotel Binzer Hof
Lottumstraße 15-17, Tel. 23 26

18
Hotel Granitz Binzer Bierstuben
Bahnhofstraße 2, Tel. 26 78

19
Glasbläserei Binz
Schillerstraße 11, Tel. 314 95

20
Rujana Immobilien und Ferienwohnungen
Wylichstraße 11, Tel. 66 6 40

21
Der Bernsteinfischer
Paulstraße 1, Tel. 43 64 44

22
Glasner's Restaurant & Café im Hotel Villa Neander
Hauptstraße 16, Tel. 52 9 50

23
Taverne Minos Grillrestaurant
Strandpromenade 38, Tel. 1 48 88

24
IFA Rügen Hotel & Ferienpark Vitarium, Erlebnisbad
Strandpromenade 74, Tel. 90

25
Biergarten Schmachter Hus
Schmachter-See-Straße ,
Promenade, Tel. 52 80

26
Bernstein Galerie
Hauptstraße 9 und 24, Tel. 308 76

i
Fremdenverkehrsverein Binz e.V.
Wylichstraße 13, Tel. 66 57 40

27
Kiki Kids Outlet
Wylichstraße 13

28
Hotel Am Meer & Spa
Strandpromenade 34, Tel. 4 40

29
Restaurant & Hotel Villa Salve
Strandpromenade 41, Tel. 22 23

30
Oma's Küche Stubenrestaurant und Café
Proraer Chaussee 2 a, Tel. 1 35 56

30
Limousine Service Rügen
Proraer Chaussee 2 a,
Tel. 01 71/7 72 67 22

31
Kosmetik-Institut Beautyworld Binz
Wylichstraße 11, Tel. 29 15

32
Komfort-Hotel Im Schwedischen Hof
Sonnenstraße 1, Tel. 25 49

33
Hotel & Restaurant Zur Promenade
Strandpromenade 46, Tel. 27 42

34
WFV – Wohnen + Ferien Vermittlungs GmbH
Paulstraße 2, Tel. 315 32

35
Hotel Imperial
Strandpromenade 20, Tel. 13 80

36
Villa Baltik
Strandpromenade 13, Tel. 4 24 20

37
Herstellerverkauf -con-ta-
Proraer Chaussee 3g, Tel. 66 39 16

38
Museen Prora
KulturKunststatt, Tel. 326 96
Eisenbahn & Technik
Museum, Tel. 23 66
Dokumentationszentrum Prora,
Tel. 1 39 91

39
Design-House Binz
Hauptstraße 6, Tel. 4 38 01

40
Autohaus Behrenwolt
Bahnhofstraße 33, Tel. 25 12

41
**Der Griec…
& Grillres…**
Strandprom…

42
el greco
Wylichstraß…

43
Aparthote…
Klünderberg…

44
RÜGEN A…
Schillerstraß…

45
Sander-To…
Jasmunder S…

48
Küsten Re…
Dünenstr. 3

50
Augenblic…
Hauptstraß…

51
**Restauran…
im Hotel N…**
Schillerstraß…

54
Wäschest…
Wylichstraß…

Meine Worte werden nicht vergehen.

Stralsund – Brückenpfeiler zur Insel Rügen 114

Rügen Kaleidoskop

Karten und Pläne

☐ Service

Leserforum

Die Meinung unserer Leserinnen und Leser ist wichtig, daher freuen wir uns von Ihnen zu hören. Wenn Ihnen dieser Reiseführer gefällt, wenn Sie Hinweise zu den Inhalten haben – Ergänzungs- und Verbesserungsvorschläge, Tipps und Korrekturen –, dann kontaktieren Sie uns bitte:

Redaktion ADAC Reiseführer
ADAC Verlag GmbH
Hansastraße 19, 80686 München
Tel. 089/76 76 41 59
reisefuehrer@adac.de
www.adac.de/reisefuehrer

Rügen Impressionen

Seebäderromantik, Traumstrände und Naturidyllen

Wer einmal auf Rügen war, kommt immer wieder zurück, denn die Insel zieht jeden in ihren Bann. Ganz gleich zu welcher Jahreszeit: Das Eiland fasziniert mit den vielen Gesichtern, von denen nur eines die glanzvolle Bäderherrlichkeit der renovierten Badeorte **Binz**, **Sellin** und **Göhren** im Südosten ist. Ein anderes zeigt sich im ländlichen Westen der Insel, wo kleine Dörfer wie **Gingst** und **Waase** mit ihren mittelalterlichen Backsteinkirchen und rohrgedeckten Häuschen Ruhe und Beschaulichkeit atmen. Ein weiteres Gesicht der sonnenreichen Insel sind die urwüchsigen, imposanten Steilküsten der **Stubbenkammer**, windige Höhen und einsame steinige Ufer. Schließlich gibt es aber auch das stille liebliche Rügen der Boddenlandschaft bei **Ummanz**, bei **Lauterbach** und rund um den **Großen Jasmunder Bodden**, mit den weiten Horizonten über flachen Buchten, Sümpfen und Wiesen, mit den Entenschwärmen, die sich flatternd in die Luft erheben, und den trompetenden Kranichzügen im fahlen Licht der Dämmerung.

Und dann ist da noch die kleine Schwester, die ebenfalls ein eigenes Gesicht hat – **Hiddensee** mit einer kurzen, aber ruhmreichen Geschichte als Insel der Künstler und Prominenten, Hiddensee als Insel der Fischer und Lotsen, Hiddensee als Trauminsel, eine Symphonie in Blau und Grün. Hier stehen Naturerleben und Abgeschiedenheit im Vordergrund: Kein Nachtleben und keine mondänen Flaniermeilen erwarten den Besucher, nur einsame Strände und Dünenheide.

Badespaß, Sport und Wellness

Wellness ist der Schlüsselbegriff der stressgeplagten Menschen für den Urlaub, das Verwöhnen von Körper und Geist mit allen erdenklichen Wohltaten. Und genau das bietet Rügen mit seiner abwechslungsreichen Landschaft, seinen komfortablen Hotels und den vielfältigen

Kur- und **Badeangeboten**. Wer das Badevergnügen sucht, der wird es auf Rügen in allen Variationen finden: im Strandkorb oder lang ausgestreckt auf dem Sand, unbekleidet oder mit Badehose, in einer seichten Bucht oder im anbrandenden Meer, an einsamen Fleckchen oder am bevölkerten Stadtstrand. Allein insgesamt 70 km langer breiter **Sandstrand** stehen auf Rügen und Hiddensee zur Verfügung, dazu kommen viele kleinere Strände an Buchten und vor Steilküsten, an Bodden und Inseln. Das **Freizeitangebot** ist nahezu unbegrenzt und bietet für alle Altersgruppen und zu jeder Jahreszeit etwas. Die einen locken Surf- und Segelkurse, Bootsausflüge und Angelfahrten, Wasserrutschen und Beachvolleyball, andere reizen erlebnisreiche Fahrradtouren oder herbstliche bzw. winterliche Strandspaziergänge, die Lunge voller salziger Seeluft, in der Nase der würzige Geruch von Seetang und feuchten Blättern – und am Ziel belohnt ein heißer Grog oder ein kühles Bier.

Zauberwälder und Kreidefelsen

Wanderungen und Spaziergänge auf Rügen haben ihren ganz eigenen Reiz. Vielen Orten wohnt etwas Mystisches inne. Man spürt dies, wenn man durch die uralten Wälder der **Granitz** geht, an jahrtausendealten Grabstätten wie den **Woorker Bergen** westlich von Ralswiek vorbeikommt, die gruseligen Mordwangen betrachtet, die einst ein Mörder zur Sühne aufstellen musste, oder seltsam geformte Steine an den Ufern und in den Heiden findet. Aber nicht nur mystisch, sondern auch großartig ist diese Natur, die man hier so unmittelbar erlebt. Die Schönheit der Küstenlandschaft, der Kreidefelsen, der großen Wälder und der weiten Hochplateaus beeindruckt und bezaubert. Im **Nationalpark Jasmund**, dem **Biosphärenreservat Südost-Rügen** und der **Vorpommerschen Boddenlandschaft** wird darauf geachtet, dass die Natur sich ungehindert entfalten und der Mensch gleichzeitig seine Traditionen bewahren kann. Den Besucher erwarten grandiose Landschaftsimpressionen und eine artenreiche Flora und Fauna.

Glanz der alten Bäderherrlichkeit

Ein Bummel durch die Straßen der malerischen Seeorte, in denen sich liebevoll renovierte Bädervillen aneinanderreihen, wo auf gemütlichen Terrassen fangfrischer Fisch und leckere Spezialitäten wie z. B. Sanddornkuchen serviert werden, wo hübsche Geschäfte und elegante Hotels locken, Kinder genüsslich Eis schlecken, Jugendliche verlegen Urlaubslieben entdecken und Rentner zufrieden in der Abendsonne sitzen – das gehört genauso zu Rügen wie der Strand, die Natur

Links: *Weit reicht der Blick an der Kreideküste entlang und über die Ostsee*
Oben: *Nur die Ruhe – hingebungsvoller Sonnenanbeter am Strand von Baabe*
Unten: *Bei Neuendorf auf Hiddensee weist der Süderleuchtturm Schiffen den Weg*

und die **Rüganer**. So nämlich nennen sich die freundlichen Inselbewohner, die den Wandel der Insel vom Landwirtschaftszentrum und Camping-Dorado der DDR zum renommierten Ferienziel mit vielseitigen Freizeitvergnügungen miterlebt und mitgestaltet haben.

Vier grundverschiedene Städtchen sollen als jede auf ihre Weise typisch genannt sein: die fürstliche Residenzstadt **Putbus**, ein Kleinod klassizistischer Architektur, **Bergen**, die geschäftige Hauptstadt, **Binz**, die Königin der Badeorte mit stolzer Seebrücke und quirliger Strandpromenade, eleganten Hotels und Restaurants, und schließlich **Sassnitz** mit dem modernen Fährhafen, das seinen alten Stadthafen und das historische Ortszentrum wirkungsvoll in Szene zu setzen weiß.

Ausflüge über die Insel

Die an den Extrempunkten etwa 50 x 40 km große Insel Rügen ist nicht einfach zu erkunden. Wie ein Tintenklecks sieht sie auf der Landkarte aus, zerfleddert von einer Unzahl von Buchten und Einschnitten,

Nehrungen und Bodden, nur an schmalen Stellen zusammengehalten. Jede Region hat ihren eigenen Charakter und ihre eigene Schönheit. Und für jeden Inselteil gibt es eine adäquate Form, ihn zu bereisen. Den **Süden** sieht man am besten auf einer romantischen Fahrt mit dem Eisenbahn-Methusalem, dem **Rasenden Roland**, der von Lauterbach über Putbus die Ostseebäder Binz, Sellin, Baabe und Göhren anfährt. Der **Westen** erschließt sich mit seinen großen Feldern und kleinen Orten bei einer Autofahrt auf wunderbaren alten Alleen, die bis in die hintersten Boddenwinkel reichen. Die Halbinsel **Wittow** mit ihrem baumlosen Hochplateau bietet herrliche Strecken für eine Fahrradtour bis hinauf zum viel besuchten **Kap Arkona**. Die Halbinsel **Jasmund** dagegen sollte man bei einer Wanderung durch den Wald der **Stubnitz** zum legendären **Königsstuhl** und entlang der Steilküste nach **Lohme** erkunden.

Bleibt noch **Hiddensee** – und auch das hat ›sein‹ Verkehrsmittel, nämlich die nostalgisch anmutende Pferdekutsche, die auf der autofreien Insel das Taxi und den Bus ersetzt, will man nicht selber auf dem Fahrrad in die Pedale treten.

Links oben: *Urlaub in Binz – Räkeln im Strandkorb oder direkt im warmen Sand*
Links Mitte: *Fotogen hinterfängt die Selliner Seebrücke das Strandgeschehen*
Links unten: *Unübersehbar – die Blaue Scheune in Vitte auf Hiddensee*
Oben: *Blendend weiß sind die Villen im Bäderstil an der Binzer Strandpromenade*
Unten: *Grüne Laubdächer spenden auf zahlreichen Landstraßen Rügens Schatten*

Von der Steinzeit übers Mittelalter bis zur Gründerzeit

Wer nach Rügen kommt, kommt nicht an seiner Geschichte vorbei. Sie ist ein Teil der Landschaft und es macht Spaß, sie zu erkunden. Da erweist sich ein großer Stein als aus Schweden stammender **Findling**, baumbestandene Buckel auf den Feldern entpuppen sich als steinzeitliche **Hünengräber**, ungewöhnlich geformte Erdhügel als slawische **Burgwälle**. Kein Ort, der nicht eine **gotische Backsteinkirche** hätte, eine so hübsch wie die andere, feierlich beeindruckend und manchmal mit humorvollen Details. Nur im Südosten fehlen sie, denn dort begann die spezielle Geschichte der Badezentren ja erst im 19. Jh. und die Orte sind von den charmanten Bauten der **Gründerzeit** und des **Jugendstil** geprägt. Auch das 20. Jh. hat

Mitte: *In Stein wacht Fürst Wilhelm Malte über den Putbuser Schlosspark*
Unten: *Klettervergnügen für Schwindelfreie – Wendeltreppe im Jagdschloss Granitz*
Rechts oben: *Jagdschloss Granitz*
Rechts Mitte: *Evangelist Markus an der Kanzel (1775) der Bergener Marienkirche*
Rechts unten: *Stralsunder Rathaus und Nikolaikirche in abendlichem Lichterglanz*

seine Spuren hinterlassen – zumeist unschöne. Viele der Militäranlagen, die es auf der Insel gab, sind inzwischen jedoch wieder verschwunden. Geblieben ist – wie ein Mahnmal – das längste Gebäude Deutschlands, der **Koloss von Prora** als Relikt des Nationalsozialismus.

Stralsund und die Macht der Gotik

Rügen ist nicht ohne sein Gegenstück zu denken – das urbane **Stralsund**, zwar keine Großstadt, aber eine dicht bebaute, von einer langen Tradition geprägte Hansestadt. Drei meisterhafte große gotische Kirchen, gotische Stadttore und -mauern, große Speicher und prächtige Treppengiebelhäuser in Backsteinbauweise sprechen vom Reichtum der Stadt im 14. und 15. Jh. In den romantischen Gassen, auf stimmungsvollen Plätzen und am kleinen Hafen gibt es gemütliche Gaststätten, Kneipen und schöne Geschäfte. Und die faszinierenden Museen in alten Klostergemäuern reichen aus, um auch mehrere Regentage zu überbrücken. Unvergesslich wird jedem ein Besuch im **Deutschen Meeresmuseum** bleiben.

Der Reiseführer

Der Band stellt die Insel **Rügen** und ihre kleine Schwester **Hiddensee** in fünf Kapiteln vor und widmet ein sechstes ihrem Eingangstor, der Hansestadt **Stralsund**. Die **Praktischen Hinweise** im Anschluss an die Besichtigungspunkte informieren über Fremdenverkehrsämter, über ausgesuchte Restaurants, Hotels und Pensionen. Angaben zu Bootsausflü-

gen und Anbietern verschiedener Sportarten sowie besondere Einkaufstipps ergänzen das Angebot. Die Seiten **Rügen aktuell A bis Z** liefern wichtige Informationen vor Reiseantritt sowie Hinweise von Anreise über Einkaufen, Essen und Trinken, Klima und Reisezeit, Kultur, Sport und Unterkunft bis zu Verkehrsmitteln auf Rügen. Die **Top Tipps** lenken den Blick auf die ganz besonderen Attraktionen der Insel: feinsandige Strände, markante Landschaften, wunderschöne Hotels, außergewöhnliche Museen u. v. m. Eine schnelle Orientierung ermöglicht das bewährte **Nummernsystem** in Verbindung mit detaillierten **Stadtplänen** und **Übersichtskarten**. Ein **Kaleidoskop** von Kurzessays zu inseltypischen Themen rundet den Reiseführer ab.

Geschichte, Kunst, Kultur im Überblick

Ranen, Schweden, Preußen – Rügens Weg zum deutschen Badeparadies

8000 v. Chr. Schon in der Altsteinzeit war Rügen bewohnt, wie Funde von bearbeiteten Rentiergeweihen im Garzer Moor beweisen.

4500 v. Chr. In der Mittelsteinzeit werden Großsteingräber, aus Findlingen gebaute Grabstätten, innerhalb abgezirkelter sog. Hünenbetten angelegt, etwa das Großsteingrab bei Lancken-Granitz, der Riesenberg von Nobbin und das Herzogsgrab auf dem Mönchgut.

4000–3500 v. Chr. In der Nähe von Lietzow wurden im Moor 20 000 zu Äxten, Beilen und Sägen behauene Feuersteine und verzierte Keramikgefäße mit Opfergaben gefunden, die auf entwickelte Kulturen in der Jungsteinzeit hinweisen. Die ›Lietzow-Kultur‹ stellt den Übergang vom wandernden Jäger zum sesshaften Bauern dar.

1800–600 v. Chr. In der Bronzezeit lösen Einzelbestattungen die Großsteingrabkultur ab. Die etwa 600 Rügener Hügelgräber sind bis zu 15 m hohe Grabhügel, wie z. B. der Dobberworth bei Sagard. In ihnen fand man verzierte Gegenstände wie Schwerter, Beile, Gürtelbeschläge, Armringe oder Schalen aus Bronze. Viele davon sind im Kulturhistorischen Museum in Stralsund zu sehen.

200 v. Chr.–375 n. Chr. Es bestehen Handelskontakte mit Römern und Phöniziern, die auf der Suche nach Bernstein bis in den hohen Norden kommen. Dies belegen Funde römischen Kunsthandwerks.

Im 9. Jh. gefertigt, wurde der ›Hiddenseer Goldschatz‹ erst 1872 entdeckt

ab 300 v. Chr. Während der Eisenzeit lassen sich swebische Stämme auf der Insel nieder. Ihnen folgt der ostgermanische Stamm der Rugier, von dem die Insel ihren Namen hat.

200–600 n. Chr. Zur Zeit der Völkerwanderung verlassen die Rugier Rügen.

Ende des 6. Jh. Auf der Insel lassen sich die Ranen nieder, ein seefahrender kriegerischer Slawenstamm aus dem Osten. Sie bauen in Garz, auf dem Rugard bei Bergen und in anderen Orten Burgwälle, die gleichzeitig Festungsbauwerke und Kultstätten sind. Das größte ihrer Heiligtümer ist die Tempelburg für den Gott Svantevit am Kap Arkona.

um 1000 Erste schriftliche Nennung von Rügen in der Chronik des Thietmar von Merseburg (975–1018) und in der Hamburgischen Kirchengeschichte des Adam von Bremen (um 1040–1080).

1160 Waldemar I. von Dänemark, Heinrich der Löwe sowie die Pommernherzöge Cazimir II. und Bogislaw II. schließen einen Pakt, um die Ranen als letzten freien Ostslawenstamm zu bekämpfen. Helmold von Bosau (1125–1177) berichtet über Rügen in seiner ›Chronica Slavorum‹ (1163–72).

1168 Das dänische Heer unter Waldemar I. und Bischof Absalon von Roskilde erobert am 15. Juni die Jaromarsburg von Arkona, verbrennt die Statue des Gottes Svantevit und macht den

Slawenfürsten Jaromar I. zu einem dänischen Lehnsabhängigen. Der dänische Chronist Saxo Grammaticus (um 1150–1220) berichtet von der Eroberung in seinen ›Gesta Danorum‹. Die Dänen werden Herren von Rügen und Hiddensee und beginnen mit deren Christianisierung.

um 1180 Jaromar I. residiert nach der Zerstörung der Burgwälle von Arkona und Garz auf dem Rugard bei Bergen und erbaut die erste Backsteinkirche der Insel, die Marienkirche in Bergen.

1193–1231 Gründung des Zisterzienserinnenklosters von Bergen durch Jaromar I. (1193). Im dänischen Einflussgebiet entstehen weitere Zisterzienserklöster: Eldena (1199) bei Greifswald und Neuenkamp (1231) bei Franzburg. Von diesen Klöstern aus werden im 13. Jh. Rügen und Hiddensee mit Bauern aus Westfalen, Niedersachsen und der Altmark kolonisiert.

1234–50 Der dänische Fürst Witzlaw I. gründet 1234 Stralsund. In der Folgezeit entstehen zahlreiche Kirchen, wie die von Altenkirchen, Schaprode, Vilmnitz und Bobbin.

1252 Die Zisterziensermönche von Eldena verwalten die Ländereien um Reddevitz als ›der monneken gode‹, was später zu Mönchgut wurde.

1293 Die Hanse, 1266 aus einer Vereinigung von Kaufleuten der Nord- und Ostsee entstanden, wird unter Vorsitz der Stadt Lübeck zu einem Schutzbündnis und einer mächtigen Handelsorganisation nordeuropäischer Städte, zu denen auch Stralsund gehört.

1296/97 Der rügensche Fürst Witzlaw II. schenkt dem Zisterzienserkloster von Neuenkamp die Insel Hiddensee.

1304 Eine Sturmflut reißt Teile des Mönchguts mit sich. – Fürst Witzlaw III., der als einer der letzten Minnesänger in die Literaturgeschichte eingeht, führt Deutsch als Amtssprache ein.

1319 Im ältesten überlieferten Steuerregister wird die Stadt Garz erwähnt, sie ist somit älteste Stadt der Insel.

1325 Mit dem Tod von Witzlaw III. stirbt die Linie der slawischen Rügenfürsten aus. Rügen und Hiddensee fallen ans Herzogtum von Pommern-Wolgast. Die Kirchenhoheit bleibt beim dänischen Bistum Roskilde. Der Landbesitz der Kirche wird von einem Landpropst mit Sitz in Ralswiek verwaltet.

1334 Der Stralsunder Ratsherr Godeke von Wickede stiftet das Kloster St. Jürgen in Rambin.

ab 1365 Die pommerschen Herzöge übertragen ausgedehnte Ländereien auf Rügen an Adelige, die sich dann dort niederlassen. Fast ein Drittel von Rügen ist in Händen der Herren von Putbus, die der Kirche und der dänischen Krone Abgaben entrichten müssen.

1370 Die Hanse bekämpft die Vormacht der Dänen im Ostseeraum; nach ihrem Sieg wird ihr von den Dänen im Frieden von Stralsund weitgehende Handelsfreiheit im gesamten Ostseeraum garantiert.

1401 Der Jasmunder Pirat Klaus Störtebeker wird festgenommen und 1402 in Hamburg hingerichtet.

1534 Im Zuge der Einführung des protestantischen Glaubens in Pommern als Landesreligion werden die Klöster von Bergen und Hiddensee säkularisiert, die Ländereien gehen in den Besitz der pommerschen Herzöge über.

1613 Bergen erhält das Stadtrecht.

1616 Mit dem Erlass der ›Bauern- und Schäferordnung‹ wird die traditionelle Leibeigenschaft in Pommern gesetzlich verankert. Die Bauern können mit dem Land verkauft werden.

1618–48 Im Dreißigjährigen Krieg plündern kaiserliche, dänische und schwedische Soldaten die Insel. Kriegsbedingte Hungersnot und eine Pestepidemie suchen Rügen heim.

1630 Der schwedische König Gustav II. Adolf verpfändet das Mönchgut an die Stadt Stralsund.

1637 Mit dem Tod von Bogislaw XIV. stirbt das pommersche Fürstenhaus aus. Rügen wird unter Verwaltung des Kurfürsten von Brandenburg gestellt.

1648 Der Westfälische Frieden erkennt Rügen, Hiddensee und Teile Pommerns Schweden zu.

1674–79 Im Schwedisch-Dänischen Krieg verbündet sich Preußen mit Dänemark; der Große Kurfürst Friedrich Wilhelm I. von Brandenburg landet in der Bucht von Putbus. Es gelingt ihm jedoch nicht, die Schwedenherrschaft zu brechen.

1700–20 Im Nordischen Krieg versuchen Preußen, Russland und Polen erneut, die Schweden zu besiegen. Preußische Truppen landen 1715 an der Südküste Rügens und gewinnen eine Schlacht gegen die schwedischen Truppen von König Karl XII.

1720 Der Frieden von Stockholm bestätigt die Schwedenherrschaft auf Rügen.

1769 Rügener Bauern rebellieren gegen die Leibeigenschaft und fliehen in Booten nach Usedom.

1774 Präpositus Picht, Pastor in Gingst, bekommt als Erster die Erlaubnis der schwedischen Regierung, die Leibeigenschaft in seiner Pfarrei aufzuheben.

1783 Von den 21254 Einwohnern Rügens sind nur 6226 freie Bürger.

1795 Anlage des Parks und Gutshauses der Herren von Lancken in Juliusruh mit anschließendem Ausbau als Kurpark.

Züchtig war die Kleidung beim Badevergnügen anno 1910 auf Rügen

1803 Die Publikation des ›Versuchs einer Geschichte der Leibeigenschaft in Pommern und Rügen‹ von Ernst Moritz Arndt, selbst Sohn eines freigelassenen Leibeigenen, sorgt für großes Aufsehen.

1806 Eine Verordnung des schwedischen Königs Gustav IV. Adolf ›Für alle deutschen Gebiete der schwedischen Krone‹ hebt die Leibeigenschaft auf.

1808 Fürst Wilhelm Malte I. (1783– 1854) gründet Putbus als Residenz und Badeort.

1815 Die Neuordnung Europas beim Wiener Kongress beendet die Vorherrschaft Schwedens und teilt Rügen und Hiddensee Preußen zu.

1816–27 Fürst Wilhelm Malte I. erbaut das ›Badehaus in der Goor‹ in Lauterbach sowie ein Theater, eine Orangerie, einen Kursaal und Logierhäuser für Gäste in Putbus.

1824 Am 1. Mai beginnt der erste regelmäßige Fährbetrieb eines Postdampfschiffs zwischen Stralsund und Ystad in Schweden.

1826/27 Auf Kap Arkona entsteht ein Leuchtturm nach Plänen des klassizistischen Baumeisters Karl Friedrich Schinkel.

1829 Der Greifswalder Gelehrte Friedrich von Hagenow veröffentlicht eine Karte des ›prähistorischen Rügen‹ mit 232 Großsteingräbern. Viele davon werden in den folgenden Jahrzehnten durch Haus- und Straßenbau zerstört. Anfang des 20. Jh. sind noch um die 60 Grabstätten erhalten.

1835 Das Heilgeistspital in Stralsund kauft Hiddensee.

1837–43 Fürst Wilhelm Malte I. von Putbus lässt das fürstliche Jagdschloss Granitz erbauen.

1858 Das Museum von Stralsund (ab 1924 Kulturhistorisches Museum) wird mit einer Sammlung von rund 50 000 archäologischen Funden von Rügen gegründet.

1860–80 Sassnitz und Binz entwickeln sich zu beliebten Badeorten.

1868–83 Bau der Eisenbahnstrecke Altefähr–Sassnitz. Ein Damm trennt von da an den Kleinen vom Großen Jasmunder Bodden.

1872 Nach einer Sturmflut wird am Strand bei Neuendorf der ›Hiddenseer Goldschatz‹, ein 16-teiliger Schmuck der Wikinger aus dem 9. Jh., gefunden.

1895 Zwischen Putbus und Binz wird der erste Streckenabschnitt der Rügener Kleinbahn ›Rasender Roland‹ eingeweiht. 1899 ist die Verlängerung bis Göhren fertiggestellt.

1897 Beginn des Dampfschiff-Fährverkehrs für Personen und Güter zwischen Sassnitz und Trelleborg in Schweden, der 12 Jahre später mit Eisenbahnfähren erweitert wird.

1912 Ein Dampfer rammt beim Anlegemanöver die Seebrücke von Binz. Sie stürzt zusammen, 14 Menschen finden dabei den Tod. Dies ist der Anlass für die 1913 erfolgte Gründung der Deutschen Lebensrettungs-Gesellschaft (DLRG) in Leipzig.

1930 Professor Dr. Gerhardt Katsch gründet in Garz das ›Erste Deutsche Diabetikerheim‹, das experimentell das 1921 in Kanada entdeckte Insulin einsetzt.

1936 Fertigstellung des 2,5 km langen Rügendamms, der die Insel mit dem deutschen Festland verbindet.

1938 Baubeginn der nationalsozialistischen Ferienanlage ›Kraft durch Freude‹ in der Bucht von Prora. Das Projekt wird jedoch nicht fertiggestellt.

1945 Am 6. März bombardieren die Alliierten den Hafen von Sassnitz. Die Nationalsozialisten sprengen kurz vor Kriegsende den Rügendamm. Unter sowjetischer Besatzung werden die Gutsbesitzer von Rügen und Hiddensee enteignet.

1946 Auf seiner Lieblingsferieninsel Hiddensee wird am 28. Juli der im schlesischen Agnetendorf am 6. Juni verstorbene Literatur-Nobelpreisträger Gerhart Hauptmann beerdigt.

1952–59 Auf Rügen werden Landwirtschaftliche Produktionsgenossenschaften (LPG) gegründet – zum Teil gegen erheblichen Widerstand der Bauern. In der ›Aktion Rose‹ werden 1953 die Inhaber von Pensionen und Hotels enteignet. Die Bundesländer werden aufgelöst: Rügen, Hiddensee und Stralsund werden dem Bezirk Rostock zugeordnet.

ab 1957 Rügen wird zum größten Ferienziel der DDR ausgebaut. Es entstehen Gewerkschafts- und Betriebsferienheime, Jugendlager und zahlreiche Zeltplätze.

1959 Erste Aufführungen des Theaterstücks von Kurt Barthel über den Piraten Klaus Störtebeker auf der Ralswieker Freilichtbühne.

1990 Bei den ersten freien Wahlen im März erlangt auf Rügen und Hiddensee die CDU die meisten Stimmen. Nach Beitritt zur BRD am 3. Oktober werden die beiden Inseln Teil des neuen Bundeslandes Mecklenburg-Vorpommern mit der Landeshauptstadt Schwerin.

1991 Wirtschaftliche Krise durch Schließung der großen Kombinate und Fabriken. Die Arbeitslosigkeit auf Rügen steigt auf bis zu 30 %.

1993 Es beginnen Tausende von Verfahren um Restitutionsansprüche. Franz von Putbus fordert die Rückgabe von Schloss Spyker, das seine Familie 1816 erworben hatte, und von etwa einem Sechstel der Inselfläche. Das entspricht der Fläche, die seinem Vater enteignet worden war. – Nach zwölf Jahren Spielpause werden in Ralswiek wieder Störtebeker-Festspiele abgehalten. – Das erste Stück der Deutschen Alleenstraße zwischen Sellin und Stralsund wird eingeweiht.

1994 Die Fährverbindung zwischen dem Festlandhafen Stahlbrode und Zudar wird wieder aufgenommen. Auf Rügen, insbesondere in Binz, setzt eine rege Bautätigkeit ein.

1995 Im November verwüstet die schwerste Sturmflut der letzten 40 Jahre große Küstenbereiche Rügens.

1997 Die Rückübertragungsforderungen von Franz von Putbus werden abgelehnt. – Die Zahl der Fremdenbetten übersteigt die der Einwohner (rund 76 000), welche beständig zurückgeht.

1998 Die ausgebauten Fähranlagen am Hafen von Mukran werden eingeweiht. Der alte Stadthafen von Sassnitz wird zum Hafenmuseum umgenutzt.

2002 Die alten Hansestädte Stralsund und Wismar werden von der UNESCO in die Liste der Weltkulturerbestätten aufgenommen.

2005 Am 24. Februar stürzen die berühmten Zinnen der ›Wissower Klinken‹ an Rügens Kreideküste in die Ostsee.

2007 Nach einer Bauzeit von drei Jahren wird im Oktober die neue Autobrücke zwischen Stralsund und Rügen eingeweiht.

2008 Im Juli eröffnet in Stralsund das Ozeaneum, der größte Museumsneubau Norddeutschlands.

2009 Die alte Hansestadt Stralsund feiert den 775. Jahrestag ihrer Stadtgründung. – Das im Jahr 1884 zum Seebad ernannte Binz blickt auf 150 Jahre Bädergeschichte zurück.

2011 Die Buchenwälder im Nationalpark Jasmund werden im Juni von der UNESCO in die Liste der Weltnaturerbestätten aufgenommen.

Ein Highlight in der Stralsunder Museumslandschaft ist das Ozeaneum: In dem spektakulären Bau lassen sich spannende Meereswelten erkunden

Der Sonne entgegen – die Selliner Strandkörbe stehen in Reih und Glied, dahinter prangt die Seebrücke mit den nostalgischen Pavillons

Unterwegs

Rügens Südwesten – verträumte Dörfer und bezaubernde Städtchen

Der Südwesten Rügens, der Landstrich zwischen dem Strelasund, dem Kubitzer Bodden und dem Greifswalder Bodden, ist weit und eben – ein fruchtbares Ackerland, hier und da von Bäumen, Hünengräbern und vereinzelten Ortschaften unterbrochen. Die schönen Boddenbuchten, malerischen Alleen, freundlichen Dörfer und geschichtsträchtigen Städtchen der Insel, allen voran **Garz**, lassen die in die bekannteren Feriendomizile an der offenen Ostseeküste hastenden Besucher dabei oft links liegen. Hier im Südwesten befindet sich nicht nur die lebendige Inselhauptstadt **Bergen** mit ihren Sehenswürdigkeiten, sondern auch die junge Residenzstadt **Putbus** mit ihren fürstlichen Bauten, deren Ensemble ein wahres Kleinod klassizistischer Architektur bildet. Und auch manche der kleinen ländlichen Siedlungen wie **Rambin** oder die sagenumwobene Halbinsel **Zudar** lohnen einen Abstecher.

1 Altefähr

Kleiner Rügener Fährort mit unverstelltem Blick auf die Stralsunder Skyline.

Hat man von Stralsund kommend über den Rügendamm oder die Rügenbrücke die Insel Rügen erreicht, gelangt man links auf einer alten Pflastersteinstraße oder etwas nördlich über die Bergener Straße in das ca. 2 km entfernte Altefähr. Seit 1249 ist die Ortschaft *Oldevehr*, neudt. *Altefähr*, dokumentiert, was die jahrhundertelange Geschichte der Ansiedlung als Fährort belegt. Ruderboote versahen den Fährdienst von Stralsund über den Strelasund nach Rügen, bis 1856 die ersten Raddampfer eingesetzt wurden. Deren Dienst endete 1936 mit der Eröffnung des Rügendamms und Altefährs Bedeutung schwand. 1957 ging die ›Alte Fähre‹ [s. S. 130] jedoch wieder in Betrieb und befördert seither von Mai bis Oktober Personen über den Strelasund.

Von Altefährs Strandpromenade reicht der Blick über den Strelasund bis zur imposanten Hansestadt Stralsund

Beeindruckend für heutige Besucher ist vor allem das wunderschöne **Panorama** der Stadtsilhouette Stralsunds, das sich von Altefährs *Strandpromenade* bietet. Hoch über dem Fährhafen thront die spätgotische **Dorfkirche** aus dem 15. Jh. Das barockisierte Innere des Backsteinbaus ist mit Schiffsmodellen und Votivbildern der Seefahrer geschmückt, wie es sich für eine Schifferkirche gehört. Uralt ist das *Taufbecken* (14. Jh.) aus schwedischem Kalkstein – eines der größten Rügens. Und auf dem Friedhof sind interessante Grabsteine aus dem 17. und 18. Jh. erhalten.

i Praktische Hinweise

Information

Tourismus-Info, im Gemeindeamt, Fährberg 5, 18573 Altefähr, Tel. 03 83 06/750 37, www.altefaehr.de

Camping

Sund-Camp Altefähr, Am Kurpark 1, Altefähr, Tel. 03 83 06/754 83, www.sund-camp.de. Am Ortsrand in 300 m Entfernung zum Wasser gelegen, mit Baumbestand. Der ganzjährig geöffnete Campingplatz verfügt über ein großes Freizeitangebot, Fahrräder können geliehen werden. Surfschule im Ort.

Hotel

Sundblick, Am Fährberg 8 b, Altefähr, Tel. 03 83 06/71 30, www.hotel-sundblick.de. Ruhiges, kleines Hotel garni in Hafennähe mit Sauna und traumhaftem Blick auf Stralsund von der Dachterrasse.

2 Rambin

Versteckte Reize eines einstigen Klosterortes.

Von Altefähr wenige Kilometer nordöstlich an der Durchgangsstraße B 96 gelegen, fand das als slawisches Rabyn gegründete Rambin bei Reisenden bislang wenig Beachtung. In den Dorfstraßen stehen nette kleine, mit bunten Blumen geschmückte Häuser. Sehenswert ist auch die Backsteinkirche **St. Johannes** aus dem 14. Jh., die um 1700 barock umgestaltet wurde. Mittelalterliche Relikte sind ein Taufbecken (14. Jh.) und ein Triumphkreuz. Ende des 17. Jh. überspannte man das Langhaus mit einem hölzernen Tonnengewölbe und malte die Kirche aus.

Noch aus spätgotischer Zeit stammt die auf einer Anhöhe über dem Fährhafen errichtete Dorfkirche von Altefähr

Diese bemerkenswerten barocken Fresken mit großflächigen Figurendarstellungen wurden erst bei Restaurierungsarbeiten in den 1980er-Jahren zum Teil wieder freigelegt.

Am östlichen Ortsrand steht in einem kleinen, öffentlich zugänglichen Park eine gotische Kapelle, die einst Teil des Klosters **St. Jürgen** war. Dieses entstand 1334 durch eine Stiftung des Stralsunder Ratsherrn Godeke von Wickede, der seine Ländereien für den Bau eines Armen- und Aussätzigenheims zur Verfügung stellte. Das Hospiz wurde bis ins 18. Jh. betrieben. Danach wurde die Anlage zum Altersheim umfunktioniert. Die heutigen Gebäude stammen aus dem 19. Jh., jedoch schmückt eines noch ein Relief mit der Darstellung des hl. Georg vom alten Kloster.

Nordwestlich von Rambin ist im Bauerndorfs **Bessin** die wunderschöne achtseitige gotische Kapelle zum Heiligen Kreuz (1482) aus Backstein sehenswert,

Die Kapelle gehört zum ehemaligen Kloster St. Jürgen von Rambin aus dem 14. Jh.

die einen barocken Kanzelaltar und Kastengestühl aus dem 18. Jh. besitzt. Abgeschiedenheit und ländliche Idylle kann man in **Götemitz**, etwa 1 km südöstlich von Rambin, genießen.

Praktische Hinweise

Zimmervermittlung

Rügen-ABC, Hauptstr. 2, 18573 Rambin, Tel. 03 83 06/626 06, www.ruegen-abc.de. Private Zimmervermittlung für die ganze Insel.

Einkaufen

Peter Dolacinski, Götemitz 24, Rambin Tel. 03 83 06/13 61, www.dolacinski.de. Kunst-, Gebrauchs- und Gartenkeramik. Schön sind die Fayencen mit regionalen Motiven in Kobaltblau. Traumhafter Garten mit Kunstwerken des Töpfers. Vermietet auch vier Ferienwohnungen.

Hotel

TOP TIPP **Die Insel auf Rügen**, Götemitz 27, Rambin, Tel. 03 83 06/61 10, www.die-insel-auf-ruegen.de. Ein Rohrdach-Bauernhof rühmt sich, das

Der Rügendamm – die Straße über den Sund

Jahrhundertelang fuhr die alte **Fähre**, die bis ins 19. Jh. noch aus Ruderbooten bestand, von Stralsund vorbei an der kleinen Insel Dänholm zum gegenüberliegenden Ufer der Insel Rügen. Dort war eine kleine Fährsiedlung entstanden, die auch ihren Namen daraus bezog: Altefähr. Schon seit Anfang des 19. Jh. hatte es Pläne gegeben, Rügen mit dem Festland durch einen Damm zu verbinden, doch sämtliche Anläufe zu deren Realisierung scheiterten an der Finanzierungsfrage. Als 1933 die Nationalsozialisten Rügen zu einem Massenerholungsgebiet auserkoren hatten, wurde es unabdingbar, den Strelasund auf den 2,5 km zwischen der alten Hansestadt und Rügen mit einer Brücke zu überbauen. Für den ersten Abschnitt zwischen Stralsund und der Insel Dänholm wurde eine Klappbrücke geschaffen, die **Ziegelgrabenbrücke**, die sechsmal täglich für 20 Min. geöffnet wird, um größeren Schiffen die Durchfahrt zu gewähren. Für das längere Stück zwischen Dänholm und Rügen wurden von beiden Inseln aus **Dämme** aufgeschüttet, die mit einem 540 m langen **Brückenstück** verbunden wurden. Die Brücke ruht auf neun Pfeilern, die 25 m tief in den Meeresboden einbetoniert sind. Die Dammkrone hat eine Breite von 15 m, was zur Erbauungszeit als überreichlich angesehen wurde. Sie bot Platz für die zweispurige Bundesstraße B 96, die Eisenbahn sowie einen Fuß- und Fahrradweg. In den Sommermonaten bildete der Damm jedoch ein regelrechtes Nadelöhr, sodass sich die Autoschlangen auf den Zufahrtsstraßen weit zurück durch ganz Stralsund bzw. auf der Insel bis nach Bergen stauten und sich nur im Schritttempo vorwärts bewegten. Abhilfe schuf schließlich die nach dreijähriger Bauzeit im Herbst 2007 fertiggestellte dreispurige Autobrücke, die die Ostseeautobahn A 20 über den sogenannten Rügenzubringer direkt mit Bergen verbindet und mit einer Durchfahrtshöhe für Schiffe von 42 m den reibungslosen Verkehrsfluss zu Wasser und zu Land gewährleistet.

kleinste Hotel der Insel zu sein. Wer richtig ausspannen möchte, findet hier ein komfortables und geschmackvolles Ambiente.

3 Bergen

Lebendiger Marktort im Inselzentrum mit der ältesten und bedeutendsten Kirche Rügens.

Die Kreisstadt Bergen (14 000 Einw.) liegt nicht nur in der geografischen Mitte der Insel, sondern ist zugleich das politische, wirtschaftliche und kulturelle Zentrum Rügens. Sie erstreckt sich am Fuß des 90 m hohen Rugard und am Rande der reizvollen Ausflugsgebiete um den Kleinen Jasmunder Bodden.

Hervorgegangen ist Bergen aus dem winzigen dänischen Kolonistendorf Gora. Um 1170 entstand die erste Bergener Kirche auf dem Rugard nahe dem slawischen Burgwall des Inselfürsten. Mit der Gründung eines Zisterzienserinnenklosters im Jahr 1193 durch Jaromar I. und der Zunahme des Handels wuchs der Ort und nahm den Namen Berg in Ruga an. Er stieg nun zum wichtigen Marktort auf und erhielt 1613 das Stadtrecht. Zahlreiche verheerende Brände vom 15.–18. Jh. zerstörten jedoch viel historische Bausubstanz. Kriege und Plünderungen taten ein Übriges. Erst nachdem Rügen 1815 preußisch geworden war, setzte in Bergen ein neuer wirtschaftlicher Aufschwung ein, der auch im 20. Jh. anhielt. Heute spielt für die Stadt, die seit den 1990er-Jahren rund ein Viertel ihrer Einwohner verloren hat, der Tourismus eine zunehmend wichtige Rolle.

Bevor es Schnellstraßen und die Ringstraße gab, trafen sich alle Landstraßen Rügens auf dem Bergener **Marktplatz** ①. Um dieses historische Zentrum herum befinden sich das klassizistische Rathaus, der Backsteinbau der Post aus wilhelminischer Zeit und die wichtigsten Geschäfte des Ortes. Am Südrand des Platzes steht

Vom Turm der Marienkirche gleitet der Blick weit über die Dächer der Marktstadt Bergen und verliert sich im Grün und Blau des Horizonts

Harmonische Farbbänder in Backstein schmücken die Säulen im Inneren der Marienkirche bis hinauf zum reich mit Ornamenten ausgemalten Gewölbe

das **Benedixhaus** 2, ein Fachwerkbau aus dem Jahr 1538. Er ist abgesehen von der Kirche das älteste Gebäude am Ort und beherbergt heute die Touristen-Information.

Das älteste Gotteshaus und zugleich das kunsthistorisch bedeutendste Bauwerk auf Rügen ist die **Marienkirche** 3 (Tel. 03838/253524, www.kirche-bergen.de, Mai–Okt. Mo–Sa 10–16 Uhr, im Winter nach Voranmeldung), die sich südlich des Marktplatzes erhebt. Der romanische Ursprungsbau entstand 1170–80 und wurde bereits 1193 urkundlich erwähnt. Zunächst war die Marienkirche als Palastkapelle des zum Christentum übergetretenen Slawenfürsten Jaromar I. vorgesehen, doch Bischof Absalon aus dem dänischen Roskilde wies sie wenig später dem neu gegründeten Zisterzienserinnenkloster von Bergen zu. Nach dem Stadtbrand von 1445 begann der Umbau zur gotischen Kirche mit einem weiten Innenraum, das Langhaus erhielt ein Kreuzrippengewölbe. Während Teile der Außenmauern noch vom romanischen Ursprungsbau stammen, sind die Kapellen am nördlichen Seitenschiff aus gotischer Zeit, ebenso die kleine Sakristei. Klassizistische Stilmerkmale am Äußeren, insbesondere am Turm, gehen auf eine umfassende Restaurierung Ende des 19. Jh. zurück.

TOP TIPP

Der Backsteinbau entspricht in der Anlage einer Basilika mit Kreuzgrundriss, einem Mittel- und zwei Seitenschiffen mit fünf Jochen, einer quadratischen Vierung, einem angedeuteten Querschiff und einem vorgebauten massiven Westwerk, auf dem der Turmaufbau ruht. Die farbenfrohen, überwiegend gotischen *Fresken* in Chorraum, Seitenschiffen und Deckengewölben wurden bei der Restaurierung um 1900 teilweise fantasievoll und verfälschend ergänzt. Im Chor beeindrucken z. B. detailreiche Szenen mit der Darstellung himmlischer Freuden im Paradies an der Nordseite und den Qualen des Fegefeuers und der Hölle an der Südseite. Der Altar ist spätbarock, das Rokoko vertritt die kunstvolle Kanzel (1775) mit der Darstellung der Evangelisten, die von dem Stralsunder Bildhauer Jacob Freese geschaffen wurde. Die Kirche ist eines der herausragenden Denkmäler auf der Europäischen Route der Backsteingotik.

Die älteste Sehenswürdigkeit befindet sich an der westlichen Außenwand. Eine verwitterte *Steinplatte* mit einer bärtigen, bemantelten Figur ist dort in die Ziegelmauer eingelassen. Es wurde zunächst vermutet, hier sei der slawische Gott Svantevit dargestellt. Wahrscheinlich handelt es sich bei der Platte jedoch um einen Grabstein mit dem Porträt Jaromars I., des 1217 verstorbenen Slawenfürsten, der nach der Eroberung der Insel 1168 dänischer Lehnsabhängiger geworden war.

Die eigentliche Keimzelle von Bergen sind die kleinen kopfsteingepflasterten Gassen rund um die Kirche. Neben ihr stehen – eingeschossig, hübsch, mit nettem Gärtchen – das Pfarrwitwenhaus und die beiden Bauten des Damenstifts (1732–38), die an der Stelle des verfallenen und um 1660 abgerissenen Zisterzienserinnenklosters errichtet worden waren. Im größeren der beiden Stiftsgebäude befindet sich heute das **Stadtmuseum** 4 (Billrothstr. 20 a, Tel. 038 38/25 22 26, Mai–Okt. Di–Sa 10–16.30, Nov.–April Di–Fr 11–15, Sa 10–13 Uhr). Auf drei Etagen wird die Geschichte der Insel Rügen anschaulich dokumentiert, von steinzeitlichen Hünengräbern über Metallfunde aus der Bronzezeit, Relikte der Slawenbesiedlung und mittelalterliche Kirchenschätze bis hin zu Exponaten zur schwedischen Epoche der Insel und zur Bäderzeit um 1900. Nebenan wurde ein ehem. Stallgebäude zur Schauwerkstatt (April–Okt. Mo–Fr 10–18, Sa 10–16, Nov.–März Mo–Fr 10–16, Sa 10–13 Uhr) umgebaut, in der u. a. ein Kerzenzieher sein Handwerk vorführt. Im Sommer finden Konzerte im Klosterhof statt.

Auf dem nordöstlich des Stadtzentrums gelegenen **Rugard**, nahe den Resten des großen slawischen Burgwalls, den ein Naturlehrpfad erschließt, TOP TIPP steht der **Ernst-Moritz-Arndt-Turm** 5 (April–Okt. tgl. 10–18 Uhr, sonst Schlüssel im Hotel Am Rugard, s. u.). Der Bau, ein vierstöckiger runder Aussichtsturm von 27 m Höhe, wurde 1869 anlässlich des 100. Geburtstags des Rügener Zeitkritikers und Literaten Ernst Moritz Arndt in Angriff genommen und 1877 fertiggestellt. Einst – bis der umliegende Wald die Aussicht verdeckte – ermöglichte er einen Rundblick über den gesamten Süden der Insel, welchen schon Wilhelm von Humboldt rühmte. Inzwischen erhielt der Turm eine Glaskuppel und eine Aussichtsplattform, die 8 m höher als die alte liegt, sodass erneut ein grandioser ›Weitblick‹ gewährleistet ist.

Praktische Hinweise

Information

Touristen-Information Bergen, Markt 23, 18528 Bergen, Tel. 038 38/81 12 76, www.stadt-bergen-auf-ruegen.de

Einkaufen

Klostergenuss, Billrothstr. 20 a, Bergen, Tel. 038 38/319 11 47. In der ehem. Klosterschenke sind heute Rügenspezialitäten (hausgemachte Gelees, Konfitüren und Liköre) sowie inseltypische Souvenirs zu erwerben (April–Okt. Mo–Fr 10–18, Sa bis 16, Nov.–März Mo–Fr 10–16 Uhr).

Hotels

Am Rugard, Rugardweg 10, Bergen, Tel. 038 38/201 90, www.rugard.de. Kleines hübsches Haus am Stadtrand von Bergen im Grünen gelegen. Im angeschlossenen Restaurant wird

Über die Baumwipfel hinweg bietet die Aussichtsplattform des Ernst-Moritz-Arndt-Turms einen schönen Rundblick

gepflegte bodenständige Küche mit Spezialitäten wie Grünkohlvariationen und Pommersche Gans serviert.

Hotel Gesellschaftshaus, Arndtstr. 10, Bergen, Tel. 038 38/20 12 30, www.hotel-gesellschaftshaus.de. Geschmackvoll eingerichtetes Hotel mit Gründerzeitambiente und in ruhiger Lage am Stadtpark. Auch einige Apartments.

TOP TIPP **Romantik-Hotel Kaufmannshof**, Bahnhofstr. 6–8, Bergen, Tel. 038 38/804 50, www.kaufmannshof.com. In einem historischen Handelshaus der Bergener Altstadt wurde dieses moderne, bestens ausgestattete Hotel mit gutem Restaurant eingerichtet. Gepflegte Zimmer und Suiten, mit Sauna.

Störtebeker Sporthotel Rügen, Bergener Str. 1, Samtens (ca. 10 km südwestlich von Bergen), Tel. 03 83 06/22 20, www.stoertebeker-sporthotel.de. Das Sporthotel mit öffentlich zugänglichem Freizeitzentrum (tgl. 24 Stunden) bietet u. a. Tennis, Squash, Badminton, Fitness- und Saunalandschaft sowie Schwimmbad.

Restaurant

Puk up'n Balken, Bahnhofstr. 65, Bergen, Tel. 038 38/25 72 73, www.puk-bergen.de. In der urigen Schänke kommt gute bodenständige Küche auf den Tisch. Tanz jeweils am ersten Samstag im Monat.

4 Putbus

TOP TIPP *›Die Weiße Stadt‹ – charmantes einstiges Residenzstädtchen mit faszinierender Architektur.*

Die Landstraßen Südrügens treffen als malerische Kastanien- und Lindenalleen in Putbus (2500 Einw.) zusammen, einer Stadt, die sich mit ihrem ungewöhnlichen sternförmigen Grundriss und den strahlend weißen klassizistischen Gebäuden von allen anderen Orten auf Rügen abhebt. Beinahe etwas unwirklich erscheint diese im 19. Jh. als letzte in Deutschland kunstvoll angelegte fürstliche Residenzstadt. Der runde sog. Circus mit den Kavaliershäusern, der Marktplatz, das Theater und der weitläufige Schlosspark bilden ein faszinierendes Ensemble, das zu den besonderen Attraktionen Rügens gehört. Nostalgiefans können nach der Besichtigung hier auch die Kleinbahn ›Rasender Roland‹ [s. S. 28] besteigen, die Putbus seit 1895 mit dem Ostseebad Binz verbindet.

Geschichte Das mächtige Lehnsherrengeschlecht von Putbus ist seit 1371 im Süden von Rügen beurkundet. Nach dem Aussterben der rügenschen Linie der Familie übernahm die dänische Linie mit Malte I. (1671–1750) den Besitz. Anfang des 19. Jh. verwandelte der Enkel, Fürst Wil-

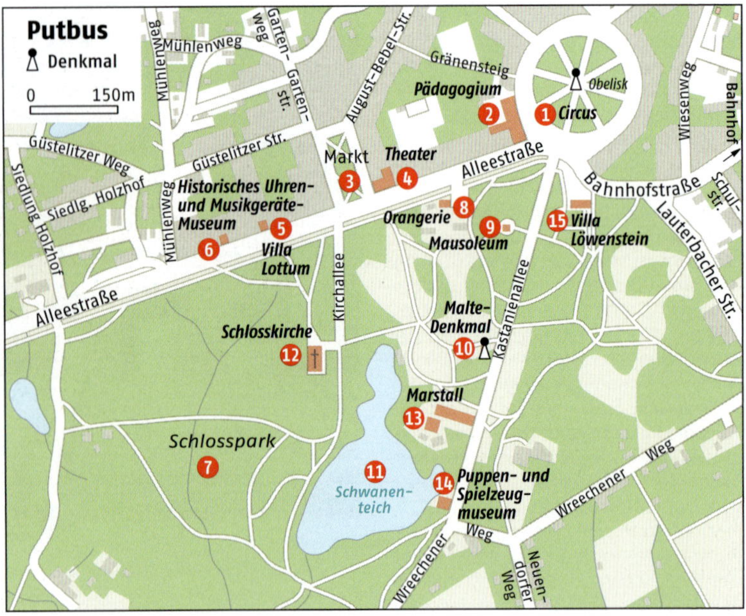

Klassizistische Platzanlage der einstigen Residenzstadt Putbus – vollkommen rund ist der Circus mit dem zentralen Obelisken, den Fürst Wilhelm Malte I. anlegen ließ

helm Malte I. (1783–1854), den Herrensitz in einen repräsentativen Residenz- und Badeort. Für die Planung konnte er den Schinkel-Studienfreund Johann Gottfried Steinmeyer gewinnen, der zwischen 1808 und 1845 eine einheitliche klassizistische Anlage schuf. Mit diesem Bauprojekt gab Fürst Wilhelm Malte I. den entscheidenden Anstoß zur Entwicklung von Südost-Rügen.

Als junger Graf hatte er bei den Stockholmer Leibhusaren gedient und wurde 1807 vom schwedischen König in den Fürstenstand erhoben. 1813 nahm er als Generaladjutant des Kronprinzen von Schweden an der Leipziger Völkerschlacht gegen Napoleon teil und setzte 1815 auf dem Wiener Kongress durch, dass Vorpommern Preußen zugeordnet wurde. Reisen in das erste Seebad der deutschen Ostseeküste Bad Doberan mit dem Badevorort Heiligendamm (1793 eröffnet), in dem sich die High Society des 19. Jh. ein Stelldichein gab, sowie nach Italien, wo sich seine Vorliebe für den klassizistischen Baustil herausbildete, ließen ihn voller Ideen für den Ausbau seiner Residenzstadt nach Rügen zurückkehren. Seinen als Lehnsherr und erfolgreicher Staatsmann erworbenen Reichtum investierte er von nun an in eine umfassende Bautätigkeit auf Rügen. Dazu gehörte neben der Gestaltung von Putbus auch die Errichtung eines Jagdschlosses im östlich gelegenen Waldgebiet der Granitz [s. Nr. 12].

Die Einrichtung des ersten Seebades auf Rügen – Putbus mit dem ›Badehaus in der Goor‹ (1817) im 3 km entfernten Lauterbach – zog bald eine Schar illustrer Gäste nach sich, darunter waren Persönlichkeiten des deutschen Adels, Politiker, Künstler, Schriftsteller und Wissenschaftler: Gerhart Hauptmann, Otto von Bismarck, Alexander und Wilhelm von Humboldt und Elisabeth von Arnim. Doch schon Ende des 19. Jh. verblasste der Ruhm des Badeortes an der Boddenküste gegenüber den neu in Mode gekommenen Seebädern an den offenen Ostseestränden Ostrügens. Vernachlässigt zu DDR-Zeiten, steht das klassizistische Kleinod Putbus heute nach umfangreichen Sanierungsmaßnahmen wieder ganz oben auf der Liste der Insel-Highlights. Und zum Kulturleben Rügens trägt das Theater bei, das von Stralsunder, Schweriner und Rostocker Ensembles bespielt wird.

Circus

Prächtige Alleen – einst gepflanzt, um adligen Besuchern in ihren offenen Kutschen Schatten zu spenden – verbinden Putbus mit den umliegenden Orten. Sie treffen an einem riesigen Platzrondell zusammen, dem **Circus** 1, dessen acht

Ein Säulenportikus ziert die Parkfassade des Theaters von Putbus, das Fürst Wilhelm Malte zur Unterhaltung der Badegäste erbauen ließ

eichengesäumte Kieswege sternförmig auf einen zentralen Obelisken mit der Krone des Fürsten zulaufen. Rund herum stehen 15 sog. Kavaliershäuser, die ab 1830 als Verwaltungsgebäude und Wohnungen für Hofbeamte errichtet wurden. Als erster Bau am Circus war schon ab 1827 das **Pädagogium** 2 (Circus 16) entstanden. Das imposante dreigeschossige Gebäude an der Ecke zur Alleestraße diente als Gymnasium und Internat. Heute ist hier das *IT-College Putbus* untergebracht. Das 1845 als letztes Gebäude des klassizistischen Ensembles errichtete Haus des Gastes (Circus 8) beherbergt mit dem Nachbarhaus (Circus 9) das *IT-Business-Center*, die Gebäude Circus 11 und 14 ergänzen als Sitz des *IT-Science-Center* den Circus Putbus als Zentrum für Softwareentwicklung auf Rügen.

Alleestraße und Markt

Vom Circus führt die nur einseitig bebaute Alleestraße schnurgerade nach Westen. Nördlich von ihr verlaufen die wenigen Wohnstraßen, südlich erstreckt sich der Schlosspark.

Die Allee weitet sich 150 m vom Circus entfernt zu einem großen Platz, dem **Markt** 3. An ihm liegt das im Auftrag Fürst Maltes nach einem Entwurf von Wilhelm Steinbach erbaute **Theater** 4 (Markt 13, Tel. 03 83 01/80 80) – das einzige Rügens. Der klassizistische Bau mit hohem toskanischem Säulenportikus zur Parkseite und dem antikisierenden Stuckfries ›Apollo und die Musen‹ entstand 1819–21 und diente der Unterhaltung des Fürsten und der Badegäste. Schon fünf Jahre nach der Eröffnung wurde das Theater von Johann Gottfried Steinmeyer umgebaut und erweitert. Um die Akustik zu verbessern, wurde anstelle des Tonnengewölbes eine flach gewölbte Kuppel eingezogen. Das als Sommertheater konzipierte Gebäude wurde zur Badesaison, wenn die Theater auf dem Festland Spielpause hatten, von verschiedenen Ensembles bespielt. Hier wurden u. a. Werke Gerhart Hauptmanns uraufgeführt. 1991–98 wurde der gesamte Bau originalgetreu restauriert. Der feierliche Innenraum mit Holzbestuhlung, zwei Rängen mit schmiedeeisernen Balustraden und einer Fürstenloge, roten Vorhängen und zarten goldenen Verzierungen an den Friesen bietet Platz für rund 250 Besucher. Heute ist das Theater ein Stützpfeiler des Kulturlebens auf der Insel – u. a. als zentraler Spielort der seit 1992 alljährlich von Himmelfahrt bis Pfingsten abgehaltenen Putbus-Festspiele (www.putbus-festspiele.de).

Nur ein paar Häuser vom Theater entfernt, steht die schmucke **Villa Lottum** 5 (Alleestr. 14), die 1815 im Auftrag Wilhelm Maltes als Bedienstetenhaus errichtet wurde. Einige Jahre nutzte der

Time is money? Das Historische Uhren- und Musikgeräte-Museum belegt mit seiner umfangreichen Sammlung, dass schon im 15. Jh. auf die Uhr geschaut wurde

Kunstverein Rügen die Villa als Ausstellungsort, heute wartet sie auf Sanierung.

Weiter stadtauswärts wurde schon 1815 an der Allee das Bussettsche Badehaus (Nr. 13) erbaut. Mit ihm begann die Badekultur am Ort, heute aber ist hier das **Historische Uhren- und Musikgeräte-Museum** 6 (Alleestr. 13, Tel. (03 83 01/ 609 88, Mai–Okt. tgl. 10–18 Uhr, Nov.–April tgl. 11–16 Uhr) des Sammlers Franz Sklorz beheimatet. Die liebevoll zusammengestellte Schau präsentiert z. B. kostbare bis kuriose Zeitmesser des 15.–20. Jh. und funktionstüchtige Grammophone.

Die Anfang des 19. Jh. als Gewächshaus errichtete Orangerie im Schlosspark bildet heute einen stilvollen Rahmen für die Präsentation zeitgenössischer Kunst

Oldtimer auf Schienen – die heute noch verkehrende Schmalspureisenbahn ›Rasender Roland‹ beflügelte um 1900 den Aufstieg der Rügener Ostseebäder

Ein rügensches Original: der Rasende Roland

Schon Fürst Wilhelm Malte I. von Putbus hatte erste Pläne für eine Inseleisenbahn entwickelt. Ende des 19. Jh. baute man schließlich eine **750-mm-Schmalspureisenbahn**, die Rügensche Kleinbahn, die 1895 bereits von Putbus nach Binz fuhr. Bis 1899 war dann die Strecke durch die Granitz bis Göhren fertiggestellt. Es existierten noch zwei weitere Linien, die jedoch 1967 bzw. 1970 stillgelegt wurden. Heute ist die Bahn, über 100 Jahre alt, so beliebt wie nie zuvor. 1999 wurde die Strecke über Putbus hinaus bis nach Lauterbach verlängert (nur Ende Mai–Anf. Sept. zum Lauterbacher Hafen). Mehrere funktionierende historische Dampflokomotiven sind in Betrieb, die älteste fährt seit 1914, die jüngste seit 1954. Der Zug verkehrt tgl. von ca. 8 bis 21 Uhr zwischen Putbus und Göhren. Die Kleinbahn braucht für die Strecke etwa 1 Stunde und 15 Minuten. 13 Haltepunkte auf 24 km fährt der Zug mit heftigem Geschnaufe und lautem Getute an. Hohe Geschwindigkeiten werden dabei nicht erreicht, gleichwohl wurde ihm einst der Name ›Rasender Roland‹ verliehen. Trotz vorübergehend drohender Insolvenz und Schäden am Bahndamm konnte im Mai 2004 der sanierte Kleinbahnhof Binz eingeweiht und der reguläre Betrieb im Stunden- bzw. 2-Std.-Takt wieder aufgenommen werden.

Es gibt Sonderzüge, Museumszüge und spezielle Arrangements, die mit Exkursionen verbunden sind. Echte Fans können sich sogar zum Ehrenlokführer ausbilden lassen.

Rügensche BäderBahn ›Rasender Roland‹, Gartenstr. 5, Bergen, Tel. 038 38/81 35 94, www.ruegensche-baederbahn.de

Schlosspark

Zwischen Alleestraße und der vom Circus nach Südosten abgehenden Lauterbacher Chaussee erstreckt sich der 7,5 km² große **Schlosspark** 7 (Führungen ab Orangerie, April–Okt., Di und Do, 11 Uhr, Anmeldung Putbus-Information, s. S. 30), der um 1725 vom Grafen Moritz Ulrich I. als Barockgarten angelegt wurde. Fürst Wilhelm Malte I. begann 1809 mit der Umgestaltung zum Landschaftspark im englischen Stil, der noch heute eine Oase der Ruhe und Beschaulichkeit darstellt. Nach Vorbildern des großen Landschaftsgärtners Peter Joseph Lenné schufen in den 1820er-Jahren Christian Friedrich Halliger (1797–1866) und Gustav Bernhard Todenhagen (1797–1883) in dem weitläufigen Gelände eine anmutige Komposition aus weiten Grünflächen, Wasserläufen, Teichen und dichtem altem Baumbestand, darunter kalifornische Mammutbäume, asiatische Gingkos und libanesische Zedern.

Die **Orangerie** 8 (Alleestr. 35, Tel. 03 83 01/431, Mai–Okt. tgl. 10–17, Nov.–April Di–Sa 10–17 Uhr) liegt am nördlichen Parkrand, dem Theater gegenüber. 1816–18 als Gewächshaus erbaut, beherbergt sie heute die Touristen-Information, ein Café sowie ein Kunst- und Kulturzentrum mit Wechselausstellungen zeitgenössischer Kunst. Den Eingang bewachen zwei majestätische Löwenskulpturen, die früher vor dem Schloss standen. Gleich daneben sind vier Grabplatten in den Rasen eingelassen; die Inschriften wie ›Moppy, mein Freund‹ oder ›Frey 1899‹ verraten, wer hier begraben liegt – die fürstlichen Hunde. Von den rückwärtigen Fenstern der Orangerie sieht man in den Park und auf eine Skulptur, eine Kopie des antiken ›Sterbenden Galliers‹ in den Kapitolinischen Museen in Rom, die aus dem alten Schloss hierher versetzt wurde. Unweit davon befindet sich das 1868 in neogotischem Stil erbaute fürstliche **Mausoleum** 9, das als Begräbnisstätte der nach 1860 verstorbenen Familienmitglieder des Hauses zu Putbus eingerichtet wurde.

An prominenter Stelle, mitten im Park, wird Fürst Wilhelm Malte I. in Uniform als Generaladjutant des schwedischen Kronprinzen mit dem **Malte-Denkmal** 10 geehrt. Fürstin Luise, dessen Witwe, hatte das überlebensgroße Marmor-Standbild bei dem Bildhauer Friedrich Drake in Auftrag gegeben. 1859 wurde es feierlich enthüllt. Auf einem der vier Sockelreliefs ist der berühmteste Baumeister der Zeit, Karl Friedrich Schinkel, im Gespräch mit einem Maler und einem Bildhauer vor einer Entwurfszeichnung des Jagdschlosses Granitz dargestellt.

Wenige Schritte westlich davon gelangt man zum **Schwanenteich** 11, an dem einst das fürstliche Barockschloss stand. Ein Brand am Weihnachtsvorabend 1865 vernichtete große Teile des erst 1827–32 klassizistisch modernisierten Baus mit seinen wertvollen Kunstschätzen. Lediglich das Altarbild aus der Schlosskapelle und Teile des fürstlichen Archivs konnten gerettet werden. In den 1870er-Jahren in gründerzeitlichem Stil restauriert, diente das Schloss bis 1945 der fürstlichen Familie als Wohnsitz. Danach verfiel das Gebäude und wurde 1962 bis auf seine Terrasse abgerissen.

Ein Kuriosum ist das ehem. *Fürstliche Kurhaus*, westlich des Schwanenteichs am Rande des Wildgeheges gelegen, das 1844–46 von Friedrich August Stüler und Johann Gottfried Steinmeyer mit Ballsaal, Spielsalon und Café erbaut wurde. Nach dem Niedergang des Badebetriebes wurde es 1891/92 als Ersatz für die 1865 abgebrannte Schlosskapelle zur **Schlosskirche** 12 umgebaut. Dabei fügte man den dreigeschossigen Turmanbau hinzu. Teile der Ausstattung wie zwei Holzplastiken aus dem 15. Jh. und das Altarbild mit der Darstellung einer Kreuzabnahme des Mailänder Meisters Daniele Crespi (1590–1630) wurden aus der abgebrannten Schlosskapelle übernommen. Anstelle eines alten Gutshofs wurde 1821–24 im klassizistischen Stil der **Marstall** 13 zwischen Schwanenteich und Kastanienallee errichtet. Er soll nach der Rekonstruktion u. a. für Konzerte genutzt werden.

Gut 100 m weiter südlich erreicht man das frühere Affenhaus am Rande des Schwanenteichs, das 1840 nach Plänen Steinmeyers erbaut wurde. Heute beherbergt es ein hübsches **Puppen- und Spielzeugmuseum** 14 (Tel. 03 83 01/609 59, tgl. 10–18 Uhr), vornehmlich mit deutschem und französischem Spielzeug des 19. und 20. Jh., das nicht nur Kinderherzen höher schlagen lässt. Im Glaspavillon des Eingangsbereichs befindet sich ein sehr empfehlenswertes kleines Café.

Auf der Kastanienallee kann man nun zurück zum Circus spazieren. Einige Meter zurückgesetzt an dessen südlichem Rand steht die **Villa Löwenstein** 15 von 1828/29, das einstige Gärtnerhaus des Schlossbezirks mit dem Küchengarten, das sich Anfang des 20. Jh. im Besitz der Fürsten zu Löwenstein befand. Fürst Wilhelm Malte lud 1866 den erkrankten Otto von Bismarck zu einem zweimonatigen Genesungsurlaub in die Villa ein. Hier soll Bismarck seinen Entwurf zur Verfassung des Norddeutschen Bundes geschrieben haben. Heute in Privatbesitz, soll nach der Renovierung der Villa dort ein Café eingerichtet werden.

Einen Regentag kann man mit Kindern im Indoorspielplatz **Pirateninsel Rügen** (Lauterbacher Str. 10, Tel. 03 83 01/89 83 66, www.pirateninsel-ruegen.de, Mo–Fr 13–19, Sa/So/Fei 10–19 Uhr) verbringen.

Ausflug

Eine schöne Kastanienallee führt vom Putbuser Schlosspark nach Südwesten zur *Rügischen Boddenküste* von **Wreechen** und **Neukamp**. Das Boddenufer ist ideal für Spaziergänge. Immer wieder wechseln die Ausblicke, trifft man auf

Großsteingräber, schöne Aussichtspunkte und reizvolle Strandabschnitte. Der **Wreechensee** ist eine verschilfte Lagune direkt hinter der Küste, die zum Naturschutzgebiet erklärt wurde. Einige Hundert Meter südlich, von Neukamp über eine Birkenallee zu erreichen, steht direkt am Bodden die *Preußensäule* von 1854, ein 16 m hoher Gedenkstein (Kopie) mit einem Denkmal des Großen Kurfürsten Friedrich Wilhelm, das an die Landung der brandenburgischen Truppen 1678 und den anschließenden Sieg über die Schweden erinnert. Eine zweite Fassung der Preußensäule steht an der Stresower Bucht, östlich von Lauterbach. Sie ist dem Andenken König Friedrich Wilhelms I. und der Landung preußischer und dänischer Truppen 1715 gewidmet.

i Praktische Hinweise

Information

Putbus-Information, Orangerie, Alleestr. 35, 18581 Putbus, Tel. 03 83 01/431, www.putbus.de

Einkaufen

Anders Keramik, Alleestr. 35, Putbus, Tel. 03 83 07/402 38. Fayencen mit fröhlicher Malerei vom künstlerischen Einzelstück bis zum Gebrauchsgeschirr.

Hotels

Jägerhaus, Dorfstr. 15, Lonvitz, Putbus, (ca. 1 km östlich vom Circus), Tel. 03 83 01/870 46, www.ruegen-zimmer.com. Freundliche einfache Pension in ländlicher Umgebung.

Koos, Bahnhofstr. 9, Putbus, Tel. 03 83 01/81 10, www.hotel-auf-ruegen.de. Traditionshotel (1898 erbaut) im Bäderstil mit Restaurant *Pommernstübchen*, das für seinen frischen Fisch und Spezialitäten der pommerschen Küche gerühmt wird.

Wreecher Hof, Kastanienallee, Wreechen, Tel. 03 83 01/850, www.wreecher-hof.de. Sieben rohrgedeckte Häuser in großem Gartenareal. Die luxuriöse Anlage bietet vielfältige Wellnessmöglichkeiten.

Restaurant

Jägerhütte Putbus, Alleestr. 33, Putbus, Tel. 03 83 01/510, www.jaegerhuette-ruegen.de. Die Gaststätte im Putbuser Park serviert ausgezeichnete Wild- und Fischgerichte. Rustikaler Speisesaal, Kaminbar, Sommergarten und Spielplatz.

Café

Central, Alleestr. 9, Putbus, Tel. 03 83 01/881 22, www.cafe-central-putbus.de. Das

Vom einstigen Fischerdorf und Badeort des Residenzstädtchens Putbus hat sich Lauterbach heute zu einem angenehmen Ferienort gemausert

gemütliche Lokal, halb Café, halb Bar, bietet sowohl Kuchen als auch deftige kleine Gerichte. Wer einen der wenigen Tische auf dem Gehsteig erwischt, hat den Überblick über alles, was in Putbus geschieht.

Klassizistisches Schmuckstück – Lauterbachs hochherrschaftliches Badehaus in der Goor lässt erahnen, wie betucht die Badegäste zu Anfang des 19. Jh. waren

5 Lauterbach, Insel Vilm und Vilmnitz

Seglerdorado und eine urwüchsige Insel am Rügischen Bodden.

Lange Zeit gehörte Lauterbach, ein früheres Fischerdorf, als Badeort zu Putbus, von wo es über eine knapp 3 km lange Lindenallee erreichbar ist. Sein Name geht auf den Mädchennamen der Gemahlin Fürst Wilhelm Maltes I. zurück. Seit einigen Jahren hat es sich zu einem eigenständigen Ferienort mit einem hübschen Fischerei- und einem modernen Jachthafen entwickelt. Und inzwischen wurde der Hafen sogar zum wichtigsten Segelhafen auf Rügen ausgebaut. Außerdem kann man hier am Kleinbahnhof den nostalgischen ›Rasenden Roland‹ besteigen, der den Ort über Putbus mit den rügenschen Ostseebädern verbindet.

Am östlichen Ortsrand, am Beginn des Goor genannten Strandwaldes, steht das fürstliche **Badehaus in der Goor**, 1817/18 im Auftrag Fürst Wilhelm Maltes errichtet. Das noble, lang gestreckte Gebäude, eines der schönsten seiner Art an der Ostseeküste, erinnert mit seiner 18-säuligen Vorhalle an einen griechischen Tempel. Im *Inneren* befanden sich früher Badezellen mit Wannen aus Carrara-Marmor. Die Anlage wurde 1818 als Friedrich-Wilhelm-Bad eingeweiht und bot Warmbäder mit Meerwasser. In der ersten Hälfte des 19. Jh. besuchten viele prominente Badegäste bis hin zum preußischen König Friedrich Wilhelm III. den fürstlichen Badeort. Nachdem das Haus zum Hotel und später zum Ferienheim eines Kombinats aus Eisenhüttenstadt umfunktioniert wurde, dann jahrelang ungenutzt blieb, ist es heute nach aufwendiger Restaurierung ein **Luxushotel** (Fürst-Malte-Allee 1, Tel. 03 83 01/882 60, www.hotel-badehaus-goor.de). Hinter dem Badehaus liegt das **Naturschutzgebiet Goor** mit seinem lichten Buchenwald, der sich von Spazierwegen durchzogen mehr als 2 km lang am Hochufer erstreckt.

Insel Vilm

Nach einer Sturmflut im Jahr 1304 hob sich vor Lauterbach Land in Form eines gestrandeten Wals aus dem aufgewühlten Meer, so erzählt es die Legende. Aber die Wissenschaft bewies, dass zumindest ein Teil der 94 ha großen Insel Vilm schon vor 6000 Jahren aus Resten eiszeitlicher Geschiebe entstanden ist. Bis ins 16. Jh. diente sie als Holzlieferant für das Festland. Seit dem 17. Jh. jedoch konnte der Wald ungestört gedeihen, sodass heute eine mannigfaltige Flora mit jahrhundertealten Eichen und Buchen auf der Insel zu finden ist. Zu Beginn des 19. Jh. entdeckten Badegäste und Landschaftsmaler wie Caspar David Friedrich und Carl Gustav Carus das naturbelassene schöne Eiland. 1936 wurde Vilm unter Naturschutz gestellt, um seinen einzigartigen ›Urwald‹ zu erhalten. 1959 ließ die SED elf rohrgedeckte Häuser errichten, die Parteifunktionären als Feriendomizile vorbehalten waren. Nach der Wende übernahm die *Internationale Naturschutzakademie*, eine Außenstelle des Bundesamtes für Naturschutz, die Anlage als Tagungsstätte (Tel. 03 83 01/860). Seit 1990 gehört die Insel außerdem zur Kernzone des Biosphärenreservats Südost-Rügen. Besucher können von April–Okt. in Gruppen von max. 30 Personen an Führungen teilnehmen (tgl. 10 und 13.30 Uhr, Voranmeldung bei der Fahrgastreederei Lenz, Tel. 03 83 01/618 96, www.vilmexkursion.de).

Vilmnitz

Im nahen Vilmnitz, 2 km nordöstlich von Lauterbach, steht unter hohen Bäumen das malerische Ensemble einer gotischen Backsteinkirche mit Fachwerk-Pfarrhaus und Friedhof. Bis ins 19. Jh. war

Top Tipp

St. Maria Magdalena die Gemeindekirche der ganzen Umgebung, auch des etwa 3 km entfernten Putbus, und diente als Begräbnisstätte der Herren von Putbus (bis 1860). Unter dem Chor befindet sich die *Familiengruft*, in der auch Fürst Wilhelm Malte I. beigesetzt ist. Die Grablege mit den 27 Sarkophagen

Eine traumhafte Farbsymphonie verzaubert in der Abenddämmerung den Blick vom Lauterbacher Ufer zur Insel Vilm mit ihrem jahrhundertealten Wald

ist für die Öffentlichkeit nicht zugänglich, lässt sich aber durch ein Fenster im Sockel der Apsis von außen einsehen.

Der schlichte Kirchenbau aus dem 13./14. Jh. ist einer der besterhaltenen auf Rügen. Der Turm (15. Jh.) wurde 1969 neu mit Zedernschindeln gedeckt. Der Innenraum ist weiß getüncht. Durch das breite Chorfenster fällt viel Licht in den Raum. Der frühbarocke *Hochaltar* wurde 1603 von Philipp von Putbus gestiftet. In farbig gefasstem Sandstein sind eine Kreuzigungsszene, die Evangelisten, das Abendmahl und das Wappen derer von Putbus dargestellt. An den Seitenwänden des Chors befinden sich vier reich geschmückte *Spätrenaissance-Epitaphe* (1594–1631) – steinerne Gedenktafeln für Mitglieder der Fürstenfamilie. Wie der Hochaltar stammen auch die Epitaphe vermutlich aus der Güstrower Werkstatt des Claus Midow. Die sechseckige *Kanzel*, deren Fuß von einer kunstvoll bewegten Figur des Moses mit den Gesetzestafeln gebildet wird, fertigte der Stralsunder Kunsttischler Hans Broder 1708/09. An der Süd- und Westwand ziehen sich hölzerne Emporen entlang. Die südliche – mit Wappen verziert – ist die Patronatsloge der Herren von Putbus, auf der Westempore steht die Orgel, die der Stralsunder Orgelbaumeister Daniel Mehmel 1866 schuf.

i Praktische Hinweise

Schiff

Weiße Flotte GmbH, Tel. 038 31/268 10, Infotel. 01 80/321 21 20 (0,09 €/Min.), www.weisse-flotte.com. Ab Hafen Lauterbach Fahrten rund um die Insel Vilm (Mitte Mai–Anf. Okt. mehrmals tgl.).

Sport

Im Jaich, Wasserferienwelt und Marina Lauterbach, Am Yachthafen 1, Lauterbach, Tel. 03 83 01/80 90, www.im-jaich.de. 300 Liegeplätze, Vermietung von Segeljachten, auch mit Skipper; Segel- und Schnupperkurse. Mit Fitness- und Wellnesscenter. Luxusapartments und schwimmende Ferienhäuser gibt es ebenfalls zu mieten.

Hotels

Am Bodden, Chausseestr. 10, Lauterbach, Tel. 03 83 01/80 00, www.hotel-lauterbach-ruegen.de. Einfaches gemütliches Haus mit modern ausgestatteten Zimmern, Restaurant und Biergarten.

Ulmenhof, Chausseestr. 5, Vilmnitz, Tel. 03 83 01/882 80, www.landhotel-ulmenhof.de. Kleines Hotel mit gehobenem Komfort in landschaftlich idyllischer Lage, ideal für Radler und Wanderer.

Restaurants

Nautilus, Dorfstr. 17, Neukamp, Tel. 03 83 01/830, www.ruegen-nautilus.de. Erlebnisgastronomie nach Jules Verne und seiner Hauptperson, Kapitän Nemo. Skurriles Lokal im Stil eines U-Boots mit angeschlossenem 30-Zimmer-Hotel.

Viktoria, Dorfstr. 1, Lauterbach, Tel. 03 83 01/64 60, www.hotels-auf-ruegen.de. Schlichtes Traditionshaus direkt am Lauterbacher Hafen, gemütliche Fischerstube und Biergarten, auch einfache Hotelzimmer.

6 Garz

Älteste und kleinste Stadt Rügens in bukolischer Umgebung.

Von Putbus aus lässt sich Garz (2300 Einw.) über die Deutsche Alleenstraße erreichen. Das wendische Garec bedeutet Burg, und genau das war Garz bis ins 12. Jh., eine Burg mit Burgwall und einer slawischen Ansiedlung. Bevor Bergen aufgrund seiner zentralen Lage zum wichtigsten Marktort aufstieg, war Garz, dem schon 1319 das Stadtrecht verliehen wurde, außerdem der Hauptort der Insel. Heute ist es ein ländliches Kleinzentrum. Im Jahr 1930 sorgte hier die Eröffnung des ›Ersten Deutschen Diabetikerheims‹, welches das in Kanada entdeckte Insulin einsetzte, für Aufsehen. In dem renovierten Gebäude ist mittlerweile eine Fachklinik für Kinder und Jugendliche mit Atemwegserkrankungen, Neurodermitis und Übergewicht eingerichtet worden. An der lang gezogenen *Hauptstraße* findet man die wichtigsten Geschäfte und eine Reihe von schmucken Bürger- und Handwerkerhäuschen.

Wegweiser leiten zur Nebenstraße ›An den Anlagen‹, an der die von altem Baumbestand beschatteten Grünanlagen um den Garzer See und den slawischen **Burgwall** liegen. Bis zum 12. Jh. befand sich hier die Burg Charenza, der Sitz eines Ranenfürsten. Man geht davon aus, dass auch eine Tempelanlage dazu gehörte, in der dem Donnergott Porenut, dem Wettergott Porevit und dem Kriegsgott Rugiavit gehuldigt wurde. In den mächtigen Burgwall von ca. 12 m Höhe und 200 m Durchmesser hat man eine moderne *Freilichtbühne* hineingebaut.

Um den Burgwall ranken sich viele Legenden, im 19. Jh. aufgeschrieben von Ernst Moritz Arndt. Im Haus ›An den Anlagen 1‹ befindet sich das älteste Museum der Insel, das **Ernst-Moritz-Arndt-Museum** (Tel. 03 83 04/122 12, www.stadt-garz-ruegen.de, Mai–Okt. Di–Sa 10–16 Uhr, Nov.–April Mo–Fr 11–15 Uhr). Das 1937 eingeweihte Museumsgebäude wurde auf Initiative des Garzer Lehrers und Rügenforschers Ernst Wiedemann errichtet. Es ist dem Leben und Werk des politischen Publizisten, Reiseschriftstellers und Dichters Ernst Moritz Arndt (1769–1860) gewidmet, der in der Nähe, in Groß Schoritz, geboren und aufgewachsen ist und in der Garzer Kirche getauft wurde. Das Museum vermittelt hierbei kritische Einblicke in Biografie und Wirkung des bis heute kontrovers diskutierten Literaten. In Abständen gibt es zudem Sonderausstellungen zur regionalen Geschichte.

In Garz ist in einem hübschen Backsteinbau das Ernst-Moritz-Arndt-Museum beheimatet, das Leben und Werk des Rügener Dichters kritisch beleuchtet

Ernst Moritz Arndt (Porträt von Carl Wildt nach Gemälde von Julius Roeting, 1855)

Leben und Werk von Ernst Moritz Arndt

Am zweiten Weihnachtstag 1769 wurde in Groß Schoritz Ernst Moritz Arndt als Sohn eines freigelassenen **Leibeigenen** geboren. Die Kindheit verbrachte er in Groß Schoritz, in Dumsevitz und in Grabitz bei Rambin. Er sah sich selbst als »hochwohlgeboren, weil das Haus meiner Geburt damals durch eine stattliche Treppe verziert war«. 1787 ging er nach Stralsund ins Gymnasium, kehrte aber immer wieder für kurze oder längere Besuche nach Rügen zurück. Die **Sehnsucht nach der Insel** begleitete ihn zeitlebens. Zwei Bände von Märchen und Jugenderinnerungen sowie zahlreiche Gedichte – wie das 1842 in Bonn geschriebene ›Heimweh nach Rügen‹ – erzählen von der Landschaft an Ostsee und Bodden.

Während des Studiums der Theologie in Greifswald und Jena arbeitete Arndt zwei Jahre lang als Hauslehrer bei Pastor Kosegarten [s. S. 82] in Altenkirchen. Danach reiste er viel, wobei er sich in Frankreich für die **Ideale der Französischen Revolution** und die Ideen Jean-Jacques Rousseaus begeisterte, einem ihrer geistigen Väter. Nach seiner Rückkehr wurde er Professor für Sprachen und Geschichte in Greifswald und publizierte 1803 sein wichtigstes Werk, den **›Versuch einer Geschichte der Leibeigenschaft in Pommern und Rügen‹**. Die Anprangerung dieses menschenunwürdigen Daseins brachte Adel und Fürstentum gegen ihn auf, sodass er Pommern für ein Jahr verlassen musste. Doch als er sich ähnlich freiheitsliebend und vehement gegen den Besatzer Napoleon einsetzte, wurde er von den preußischen Machthabern rehabilitiert, als Verfechter Preußens gerühmt und erhielt 1818 einen Ruf als Professor für Geschichte nach Bonn. Allerdings eckte Arndt auch hier an. Seine leidenschaftlichen **Plädoyers für ein geeintes Vaterland** galten als demagogisch und er erhielt bereits 1820 ein weiteres Lehrverbot, das bis 1840 andauerte. Nach der Revolution von 1848 setzte sich Arndt als Abgeordneter in der Nationalversammlung der Frankfurter Paulskirche weiter für ein geeintes Deutschland, einen preußischen Kaiser und den Nationalgedanken ein. Er wurde 90 Jahre alt und starb am 29. Januar 1860 in Bonn am Rhein, wo er auch begraben liegt.

Heimweh nach Rügen (1842)

(erste und letzte Strophe)

O Land der dunklen Haine,
o Glanz der blauen See,
o Eiland, das ich meine,
wie tut's nach dir mir weh!
Nach Fluchten und nach Zügen
weit über Land und Meer,
mein trautes Ländchen Rügen,
wie mahnst du mich so sehr!
...
Fern, fern vom Heimatlande,
liegt Haus und Grab am Rhein.
Nie werd' an deinem Strande
ich wieder Pilger sein.
Drum grüß' ich aus der Ferne
dich, Eiland lieb und grün:
Sollst unterm besten Sterne
des Himmels ewig blühn!

Wenn der Ball da mal nicht im Schilf verschwindet – gut zielen ist angesagt auf der Golfanlage Schloss Karnitz

Die spätgotische Kirche **St. Petri** thront am Ende einer den Friedhof querenden Lindenallee auf einer Anhöhe am südöstlichen Ortsrand. Die um 1360 erbaute einschiffige Backsteinkirche hat ein schlichtes Äußeres und einen trutzigen Wehrturm. Auch innen herrschen einfache Formen und sparsame Bemalungen vor. Im Kontrast dazu stehen der barocke Altaraufsatz (1724) aus der Stralsunder Werkstatt von Elias Kessler und die hölzerne Barockkanzel des Stralsunders Hans Broder. Aus der Gründungszeit erhalten ist ein granitener Taufstein, der aus einem Findling gefertigt wurde.

Ziel eines Spaziergangs könnte das 4 km nördlich kurz vor Karnitz gelegene Naturschutzgebiet mit dem romantischen **Kniepower See** sein, um den ein etwa 7 km langer Wanderweg führt. In **Karnitz** selbst ist seit 1995 der erste Golfklub Rügens, das *Golfzentrum Rügen Schloss Karnitz* (s.u.), zu Hause. Das einstige Rittergut war Mitte des 18. Jh. ins Eigentum des Grafen Guido von Usedom übergegangen, dessen Nachfahren hier 1839 ein neogotisches Jagdschlösschen im Tudorstil mit auffälligen Zinnen und einem hohen Aussichtsturm errichten ließen. Das Schloss ist in Privatbesitz und kann nicht besichtigt werden. Der Schlosspark und einige umliegende Ländereien sind in den 18-Loch-Golfplatz einbezogen worden.

Praktische Hinweise

Sport

Golfzentrum Rügen Schloss Karnitz, Dorfstr. 11 a, Karnitz, Tel. 03 83 04/824 70, www.inselgolf-ruegen.de. 18-Loch-Turnierplatz (Par 72), 9-Loch-Standardplatz (Par 60) und Übungsplatz für jedermann (Par 3). Golfschule mit Driving-Range

Das zinnenbekrönte Schlösschen Karnitz bei Garz diente einst als gräfliches Jagddomizil, heute ist es in Privatbesitz

Das Gutshaus von Groß Schoritz war Geburtsstätte des späteren Schriftstellers Ernst Moritz Arndt, einem vehementen Gegner der Leibeigenschaft

und Abschlagboxen (tgl. 9–20 Uhr). Außerdem Ferienwohnungen und öffentliche Gaststätte.

Pferdehof Altkamp, Dorfstr. 3, Altkamp, Tel. 03 83 01/617 30, www.pferdehof-altkamp.de. Am Rügischen Bodden etwa 6 km von Garz entfernt gelegen, Zufahrt über Kasnevitz. Familienbetrieb mit über 30 Jahre alter Pferdezucht von Mecklenburger Warmblütern und Deutschen Reitponys. Möglichkeit zu Reiturlaub, Kinder-Reit-Ferien; Ferienwohnungen.

Unterkunft

Am Wiesengrund, Im Wiesengrund 23, Garz, Tel. 03 83 04/347, www.ruegen-hotel-am-wiesengrund.de. Freundliche Pension in ruhiger Ortsrandlage. Das Restaurant mit schöner Terrasse serviert gutbürgerliche Küche.

Zur Kastanie, Dorfstr. 24, Sehlen, Tel. 038 38/20 93 25, www.ferienanlage-auf-ruegen.de. 8 km nördlich von Garz und 3 km nördlich von Karnitz. Zehn Zimmer und vier Ferienwohnungen, schöner Garten mit Liegewiese, Pool und Sauna/Solarium; geführte Wanderungen und Radwandertouren, Fahrradvermietung.

7 Groß Schoritz und Zudar

Eine Dichterwiege und das geschichtsträchtige Eingangstor zur Insel.

Etwa 5 km südlich von Garz, am Ortsrand von Groß Schoritz liegt, gut ausgeschildert, das **Geburtshaus Ernst Moritz Arndts** (Dorfstr. 22, Tel. 03 83 04/524, Mo–Fr 10–16 Uhr). In dem Gutshaus lebte der Vater des berühmten Inselsohnes als Gutsverwalter des Herrn von Putbus, nachdem er aus der Leibeigenschaft entlassen worden war. ›Hier ist E. M. Arndt am 26. Dez. 1769 geboren‹ steht in feiner Schnörkelschrift auf dem barocken Dachgiebel. Nach dem Zweiten Weltkrieg wurde das Innere des Hauses nahezu komplett verändert. Es befindet sich heute im Besitz der Gemeinde und wird von der 1997 gegründeten Ernst-Moritz-Arndt-Gesellschaft (www.ernst-moritz-arndt-gesellschaft.de) betreut. Im Haus gibt es ein Gedenkzimmer für den Dichter mit zeitgenössischer Einrichtung sowie einen größeren Saal für Wechselausstellungen.

Einer der besten Radwege der Insel führt von Groß Schoritz über Poseritz, Gustow bis kurz vor Altefähr auf einer aufgelassenen Bahntrasse (Ausschilderung als Radwanderweg).

Zwischen Groß Schoritz und der Halbinsel Zudar reicht eine Bucht, die **Schoritzer Wiek**, weit ins Land hinein und verengt sich am Ende zu einer seichten Lagune. Darin liegt das Inselchen **Tollow**, heute in Privatbesitz, das einer *Kormorankolonie* als Brutstätte dient. Jedes Jahr im März kommen diese imposanten schwarzen Vögel zum Nestbau hierher und bleiben den Sommer über. Ihre Ausscheidungen haben allerdings die Bäume der Insel absterben lassen, sodass immer weniger Kormorane hier eine Nistgrundlage finden. Gespenstisch ragen die Baumgerippe empor, wie man von Maltzien aus besonders deutlich sieht. Übrigens: Der Legende nach hat Klaus Störtebeker auf diesem ungastlichen Eiland seine letzte Ruhestätte gefunden.

Zudar

Seit dem Mittelalter gelangten Besucher Rügens mit dem Boot vom festländischen Strahlbrode nach Glewitz auf der Halbinsel Zudar, eine etwa 2 km lange, mit der Fähre kaum mehr als 10-minütige Überfahrt. Während Autofahrer die Halbinsel in wenigen Minuten queren, können Wanderer und Fahrradfahrer sie gemächlich umrunden und dabei schöne Naturszenerien einfangen. Dank der Niederschriften von Ernst Moritz Arndt haben viele Mythen und Legenden, die zur Stimmung der Landschaft passen, überdauert. Sie erzählen z. B. von Meerjungfrauen, die in der Johannisnacht aus dem Wasser steigen und singen und von den Männern, die sie anschließend mit sich ins Wasser ziehen.

Die außen wie innen schlichte Kirche **St. Laurentius** im Hauptort Zudar wurde um 1318 erbaut. Sie taucht ebenfalls in den Sagen der Region auf. Ihre Glocken sollen einst von einer Sturmflut ans Ufer der Schoritzer Wiek angeschwemmt worden sein, aus dem mythischen Konow, einer reichen und mächtigen Stadt, die östlich von Zudar existiert haben, aber vom Meer verschlungen worden sein soll. Im 14. Jh. wurden Wunder vom Marienbild der Kirche erzählt, die daraufhin zu einem viel besuchten *Wallfahrtsort* wurde. Sie erlangte eine solche Bedeutung, dass zwei Wallfahrten nach Zudar mit der gleichen seelenreinigenden Kraft belegt wurden wie eine nach Rom. Aber der Ruhm dauerte nicht lange an. Als 1372 ein Boot mit Pilgern bei der Überfahrt im Strelasund sank und alle 90 Insassen ertranken, schwand auch der Glauben an

Ein außergewöhnlicher Anblick – eine Kormorankolonie bevölkert abgestorbene Bäume auf dem Inselchen Tollow in der Schoritzer Wiek

die Wunderkraft des Marienbildes und St. Laurentius wurde wieder zur einfachen Gemeindekirche. Ihr Turm wurde im 17. Jh. ergänzt, der reich verzierte, barocke Altaraufsatz entstand 1707.

i Praktische Hinweise

Camping

Pritzwald, Zudar, Tel. 03 83 04/82 91 14 oder 038 38/231 79, www.ruegen-campingplatz-pritzwald.de. Am Greifswalder Bodden am Ostufer der Halbinsel Zudar überwiegend im Kiefernwald gelegenes gepflegtes Areal für 150 Stellplätze; mit eigenem 700 m langen Sandstrand, der an das Landschaftsschutzgebiet der Schoritzer Wiek angrenzt.

8 Poseritz und Gustow

Beschauliche Dörfer und stille Buchten am Strelasund.

Die Dörfer Poseritz und Gustow an der Deutschen Alleenstraße wie auch die Halbinsel Drigge liegen nur wenige Kilometer vom Rügendamm entfernt, aber es gibt kaum einsamere Flecken auf Rügen. Das Inselufer am Strelasund ist von weiten Feld- und Wiesenflächen, verborgenen Buchten und kleinen stillen Wäldchen geprägt – ein zauberhafter Landstrich für lange Spaziergänge.

Schon im Dreißigjährigen Krieg war man sich jedoch der Nähe zum Festland bewusst. Auf der Halbinsel von Prosnitz, südlich von Gustow, legten damals die Schweden eine Befestigung an, die **Neufährschanze**, die auch im schwedisch-dänischen Krieg 1674–79 eine wichtige Verteidigungsrolle spielte. 1808 ließen die Franzosen die Wälle zum Fort Napoleon ausbauen. 1864 während des Deutsch-Dänischen Kriegs wurde es nochmals verstärkt. Die Formen der Anlage auf der Spitze der Halbinsel sind zwischen Salzwiesen und wildem Buschwerk noch gut zu erkennen.

Hübsch und sehenswert sind die gotischen Dorfkirchen von Poseritz und Gustow, die beide aus dem 14./15. Jh. stammen. In St. Marien in **Poseritz** ist neben einer gotischen Kreuzigungsgruppe (15. Jh.) an der Chorwand insbesondere die schöne Rokokokanzel des Stralsunder Meisters Jacob Freese von 1755 beachtenswert. In **Gustow** wurden 1935 bei Renovierungsarbeiten im Inneren der ein-

Ein Friedhof umgibt die Backsteinkirche von Gustow, die im Inneren mit sehenswerten gotischen Fresken aufwarten kann

schiffigen Pfarrkirche gotische Fresken mit Heiligendarstellungen freigelegt. Interessant ist auch der **Friedhof**. Nahe der Mauer findet man einen etwa 2,5 m hohen Gedenkstein, auf dem eine Ritzzeichnung des Gekreuzigten sowie eine Inschrift zu sehen sind. Es ist eine sog. *Mordwange*, die seit 1510 hier steht. Einen solchen Sühnestein musste der Mörder – nach der mittelalterlichen Rechtsprechung – an der Stelle aufstellen, an der er seine Tat begangen hatte. Wie die Inschrift besagt, wurde hier der Kirchenherr (Prediger) Thomas Norenberch (Norenberg) erschlagen.

i Praktische Hinweise

Restaurant

Lindenkrug, Lindenstr. 27/28, Poseritz, Tel. 03 83 07/251, www.lindenkrug-poseritz.de. Das Gasthaus mit ausgezeichneter regionaler Küche befindet sich in einem einfachen Gebäude aus den 1950er-Jahren mit gut ausgestatteten Hotelzimmern und schönem Garten.

Villa
33

Im Südosten – der unwiderstehliche Charme der klassischen Ostseebäder

Ende des 19. Jh. entstanden an den langen feinsandigen Stränden der offenen Ostseeküste die Badeorte **Binz**, **Sellin** und **Göhren**, in denen sich die High Society ein Stelldichein gab. Strahlend weiße Villen in sommerlich leichter Bauweise, lange Seebrücken, an denen die großen Dampfschiffe anlegen konnten, und Strandpromenaden, an denen die Badegäste flanierten, gehörten damals zum Urlaubsambiente und üben auch heute wieder einen großen Reiz aus. Ferien ganz anderer Art sahen die Machthaber des Dritten Reiches in **Prora** vor, wo seitdem ein kilometerlanger Gebäudekoloss an den nationalsozialistischen Größenwahn erinnert.

In eine völlig eigene Welt kann der Besucher auf der Halbinsel **Mönchgut** eintauchen. Dort, wo sich einst das *Gut der Mönche* von Greifswald befand und sich die Insellandschaft in Buchten, Landzungen, Lagunen und Haken zerfasert, da liegen um den Hauptort **Middelhagen** zahllose kleine, hübsche Ansiedlungen mit rohrgedeckten niedrigen Fischerkaten, geduckt in Buchten, versteckt vor dem Wind.

9 Ostseebad Binz

Mondäner Badeort mit attraktiver Bäderarchitektur und lebhafter Strandpromenade.

Binz liegt am Südende der Prorer Wiek. Auf der Landseite wird der Ort im Westen vom **Schmachter See** begrenzt. Im Südosten reichen Wohnviertel und Strand an den Wald der **Granitz** heran, der zu Wanderungen einlädt. Binz verfügt über zwei Bahnhöfe, im Nordwesten liegt der der Deutschen Bahn und im Südosten der des ›Rasenden Rolands‹. Mit rund 5800 Einwohnern und mehr als doppelt so vielen Fremdenbetten ist Binz das größte und bedeutendste der rügenschen Seebäder.

Obwohl schon 1318 als Ortschaft *Byntze* dokumentiert, wurde Binz erst bekannt, als ab 1860 die ersten Badegäste kamen. 1870 zählte man während des Sommers noch 80 Gäste, die der damaligen strengen Etikette gemäß keusch in Badewagen und nach Geschlechtern getrennt das kühle Nass genossen. Vier Jahre später waren es bereits 500 Urlauber und 1884 erfolgte die Ernennung zum Seebad. Als 1893 das Kurhaus erbaut wurde, war Binz zu einem beliebten **Badeort** des gehobenen Bürgertums avanciert, an der Strandpromenade und den dahinter angelegten Parallelstraßen nahm die Zahl der Ferienvillen beständig zu.

Infolge der Eröffnung der Kleinbahnstrecke von Putbus nach Binz 1895 und des Baus der **Seebrücke** 1902, an der Schiffe aus Stralsund und Greifswald anlegten, erhöhte sich die Besucherzahl weiter. Das hölzerne Bauwerk musste jedoch mehrfach erneuert werden. 1912 wurde die ursprünglich 600 m lange Seebrücke von einem Dampfer gerammt, über 100 Menschen fielen ins Wasser, 14 von ihnen ertranken. Dieser tragische Unfall gab übrigens Anlass zur Gründung der Deutschen Lebensrettungs-Gesellschaft (DLRG) 1913. Der Brückenneubau

Filigran verzierte Loggien und Balkone kennzeichnen die Bäderstilarchitektur der prächtigen schneeweißen Villen in der Selliner Wilhelmstraße

fiel im Jahr 1942 einer Sturmflut zum Opfer, doch 50 Jahre später, 1992, konnte eine neue, diesmal 370 m lange Seebrücke eingeweiht werden.

Die großbürgerlichen Villen von Binz fungierten während der DDR-Zeit als Kinderheime und Gewerkschafts-Freizeitstätten, die Hotels waren großen Kombinaten als Betriebsferienheime zugewiesen worden. Nach fieberhafter Bautätigkeit in den 1990er-Jahren, die neben der Villensanierung und der Errichtung der neuen Seebrücke auch den Ausbau der Strandpromenade umfasste, erstrahlt Binz heute wieder im alten Glanz, ein äußerst attraktives, aber auch teures Pflaster.

An der 3 km langen Binzer **Strandpromenade** reihen sich Villen im Stil der alten Bäderarchitektur (um 1900) und moderne Großhotels wie Perlen einer Kette aneinander. Dazwischen gibt es Kioske, Eisbuden und Terrassencafés. 1893 entstand das dreiflügelige, schlossartige **Kurhaus** an der Promenade, dessen offener Hof zum Meer weist. Es brannte 1906 ab, wurde aber im Originalstil wieder aufgebaut und in den 1990er-Jahren vollständig renoviert. Heute ist es ein Luxushotel mit Restaurant, Wellnessbereich und großer Saunalandschaft. Auch die Straßen hinter der Strandpromenade, wie fast der ganze übrige Ort, werden von Hotels, Villen mit Apartments, Souvenirläden, Cafés und Restaurants gesäumt.

Über die Hauptstraße südwärts und die Bahnhofstraße nach links erreicht man das **Museum Ostseebad Binz** (Kleinbahnhof, Bahnhofstr. 54, April–Okt. tgl. 10–17, Nov.–März Di–So 10–16 Uhr). Anschaulich dokumentiert es die Entwicklung des Ortes vom Fischerdorf zum mondänen Seebad und illustriert z. B. mit einer interessanten Bademodenkollektion den Urlaubsalltag der Zeit um 1900.

i Praktische Hinweise

Information

Fremdenverkehrsverein Binz, Wylichstr. 13, 18609 Binz, Tel. 03 83 93/ 66 57 40, www.ostseebad-binz.de

Einkaufen

Bürgelhaus Binz, Jasmunder Str. 1, Binz, Tel. 03 83 93/66 37 66, www.echt-buergel.de. Laden mit blauer Keramik aus der thüringischen Töpferstadt Bürgel.

Glasbläserei Binz, Schillerstr. 11, Binz, Tel. 03 83 93/314 95, www.glasblaeserei-malente.de. Hier kann man dem Glasbläser bei der Arbeit zusehen und schöne Stücke erwerben.

Badenixen im Museum Ostseebad Binz zeigen, dass der Bikini um 1900 noch in weiter Ferne war

Ganz in Weiß – wie kostbare Perlen an einer Schnur reihen sich die sommerlich-heiteren Bäderstilvillen an der Binzer Strandpromenade aneinander

Der Reiz der Seebäderarchitektur

Der Badetourismus, den man bis Mitte des 19. Jh. in Mitteleuropa kannte, bestand aus Reisen in die böhmischen **Heilbäder**, allen voran Karlsbad und Marienbad. Es war ein Tourismus der Reichen, die während ihrer mehrwöchigen Aufenthalte in vornehmen Villen residierten und sich in gepflegten Parks und klassizistischen Wandelhallen ergingen, wobei das gesellschaftliche Leben und das Vergnügen keinesfalls zu kurz kamen. Diese Anlagen im Blick begannen sich die deutschen Bäder an der Ostsee zu entwickeln. Allen voran das 1793 von Großherzog Friedrich Franz I. von Mecklenburg gegründete **Heiligendamm** bei Bad Doberan, das zunächst aus einem Badehaus und einem Dutzend repräsentativer Logierhäuser bestand – Bauten im reinsten **Klassizismus** mit strahlend weißen Fassaden! Heiligendamm diente als Vorbild für das rügensche **Putbus** (1808–45). Doch als die Badeorte an der Südostküste Rügens ab 1880 den eigentlichen Aufschwung erlebten, hatte sich die Mode bereits gewandelt. Während der Gründerzeit herrschte einerseits ein architektonischer **Eklektizismus** vor, der von allen erdenklichen Baustilen Anleihen bezog und sogar einfache Nutzbauten mit Erkern, Balkonen, Türmchen, Ziergiebeln oder Freitreppen schmückte. Zum anderen vollzog man die Entwicklung fort vom geschlossenen **Badehaus** zum sich dem Meer hin öffnenden Gebäude und lehnte sich dabei an böhmisch-österreichische und italienische Architektur mit luftigen Loggien, balustradenbewehrten Veranden, verzierten Balkonen und filigran gestalteten Giebelfeldern an. Daraus entstand eine ganz eigene Stilmischung, die um die Wende vom 19. zum 20. Jh. ihre Blütezeit erreichte. In den traditionellen Badeorten Rügens sind eine Reihe von Villen in diesem **Bäderstil** erhalten, die sich nach aufwendiger Renovierung heute wieder in strahlendem Weiß präsentieren. In **Binz** sieht man sie beispielsweise in der Hauptstraße, der Putbuser Straße, der Margaretenstraße und an der Strandpromenade. In **Sellin** stehen sie hauptsächlich entlang der Wilhelmstraße, in **Göhren** an der Strandstraße, in **Sassnitz** an der Bergstraße. Alle Villen strahlen einen harmonisch-heiteren Gesamteindruck aus, wobei jede einzelne ihre eigene unverwechselbare Prägung hat.

Keine Chance der Langeweile – vor der imposanten Kulisse des stilvollen Binzer Kurhauses wird eine fröhliche Beachparty gefeiert

Narrenkeramik, Margaretenstr. 22, Binz, Tel. 03 83 93/337 26, www.narrenkeramik.de. Künstlerisch gestaltete Keramik und Geschirreditionen (Mo–Fr 14.30–18, im Sommer auch Sa 11–13 und 14–17 Uhr).

Hotels

Binz-Therme, Strandpromenade 76, Binz, Tel. 03 83 93/60, www.binz-therme.de. Hotelanlage am Ende der Strandpromenade, in Waldnähe. In der Thermal- und Kurabteilung kann man sich mit Massagen und Heilkreidepackungen verwöhnen lassen.

Loev, Hauptstr. 20–22, Binz, Tel. 03 83 93/390, www.loev.de. Zwei im Bäderarchitektur-Stil errichtete Häuser an der Einkaufsmeile in Strandnähe, ruhige Zimmer, Spielbank im Erd- und Untergeschoss.

Strandhotel Binz, Strandpromenade 33, Binz, Tel. 03 83 93/38 10, www.strandhotelbinz.de. Die edle Bäderstilvilla mit charakteristischem Zwiebelturm ist nur einen Steinwurf vom Strand entfernt. Gediegene Zimmer, Hallenbad und ein großzügiger Wellnessbereich sorgen für einen angenehmen Aufenthalt.

TOP TIPP **Villa Salve**, Strandpromenade 41, Binz, Tel. 03 83 93/22 23, www.ruegen-schewe.de. Die klassizistische Villa an der Promenade besticht durch stilvoll eingerichtete Zimmer und Suiten. Das Restaurant greift den Stil einer französischen Brasserie auf.

Villa Sylvia, Hauptstr. 11 a, Binz, Tel. 03 83 93/28 96, www.villa-sylvia.de. Freundliche Ferienwohnungen mit separatem Eingang, 150 m vom Strand entfernt.

Restaurants

Binzer Bierstuben, Bahnhofstr. 2, Binz, Tel. 03 83 93/26 78, www.hotel-granitz.de. Das gemütliche Traditionslokal im Hotel Granitz bietet hervorragende gut bürgerliche Küche und freundlichen Service, Reservierung ist empfehlenswert.

TOP TIPP **Fischmarkt**, Strandpromenade 33, Binz, Tel. 03 83 93/38 10. Das Restaurant im Strandhotel Binz (s. o.) bietet fangfrischen Fisch und inseltypische Gerichte. Einladend sind bei schönem Wetter die Außensitzplätze auf der Strandpromenade.

Glasner's, Hauptstr. 16, Binz, Tel. 03 83 93/ 529 50, www.glasner.de. Im Restaurant des Hotels Villa Neander kann man sich regionale Küche mit Spezialitäten wie Wittower Fischerschmaus und Mecklenburger Rippenbraten schmecken lassen.

Strandhalle, Strandpromenade 5, Binz, Tel. 03 83 93/315 64, www.strandhalle-binz.de. Originelles Lokal mit kreativer Küche (Reservierung empfohlen).

10 Prora

Gespenstische Bauruinen am schönsten Strand Rügens – ein gigantisches Mammutprojekt ohne Zukunft.

Die Straße von Binz nach Sassnitz verlässt den Ort an einer Plattenbau-Siedlung und dem DB-Bahnhof und taucht in den Strandwald zwischen dem Kleinen Jasmunder Bodden und der Prorer Wiek ein. 10 km lang erstreckt sich der herrliche TOP TIPP breite *Sandstrand* der **Schmalen Heide** an der Prorer Wiek. Der Kiefernwald schirmt den Strand von der Straße ab, sodass man sich hier ganz ungestört in der Sonne räkeln kann.

Nach ca. 3 km ab Binz führt die Straße (ausgeschildert) über Bahngleise in das unübersichtliche Gelände hinter dem TOP TIPP Strand. Hier steht der **Koloss von Prora**, eine der beeindruckendsten Sehenswürdigkeiten Rügens und das größte Bauwerk Deutschlands. Acht sechsgeschossige Betonblocks von je 550 m Länge reihen sich hinter einer Schutzdüne am Strand aneinander, das sind 4,5 km einheitliche graue Bauten mit unzähligen Fenstern: Feriensilos, in denen 20 000 Menschen gleichzeitig Urlaub machen sollten.

1935 beauftragte der Reichsorganisationsleiter des Programms ›Kraft durch Freude‹, Robert Ley, den Kölner Architekten Clemens Klotz (1886–1969), eine Anlage zu entwerfen, die den Anforderungen des faschistischen Freizeitprogramms entsprach. Neben 10 000 kleinen Zimmern (je 12 m^2) mit je zwei Betten und einem Fenster zur See sollte der Komplex Gemeinschaftsräume und Serviceanbauten erhalten sowie einen zentralen Bereich mit Aufmarschplatz, Veranstaltungshalle und Kaianlage. Klotz' Plan erhielt 1937 einen Preis auf der Weltausstellung in Paris.

Die Bautätigkeit begann 1936 auf einem Gelände von 3,2 km^2 mit 5000 Arbeitern und sollte 1941 abgeschlossen sein. Aber zu Beginn des Zweiten Weltkriegs wurden die Bautrupps zu anderen Aufgaben abgezogen und die Anlage blieb unvollendet. Nach dem Krieg versuchte die

Nationalsozialistische Utopie der Massenerholung – mehrere Kilometer ziehen sich die monotonen Gebäude der KdF-Anlage an der Bucht von Prora entlang

Nichts für Individualisten – die spartanisch eingerichteten Zweibettzimmer im Koloss von Prora wirken auf heutige Besucher wenig einladend

Kraft durch Freude oder Urlaub nach der Trillerpfeife

1933 wurden die Mitglieder der deutschen Gewerkschaften zwangsweise in die Deutsche Arbeiterfront überführt. Diese gründete die Organisation **Kraft durch Freude**, kurz KdF, für Freizeitgestaltung, Urlaub und Volksbildung. Man hatte errechnet, dass die Menschen von 8760 Stunden im Jahr 3285 Stunden arbeiteten, 2920 schliefen und dann immer noch 2555 für die Freizeit übrig hatten. Letztere sollten sinnvoll und fruchtbringend hinsichtlich der Arbeitsleistung verwendet werden. Mit der Kräftigung der Arbeiter wollte man zugleich die im Zuge der Aufrüstung notwendigen **Produktionssteigerungen** durchsetzen. Es war geplant, fünf Seebäder im Stil von **Prora** zu bauen, aber von diesen megalomanen Plänen wurde kaum etwas verwirklicht.

In den 10 000 geplanten Zimmern von **Prora** sollten 20 000 Arbeiter Urlaub machen. Bei einer Aufenthaltsdauer von zehn Tagen wäre es also möglich gewesen, zwischen Mai und September hier 300 000 Gäste zu beherbergen. Die Zimmer boten wenig Platz zum Wohnen und waren nicht individuell gestaltet. Entsprechend uniform sollte auch der kollektiv geregelte Tagesablauf der Urlauber aussehen. Gedacht war an gemeinsame Körperertüchtigung und blockweise eingenommene Mahlzeiten in großen Speisesälen.

Die vielfältigen tatsächlich realisierten KdF-Aktivitäten beinhalteten ein umfangreiches kulturelles und touristisches **Freizeitprogramm**, das mit Breitenwirkung zur Anwendung kam. Bis 1938 besuchten über 38 Mio. Menschen Theateraufführungen, Konzerte, Kunstausstellungen usw. Besonderen Wert legte die NS-Propaganda jedoch auf die **Tourismussparte**: KdF verkaufte bis 1939 rund 43 Mio. Reisen, überwiegend Tagesausflüge. Um die Mobilität der Ferienreisenden zu erhöhen, wurde als Teil dieses Programmes auch der **Volkswagen** entwickelt, der jedoch erst nach dem Zweiten Weltkrieg in Serie ging. Trotz des Käfers war es aber noch ein weiter Weg vom Urlaubsprogramm à la KdF bis zum Massentourismus heutiger Tage.

Rote Armee, die bestehenden Bauten in die Luft zu sprengen, aber sie scheiterte am soliden Stahlbeton. Daraufhin wurden die Gebäude innen fertig ausgebaut und als *Kasernen* der Nationalen Volksarmee der DDR verwendet. Das gesamte Areal wurde zum Sperrbezirk erklärt. 1990 wurde die Megaanlage für zwei Jahre von der Bundeswehr übernommen. Der jetzige Besitzer des 1994 unter Denkmalschutz gestellten Komplexes, die Bundesanstalt für Immobilienaufgaben, das ehem. Bundesvermögensamt, konnte bislang kein Gesamtkonzept für die Nutzung entwickeln, sodass große Teile des Ensembles leer stehen. Es gibt Planungen für Miet-, Eigentums- und Ferienwohnungen sowie eine Bildungsstätte.

In den Gebäudeblocks südlich des zentralen Bereiches hat sich die **Kultur-Kunststatt Prora** (Tel. 03 83 93/326 96, www.kulturkunststatt.de, Juni–Sept. tgl. 9–19, Okt.–Mai tgl. 10–16 Uhr oder auf Anfrage) etabliert. Zu ihr gehören mehrere Museumseinheiten auf 5000 m² in Block 3. So dokumentiert das **NVA-Museum** auf vier Etagen den Alltag der Nationalen Volksarmee. Im Erdgeschoss erläutert das **KdF-Museum** die Planung, den Bau und ein ca. 18 m langes Modell der Anlage. Daneben stellt das **Rügen-Museum** die Geschichte der Insel Rügen von den Anfängen bis zur Gegenwart dar. Eine Galerie und ein Wiener Kaffeehaus laden ebenfalls zu einem Besuch ein.

Besonders sehenswert ist die Ausstellung ›MachtUrlaub‹ im zentral, neben dem alten Theaterbau gelegenen **Dokumentationszentrum Prora** (Objektstraße, Block 3/Querriegel, Tel. 03 83 93/139 91, www.proradok.de, März–Mai, Sept./Okt. tgl. 10–18, Juni–Aug. tgl. 9.30–19, Nov.–Febr. tgl. 11–16 Uhr, Führungen tgl. 11.45 und 14.30 Uhr). Die Dauerausstellung vermittelt wissenschaftlich fundierte Informationen zum ›Kraft durch Freude‹-Programm der Nationalsozialisten. Wechselnde Ausstellungen zum Thema KdF und Nationalsozialismus ergänzen das Angebot.

Neben dem Dokumentationszentrum hat Rügens größte Disco ihren Platz gefunden, das **M3** (Objektstr. 51, Tel. 03 83 93/326 45, www.m3-disco.de). Bis zu 4500 Besucher können sich hier austoben und amüsieren.

Nicht weit südlich des großen Parkplatzes bietet der **Seilgarten Prora** (Objektstraße, Block 3, Tel. 038 31/356 94 73, www.seilgarten-prora.de, April/Mai, Okt. Di–So 10–17, Juni, Sept. Di–So 10–18, Juli, Aug. tgl. 10–19 Uhr) 13 abwechslungsreiche Parcours für Kletterfeunde.

Auf der nördlichen Seite des von Bauruinen gesäumten zentralen Platzes der Anlage stellt in zwei Hallen das **Eisenbahn- und Technik Museum** (Am Bahnhof 4, Tel. 03 83 93/23 66, www.etm-ruegen.de, April–Okt. tgl. 10–17 Uhr) ihre beeindruckende Sammlung von Lokomotiven, Werkbahnen, Feuerwehrautos, Pkws und Flugzeugen aus DDR-Beständen aus.

i Praktische Hinweise

Unterkunft

Jugendzeltplatz Prora, Mukraner Str. 12, Prora, Tel. 03 83 93/13 38 80, www.jzp-prora.jugendherberge.de. Der Campingplatz (Mitte April–Okt.) für Jugendgruppen und Einzelreisende bietet 250 Stellplätze.

Jugendherberge Prora, Mukraner Str./Gebäude 15, Prora, Tel. 03 83 93/668 80, www.prora.jugendherbergen-mv.de. 2011 eröffnete längste Jugendherberge der Welt direkt am Strand mit 402 Betten vorwiegend in 4-Bett-Zimmern.

11 Zirkow

Historischer Museumshof und eine 180 Jahre alte Rotbuchenallee.

Südlich der Durchgangsstraße B 196 von Bergen nach Binz liegt der Ortskern von Zirkow. Markiert wird er von einer gotischen Backsteinkirche aus dem 15. Jh. und einem idyllischen **Museumshof** (Binzer Straße 43 a, Tel. 03 83 93/328 24, Mo–Fr 9–17, April–Okt. auch Sa/So 10–17 Uhr), der in einem 270 Jahre alten rohrgedeckten Pachthof die bäuerliche Lebens- und Wirtschaftsweise der Region durch eine Sammlung historischer Haushalts- und Agrargerätschaften anschaulich vermittelt.

Nördlich der B 196 führt eine für den Autoverkehr gesperrte uralte Kopfsteinpflaster-Straße schnurgerade von Zirkow nach **Kiekut**. Zu Fuß ist es ein hübscher Weg, denn man spaziert durch den grünen Blättertunnel der **Mustitzer Rotbuchenallee**, eine der ältesten und schönsten Alleen auf Rügen. Über 100 prachtvolle Rotbuchen ließ Fürst Wilhelm Malte I. von Putbus 1820 auf einer Strecke von ca. 2,5 km anpflanzen. Seit 1937 ist die Allee ein Naturdenkmal. Westlich von Kiekut setzt sie sich entlang der B 196a bis Karow fort. Von Kiekut über Lubkow und dann durch den Wald bis zum Schmachter See, über Hagen und Darz zurück nach Zirkow ergibt sich ein angenehmer, wenig frequentierter *Rundweg*.

i Praktische Hinweise

Sport

Pferdehof Viervitz, Viervitz 3 a, Zirkow, Tel. 03 83 93/145 50, www.hof-viervitz.de. Reitunterricht durch die Reitschule ›Einhorn‹, auch an der Longe; Ponyreiten und Westernreiten mit original Appaloosapferden. Geführte Ausritte.

Unterkunft

Alte Schule, Putbuser Str. 15 a, Zirkow, Tel. 03 83 93/324 70, www.alte-schule-zirkow.de. Freundliche Pension mit gemütlichen und zweckmäßig eingerichteten Ferienwohnungen.

12 Jagdschloss Granitz

TOP TIPP *Von überall im Südosten Rügens zu sehen: das stolze Schloss im fürstlichen Jagdwald.*

Der Besucher erreicht das auf einer Lichtung in der waldreichen **Granitz** gelegene Jagdschloss Granitz zu Fuß, per Fahrrad oder mit dem ›Jagdschlossexpress‹. Dieses offene Touristenbähnchen startet von der Seebrücke Binz von Mai–Sept. zwischen 9.30 und 16.15 Uhr (sonst 9.30–14.45 Uhr) alle 45 Minuten und bringt einen in 40 Minuten zum Jagdschloss. Schneller ist man allerdings zu Fuß (3 km). Die Haltepunkte des ›Rasenden Rolands‹ (*Jagdschloss* und *Garftitz*) sind jeweils etwa 500 m vom Schloss entfernt in südwestlicher bzw. in südöstlicher Richtung. Für Autofahrer gibt es einen *Großparkplatz* zwischen Serams und Binz; von dort dauert der Fußweg keine halbe Stunde, aber es gibt sogar ein Pendelbähnchen.

Das große Waldgebiet zwischen Binz und Sellin gehörte seit dem 14. Jh. den Herren von Putbus, die es als Jagdrevier nutzten. 1723 hatte sich Graf Moritz Ulrich I. am Fuße des Tempelbergs (107 m) ein Jagdhaus erbaut. 100 Jahre später zeichnete der Architekt Johann Gottfried Steinmeyer (1780–1851), ein Studienkollege von Karl Friedrich Schinkel, im Auftrag von Fürst Wilhelm Malte I. Pläne für einen Palast, der anstelle eines 1810 abgerissenen alten Belvederes oben auf dem Tempelberg entstehen sollte. 1836 begann man mit der Errichtung des um einen zentralen Lichthof angelegten **Jagdschlosses Granitz** (Tel. 03 83 93/22 63, www.mv-schloesser.de, Mai–Sept. tgl. 9–18, April, Okt. tgl. 10–16, Nov.–März Di–So 10–16 Uhr) mit vier Ecktürmen im Stil einer goti-

Burgartig und doch freundlich wirkt die Anlage des Jagdschlosses Granitz aus dem 19. Jh. mit dem von Friedrich Schinkel entworfenen zentralen Aussichtsturm

Auch in seinem Jagdschloss legte Fürst Wilhelm Malte Wert auf eine stilvolle und kostbare Gestaltung der Räume, wie der Speisesaal eindrucksvoll bezeugt

schen Burg. Während des Baus änderte der Fürst seine Pläne und entschied sich anstelle des offenen Innenhofs für einen zentralen Turm. Die Vorschläge Steinmeyers dazu hielt er für »unnütz« und wandte sich deshalb direkt an Schinkel. Dieser entwarf den 38 m hohen Mittelturm, zu dessen **Aussichtsplattform** eine filigran gearbeitete Wendeltreppe (1844) mit 154 gusseisernen Stufen hinaufführt. Die Rundumsicht vom Turm ist grandios.

1846 war das Schloss fertiggestellt, die Arbeiten an der Dekoration der prächtigen Säle zog sich jedoch noch einige Jahre hin. Der kunstvollste Raum ist der Festsaal mit Stuckdecke, Parkett, Eichentäfelung und Marmorverkleidungen sowie einem großen, 1847 in Rom erbauten Marmorkamin, auf dessen Aufsatz eine Wildschweinjagd dargestellt ist. Auch Rittersaal, Empfangs- und Damensalon sowie das Speisezimmer weisen noch die originalen Marmor- bzw. Parkettböden, Decken- und Wandverkleidungen auf, wohingegen die ursprüngliche Möblierung verloren ging und durch andere Stücke ersetzt wurde. Eine Dauerausstellung widmet sich mit Modellen, Entwürfen und medialen Präsentationen der Architekturgeschichte des Schlosses.

Der **Granitzer Wald** mit seinem uralten Buchen-, Fichten- und Traubeneichenbestand bedeckt ein Gebiet von etwa 40 km^2 in Südost-Rügen. Im Frühjahr steht er voller Waldanemonen, im Sommer blühen Orchideen wie der Frauenschuh und das Knabenkraut und im Herbst wächst eine große Vielfalt an Pilzen.

Von Binz gibt es zwei ausgeschilderte *Wanderwege* durch die Granitz nach Sellin (ca. 6 km). Der erste folgt überwiegend der Steilküste, der zweite quert den Wald in der Mitte und verläuft dann parallel zur Strecke des ›Rasenden Rolands‹.

i Praktische Hinweise

Restaurant

Alte Brennerei, Kellerlokal des Schlosses Granitz, Tel. 03 83 93/328 72, www.alte-brennerei.com. Hier kann man sich in rustikalem Ambiente nach einer Schlossbesichtigung stärken. Nach Vorbestellung abends zünftige Schlemmerspektakel im Stil der alten Raubritter.

13 Lancken-Granitz und Having

Romantische Dörfer, die mit der Boddenlandschaft verschmelzen.

Der beschauliche Ort Lancken-Granitz (370 Einw.) an der Straße Putbus–Sellin geht auf eine slawische Gründung zurück. In der über einem Sockel aus Findlingen errichteten backsteinernen **Dorfkirche** (15. Jh.) sind Wandmalereien, Chorgestühl und ein hölzernes Kruzifix aus dem frühen 16. Jh. sehenswert.

Hauptanziehungspunkte sind jedoch die etwa 4500 Jahre alten steinzeitlichen **Hünen-** und **Hügelgräber** in der Umgebung. Von der kleinen Straße, die Lancken-Granitz südwestlich Richtung Groß Stresow verlässt, sieht man in den Feldern baumbestandene ›Inseln‹ mit Hügel- und Hünengräbern liegen, die der ausgewiesene *Fünffingerweg* miteinander verbindet. Die eindrucksvollsten dieser aus riesigen Steinblöcken errichteten Großsteingräber sind die sog. **Ziegensteine**, etwa 500 m weiter südlich in der Umgebung von Dummertevitz.

Zu Lancken-Granitz gehört eine Reihe von Dörfern, die idyllisch an der Bucht Having, am Neuensiener und am Selliner See liegen und sich am besten zu Fuß auf einem **Rundweg an der Having** erschließen. Die beiden Seen sind nur noch mittels schmaler Rin-

TOP TIPP

Gruppen von riesigen Steinblöcken markieren noch heute in der Umgebung von Lancken-Granitz die Überreste steinzeitlicher Großsteingräber

nen, der *Lanckener* und der *Baaber Beek*, mit der Having und damit dem offenen Meer verbunden, gehörten aber noch im Mittelalter zu der großen Bucht. Von Preetz, südlich von Lancken-Granitz, führt ein Sträßchen nach **Seedorf**, wobei man die Lanckener Beek auf einer nur für Fußgänger und Fahrräder zugelassenen kleinen Brücke quert. Seedorf besteht aus einer Häuserreihe entlang der Beek bis zum Ufer des Sees und dem Weiler Neuensien. Am Südende des Ortes folgt der Wanderweg der Steilküste über die Dünen bis **Moritzdorf**, das bereits an der Baaber Beek liegt, der Rinne zum Selliner See. Auch Moritzdorf hat nur eine doppelte Reihe von hübschen Häuschen. Es liegt am Fuß der bewaldeten Anhöhe, auf der sich die Ausflugsgaststätte *Moritzburg* befindet. Ans jenseitige Ufer der Beek, *Baaber Bollwerk* genannt, gelangt man nur mit einer ›muskelbetriebenen‹

Hier scheint die Welt noch in Ordnung – zwischen Having und Selliner See fügen sich die Häuschen von Moritzdorf harmonisch in die anmutige Landschaft ein

Ruderbootfähre, der letzten Rügens. Auf einsamen Wegen geht es dann in die Baaber Heide und nach Alt Reddevitz. Der Rundweg folgt jedoch von Moritzdorf dem Uferweg des Selliner Sees nach **Altensien**. Kurz vor Erreichen der ersten Häusern von **Neuensien** geht es rechts am Feldrand entlang bis zu einer Baumgruppe mit Hochsitz, wo der Weg über den Damm am Nordufer des Neuensiener Sees westwärts führt. Später verläuft er am Westufer des Neuensiener Sees südwärts Richtung Preetz und schließlich zurück nach Lancken-Granitz.

i Praktische Hinweise

Information

Tourist-Information, Dorfstr. 8a, 18586 Lancken-Granitz, Tel. 03 83 03/956 78

Amt für das Biosphärenreservat Südost-Rügen, Blieschow 7 a, Lancken-Granitz (am Eingang zur Granitz, Kleinbahnhaltepunkt Garftitz), Tel. 03 83 03/88 50, www.biosphaerenreservat-suedostruegen.de

Einkaufen

De Seedörper, Am Seglerhafen Seedorf, Tel. 03 83 03/879 74. Frisch aus der Fischräucherei schmeckt die Inselspezialität Räucherfisch am besten; mit Versand.

Fischräucherei Having, Neuensien 10, Seedorf, Tel. 03 83 03/872 25. Auch als Souvenir ist Räucherfisch beliebt.

Hotels

TOP TIPP **Hotel Moritzdorf**, Moritzdorf 15, Moritzdorf, Tel. 03 83 03/186, www.hotel-moritzdorf.de. Gemütliches Hotel mit zwei rohrgedeckten Häusern in ruhiger Lage am Ende der Fahrstraße mit Blick auf die Having. Das Terrassenrestaurant bietet liebevoll zubereitete Speisen und hausgemachte Kuchen.

Seeblick, Neuensien 9 a, Seedorf, Tel. 03 83 03/865 97, www.ferienpension-seeblick.de. Hübsche Pension mit behaglichen Zimmern, und Ferienwohnungen am Neuensiener See. Mit Liegewiese, Fahrradverleih und Ruderboote, Restaurant (Nov.–Mitte März geschl.).

Restaurants

Binnen & Buten, Seedorf 8, Seedorf, Tel. 03 83 03/874 36. Uriges Fischlokal nahe des Seedorfer Hafens (Nov.–März geschl.).

Moritzburg, Moritzdorf 14, Moritzdorf Tel. 03 83 03/958 84, www.moritzburg-ruegen.de. Von der Terrasse des Ausflugslokals hoch über Moritzdorf, blickt man bei Fisch, Rüganer Spezialitäten und Kuchen über Having und Mönchgut (Nov.–März geschl.).

Biosphärenreservat Südost-Rügen

Der in Bergen geborene Heimatforscher und Reiseschriftsteller Johann Jacob Grümbke (1771–1849) nannte den Südosten der Insel – eine reizvolle, vielfältige Landschaft mit Wäldern, Seen, Mooren, Steilküsten und Sandstränden – in seinen ›Streifzügen durch das Rügenland‹ von 1805 das »wahre Paradies von Rügen«. Damit es auch ein solches Paradies bleibe, wurde das Gebiet zwischen Putbus, Binz und Thiessow am 1. Okt. 1990 zum Biosphärenreservat Südost-Rügen erklärt. Es schließt, ab Altkamp und Kasnevitz im Westen, die Gemeinden am Rügischen Bodden, die Granitz, die Seebäder Sellin, Baabe, Göhren sowie das gesamte Mönchgut und die Having ein. Insgesamt umfasst es 23 500 ha, davon 12 600 ha Wasserfläche. Ein Biosphärenreservat enthält nach Maßgaben der UNESCO drei Zonen: **Schutzzone I** ist das Kerngebiet, in dem sich die Natur – ungestört von menschlichem Eingriff – entwickeln soll. Dazu gehören in Südost-Rügen nur die Insel Vilm, die Nordküste der Granitz sowie der äußerste Teil des Zickerschen Höfts auf dem Mönchgut. Die **Schutzzone II** ist die Pflegezone, die zudem als Naturschutzgebiet ausgewiesen ist und den Wreechensee, die Goor bei Lauterbach, die Granitz, den Neuensiener und den Selliner See, die Having mit den Küsten von Neu- und Alt Reddevitz, das Nordperd sowie den gesamten Süden des Mönchguts umfasst. Die übrigen Gebiete mit den Verkehrs- und Siedlungsflächen gehören zur **Schutzzone III**, die als Landschaftsschutzgebiet und Entwicklungsbereich ausgewiesen ist. Hier wird das harmonische Miteinander von Mensch und Natur, Ökologie und Ökonomie angestrebt. **Infos** beim *Amt für das Biosphärenreservat Südost-Rügen* (s. o.).

Heute steht in Sellin die längste und wohl auch die schönste Seebrücke Rügens, an die inzwischen eine Tauchgondel angedockt hat

14 Ostseebad Sellin

Traditionsreicher Urlaubsort mit viel Flair und eleganter Seebrücke.

Umrahmt vom Wald der Granitz liegt der Badeort Sellin (2400 Einw.) an der offenen Ostseeküste. Von der Durchgangsstraße aus zieht sich die Ortschaft bergauf bis auf die Klippen des **Steilufers**, die fast senkrecht über dem breiten Strand aufragen. Ein Aufzug und eine lange Treppe führen von oben steil hinab zum Meer, zum Strand und zur **Seebrücke**. Die erste, fast 500 m lange Seebrücke entstand 1906, wurde jedoch mehrmals von Sturmfluten und Packeis zerstört und erneuert. 1978 riss man die nach der letzten schweren Beschädigung verbliebenen Reste der Anlage ab. Der Grundstein für einen Neubau nach altem Vorbild wurde erst im Jahr 1992 gelegt. 1998 wurde er mitsamt dem Seebrückenhaus, in dem ein Café und ein Restaurant eingerichtet sind, fertiggestellt. Mit 394 m Länge ist sie Rügens längste Seebrücke.

TOP TIPP

Eine über die Seebrücke zugängliche Attraktion ist die **Tauchgondel** (Tel. 03 83 03/927 77, www.sellin.tauchgondel.de, April/Mai, Sept./Okt. tgl. 10–18, Juni–Aug. tgl. 10–21, Nov.–März Mi–So 11–16 Uhr). In dieser größten Tauchgondel Europas lässt sich in 4 m Tiefe die Unterwasserwelt der Ostsee trockenen Fußes er-

Die nostalgischen Bäderstilvillen der Selliner Wilhelmstraße verströmen noch das elegante Flair des Badelebens an der Wende vom 19. zum 20. Jh.

kunden. Kenntnisreiche Erläuterungen und 3-D-Filme über Korallenriffe runden den Tauchgang ab.

TOP TIPP In der traditionsreichen, denkmalgeschützten **Wilhelmstraße** von Sellin reihen sich die stolzen weißen Villen im pittoresken Stil der Bäderarchitektur aneinander. Hier liegen die meisten Hotels, Pensionen, Geschäfte und Lokale, hier befindet sich auch das Ladenlokal des Goldschmiedemeisters, der ein kleines **Bernsteinmuseum** (Granitzer Str. 43/Ecke Wilhelmstr., Tel. 03 83 03/872 79, www.bernsteinmuseum-sellin.de, Mo–Fr 10–12 und 14–17, Sa 10–12 Uhr) eingerichtet hat. Der größte Bernstein seiner Sammlung wiegt immerhin 1,7 kg.

Im alten Feuerwehrgebäude präsentiert die **Galerie Hartwich** (Schulstr. 5, Tel. 03 83 03/867 25, www.galerie-hartwich.de, Do–Sa 15–19 Uhr) zeitgenössische Künstler aus Nordeuropa.

Der **Selliner Strand** endet am Quitzlaser Ort genannten Felsvorsprung. Südlich des Kliffs beginnt dann der **Südstrand**, der sich bis zu den Ostseebädern Baabe und Göhren hinzieht. Im Südosten grenzt Sellin an den Selliner See und dort gibt es auch einen kleinen Hafen, das **Bollwerk Sellin**. In der Nachbarschaft befindet sich ein großer Ferienpark, der Seepark Sellin, und das Erlebnisbad **Inselparadies** (Badstr. 1, Tel. 383 03/12 30, www.inselparadies.de, Mai–Okt. tgl. 9–22, Nov.–April tgl. 10–22 Uhr) mit Saunalandschaft und einer über 100 m langen Wasserrutsche. Von dort weisen Schilder zum legendären **Cliff-Hotel**, (s. u.) heute eines der teuersten Luxushotels auf Rügen. Die Einheimischen wissen davon zu berichten, wie es hier zu DDR-Zeiten war: dass sie als normal Sterbliche nie auch nur in die Nähe durften, dass da wohl an nichts gespart wurde und wie im Sommer die großen Autos die Straße hinter der Siedlung am Wald hinaufrauschten und niemand wusste, wer darin saß. Als früheres *Luxushotel des Staatsrats* sind die Betonbauten auf dem Hochufer über der Ostsee im Süden Sellins durchaus einen Besuch wert. Die gediegene Hotelhalle, der Aufzug in den Grünanlagen hinunter zum Strand und das Hallenbad atmen Klasse. Auch heute noch.

Praktische Hinweise

Information

Kurverwaltung, Warmbadstr. 4, 18586 Sellin, Tel. 03 83 03/160, www.ostseebad-sellin.de

Einkaufen

Zum Katen, Granitzer Str. 11 a, Sellin, Tel. 03 83 03/866 89. Keramik aus eigener Werkstatt, Bernsteinschmuck und Handwebwaren der Insel.

Hotels

Cliff-Hotel, Cliff am Meer 1, Sellin, Tel. 03 83 03/80, www.cliff-hotel.de. Fünf-Sterne-Luxushotel, dessen Baukörper Mies van der Rohe zitiert. Mit attraktivem Beauty & Spa-Bereich und dem ausgezeichneten Restaurant ›Seeterrassen‹.

Haus Arkona, Wilhelmstr. 8, Sellin, Tel. 03 83 03/169 77, www.haus-arkona.de. Familienfreundliche Bädervilla mit 23 Apartments samt Balkonen und Veranden.

Hotel Bernstein, Hochuferpromenade 8, Sellin, Tel. 03 83 03/17 17, www.hotel-bernstein.de. Zwei Minuten vom Strand entferntes modernes Hotel mit Blick auf die Prorer Wiek; gepflegte 750 m^2 große Wellnessanlage ›Ambra Spa‹ mit Schwimmbad im Haus.

Sollwedel Villa Wiking Hall, Granitzer Str. 36, Sellin, Tel. 03 83 03/876 12, www.wiking-hall.de. Mehrere Ferienwohnungen bietet die Jugendstilvilla in ruhiger Straße, etwa 400 m vom Strand entfernt.

Villa Subklew, Warmbadstr. 1, Sellin, Tel. 03 83 03/859 87, www.villa-subklew.de. Hotel in Strandnähe mit komfortablen Zimmern und Suiten. Gemütliches Restaurant ›Fischerstube‹ im Haus.

Restaurants

Kleinbahnhof Restaurant und Café, an der B 196, Tel. 03 83 03/879 71. Originelles Lokal mit regionalen und internationalen Spezialitäten im alten Bahnhofsgebäude des ›Rasenden Rolands‹.

Kleine Melodie, Südstrand 3, Sellin, Tel. 03 83 03/856 16, www.kleinemelodie.net. Das Restaurant mit Biergarten und Meerblick serviert gutbürgerliche, schmackhafte und Fisch-Gerichte; hauseigene Fischräucherei.

TOP TIPP **Palmengarten**, Seebrücke 1, Sellin, Tel. 03 83 03/92 96 00, www.seebrueckesellin.de. Café und Restaurant *Palmengarten* auf zwei Ebenen im Seebrückenhaus mit Terrasse. Zur delikaten Küche gehört vor allem frischer Fisch. Die gleiche Speisekarte bietet auch das Restaurant *Kaiserpavillon* im gegenüberliegenden Pavillon der Seebrücke, das den Flair der Goldenen Zwanzigerjahre verströmt. Vom *Balticsaal* im oberen Gebäudeteil genießt man den Blick zum Seebrückenkopf.

Petri, Ostbahnstr. 5, Sellin, Tel. 03 83 03/89 10, www.pension-petri.de. Das Restaurant mit Bar und Terrasse in einer Bäderstilvilla-Pension verfügt über eine abwechslungsreiche Fischkarte (Reservierung in der Hochsaison empfohlen).

Zum Skipper, Wilhelmstr. 31, Sellin, Tel. 03 83 03/907 40. Hübsch mit maritimen Accessoires dekoriertes Restaurant und Bistro.

15 Ostseebad Baabe

Das kleinste der Ostseebäder lockt mit dem breitesten Strand.

Bis 1899 die Bahntrasse des ›Rasenden Rolands‹ in der Nähe vorbeigeführt wurde, war Baabe ein Fischerdorf. Im Zuge

des Bädertourismus entstanden dann aber Hotels und Pensionen und so ist die Bahnlinie inzwischen in den Ort ›eingewachsen‹. Das kleine Baabe (890 Einw.) blieb jedoch stets im Schatten der Seebäder Binz, Göhren und Sellin.

Auf beiden Seiten in Wald eingebettet, ist es ein stiller weitläufiger Ort, dessen Reiz in der schönen Lage zwischen Selliner See, Baaber Heide und Strand besteht. Er hat eine *Strandpromenade* und einen besonders großen schönen **Strand**, der recht flach ins Meer abfällt und daher für Familien mit Kleinkindern besonders attraktiv ist. An der breiten Strandstraße, die senkrecht auf das Ufer zuläuft, stehen einige wenige alte und eine ganze Reihe neuer Häuser, ein paar Geschäfte und – in einer Parkanlage – die weiße, in den 1930er-Jahren erbaute Kirche. Am südwestlichen Ortsrand liegt das **Bollwerk** an der Baaber Beek, wo sich auch eine Anlegestelle für Ausflugsboote und den Ruderbootverkehr nach Moritzdorf befinden.

An der Bollwerkstraße bilden einige Kutter ein kleines **Küstenfischermuseum** (Bollwerkstr./Dorfstr., Tel. 03 83 08/14 20, www.moenchguter-museen-ruegen.de, tgl. 9–20 Uhr). Die Exponate und Tafeln des Freilichtmuseums informieren über die Fischerei und den Bootsbau.

Zwischen den beiden Seebädern Baabe und Göhren erstreckt sich ein Forst, der vom Ostseeufer bis zur Boddenküste reicht, die **Baaber Heide**. Am südwestlichen Rand liegt das sog. **Herzogsgrab**, ein etwa 4500 Jahre altes Hünengrab, dessen Kammer von neun Findlingen umgeben ist. Bei der Entdeckung 1920 fand man neben wertvollen Grabbeigaben auch Reste von 40 Skeletten.

Praktische Hinweise

Information

Kurverwaltung Baabe, Am Kurpark 9, 18586 Baabe, Tel. 03 83 03/14 20, www.baabe.de

Schiff

MS Lamara, Tel. 03 83 03/90 99 51, Mobil 01 60/96 67 78 99, www.ms-lamara.de. Rundfahrt (Dauer 2 Std.) ab Baaber Bollwerk durch das Biosphärenreservat

Schier endlos reihen sich am breiten Baaber Strand die fröhlich gestreiften Strandkörbe aneinander

Südost-Rügen um die Insel Vilm auf einem Schiff der 1950er-Jahre (Mai–Sept. tgl. 11 und 14, Juli/Aug. Di/Do auch 18, Okt. tgl. 14 Uhr).

Hotels

Am Meer, Hotel garni, Strandstr. 40, Baabe, Tel. 03 83 03/13 30, www.am-meer-ruegen.de. Restauriertes Gebäude von 1930 an der Strandpromenade mit komfortablen, freundlichen Zimmern, Bar und Grillplatz.

Strandhotel Baabe, Strandstr. 28, Baabe, Tel. 03 83 03/150, www.strandhotel-ruegen.de. Hotel und Apartmenthäuser an der Flaniermeile von Baabe, 200 m vom Strand entfernt, mit Wellnessangeboten und Fahrradverleih.

Villa Fröhlich, Göhrener Weg 2, Baabe, Tel. 03 83 03/861 91, www.villa-froehlich.de. Gut ausgestattete Bäderstilvilla im Zentrum. Das hauseigene Spezialitätenrestaurant *Gaude Stuv* serviert täglich frischen Fisch und Wild. Fahrräder können gemietet werden.

Villa Granitz, Birkenallee 17, Baabe, Tel. 03 83 03/14 10, www.villa-granitz.de. Luxuriöses Hotel im historischen Bäderstil. Zimmer und Apartments mit Balkonen. Mit hübschem Wintergarten.

Restaurants

Aalkate, Am Aalkaten 14, Baabe, Tel. 03 83 03/854 06, www.aalkate-baabe.de. Der Familienbetrieb bietet frischen Räucherfisch, ab 17 Uhr warme Speisen.

Gaststätte zum Fischer, Bollwerkstr. 6, Baabe, Tel. 03 83 03/864 28. Da kehrt man gerne ein: Das recht einfache kleine, von einem Fischer geführte Lokal mit schöner Terrasse serviert schmackhafte Fischgerichte.

16 Ostseebad Göhren

Fröhlicher Badeort mit zwei Stränden und sehenswerten Museen.

In Göhren (1300 Einw.), dem größten Ort der Halbinsel **Mönchgut**, beginnt die *Deutsche Alleenstraße*, die quer durch Rügen und dann durch ganz Deutschland bis zum Bodensee verläuft. Das *Nordperd*, eine weit in die Ostsee hinausragende, bewaldete Landnase mit steilen Kliffs, beschert dem Ort einen Nord- und einen Südstrand, die insgesamt ca. 7 km lang sind.

Bis zum Beginn der Ostseebädermode wurde Göhren von Fischern und Lotsen

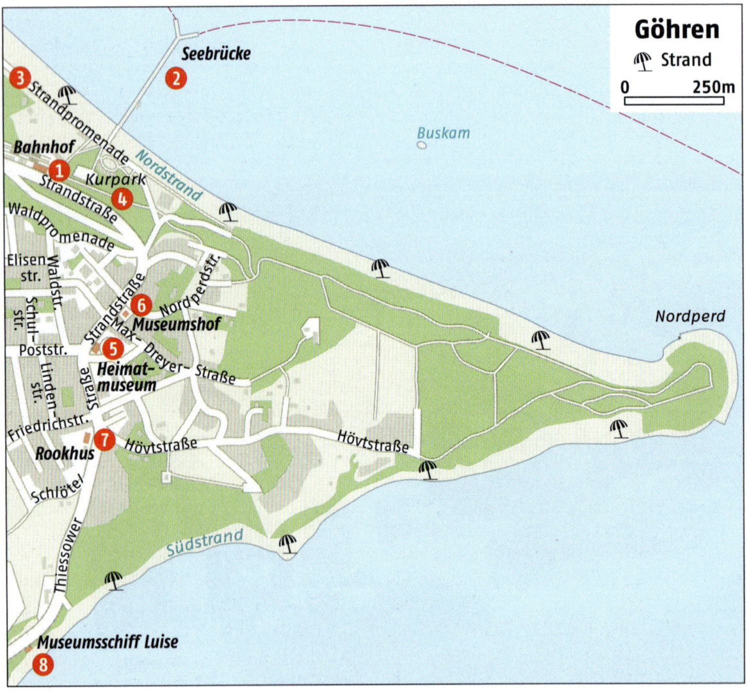

Für das Mönchgut typisch ist diese rohrgedeckte Göhrener Bauernkate, die heute das Heimatmuseum beherbergt, eine Abteilung des Mönchguter Museums

bewohnt. Der Ort nannte sich zwar schon 1878 Ostseebad, doch setzte der Bädertourismusboom erst mit der erweiterten Streckenführung der *Rügenschen Kleinbahn* 1899 ein. Der **Bahnhof** 1 befindet sich hinter dem Kurpark am Waldrand.

Göhrens legendäre, über 1000 m lange Landungsbrücke von 1909 am Südstrand wurde im Winter 1924 durch Eisschollen zerstört. Die neue, nur 280 m lange **Seebrücke** 2 wurde 1992 am gepflegten, beliebten *Nordstrand* angelegt. Hier befinden sich auch die belebte **Strandpromenade** 3 sowie der hübsche **Kurpark** 4 mit seiner Konzertmuschel, die zu musikalischen Darbietungen einlädt. Etwa 300 m vor dem Nordstrand schaut der größte Findling Rügens aus dem Wasser, der **Buskam**, slawisch für *Gottesstein*, der ca. 1800 t wiegt und auf dessen glatter Oberfläche 25 Personen Platz hätten. Ruhiger und weniger besucht als der Küstensaum im Norden ist der Südstrand mit angelegtem Dünenstreifen.

Der Ortskern ist besonders attraktiv. Die Thiessower-, die Post- und die Strandstraße, an denen sich die weißen Villen aus den 1920er-Jahren aneinanderreihen, schlängeln sich über den Hügel, der sanft zum Nordperd ansteigt. An der Strand- und der Thiessower Straße sind in denkmalgeschützten Gebäuden drei

TOP TIPP

Abteilungen des **Mönchguter Museums** untergebracht, das die traditionelle Lebens- und Arbeitsweise der einheimischen Bevölkerung dokumentiert: Das **Heimatmuseum** 5 (Strandstr. 1, Tel. 03 83 08/256 27, www.moenchguter-museen-ruegen.de, Mitte April–Juni und Sept.–Mitte Okt. tgl. 10–17 Uhr, Juli/Aug. tgl. 10–18, Mitte Okt.–Mitte April tgl. 10–16 Uhr) informiert mit zahlreichen Exponaten u. a. über die frühe Besiedlungsgeschichte des Mönchguts sowie die Entwicklung Göhrens zum Seebad und zeigt traditionelle Trachten und Möbel der Mönchguter. Es befindet sich in einem Rohrdachhaus aus der ersten Hälfte des 19. Jh. im Ortskern. Daneben liegt der **Museumshof** 6 (Strandstr. 4, Tel. 03 83 08/21 75, Mitte April–Juni und Sept.–Mitte Okt. tgl. 10–17 Uhr, Juli/Aug. tgl. 10–18, Mitte Okt.–Mitte April Mo–Fr 10–16 Uhr), eine zwischen dem 17. und 19. Jh. entstandene typische Hofanlage. Hier sind allerlei interessante bäuerliche und handwerkliche Gerätschaften ausgestellt. Ein kleines Stück entfernt an der Ecke Thiessower-/Friedrichstraße befindet sich das **Rookhus** 7 (Thiessower Str. 7, Tel.

Nicht nur Familien, auch Teenager schätzen den gepflegten Nordstrand von Göhren

03 83 08/2175, Mitte April–Mitte Okt. tgl. 14–17 Uhr), ein typisches Rügener Hallenhaus ohne Schornstein aus dem frühen 18. Jh. Der Rauch zog vom Herd über sog. Uhlenlöcher unter dem schmalen First ab. Im Rookhuus wird das Leben der Kleinbauern und Fischer erfahrbar, die mit ihren Nutztieren unter einem Dach lebten. Schließlich gehört noch das **Museumsschiff Luise** 8 (Am Südstrand 1 a, Tel. 03 83 08/2175, Mitte April–Juni, Sept.–Mitte Okt. tgl. 10–13, Juli, Aug. tgl. 10–17 Uhr) zum Mönchguter Museumskomplex. Das 1906 in den Niederlanden gebaute typische Küstenfrachtschiff mit Plattboden, das auch in den seichten Boddengewässern fahren konnte, wurde 1977 aus dem Verkehr gezogen und liegt heute am Südstrand auf dem Trockenen. Im Schiffsbauch liefern Sextanten, Seekarten und Werkzeuge der Schiffer eindrucksvolle Einblicke in das Leben an Bord. Auf dem Museumsgelände sind noch weitere Fischkutter und -boote zu besichtigen.

i Praktische Hinweise

Information

Kurverwaltung Göhren, Poststr. 9, 18586 Göhren, Tel. 03 83 08/667 90, www.goehren-ruegen.de

Nachtleben

Globetrotter, Katharinenstr. 5, Göhren, Tel. 03 83 08/254 14, www.globetrotterbar.de. Eine der besten Rügener Cocktailbars.

Camping

Regenbogencamp Göhren, Am Kleinbahnhof, Tel. 03 83 08/901 20, www.regenbogen-camp.de. Anlage mit 442 Stellplätzen hinter den Dünen im Kiefernwald am Nordstrand, umfangreiches Freizeitangebot.

Hotels

Akzent Waldhotel, Waldstr. 7, Göhren, Tel. 03 83 08/505 00, www.waldhotelgoehren.de. Der große Hotelkomplex, ruhig in Wald- und Strandnähe gelegen, besteht aus mehreren Häusern unterschiedlichen Stils und dem Restaurant *Friesenstube*. Hallen- und Dampfbad, Sauna, Fitnessraum und Fahrradverleih.

Haus Borgwardt, Wilhelmstr. 8, Göhren, Tel. 03 83 03/90 99 31, www.moenchguter-zimmervermittlung.de. Sechs Ferienwohnungen in einer hübschen, um 1900 im Bäderstil erbauten Villa, die in zentraler Lage 150 m vom Meer entfernt (Abgang zum Nordstrand) liegt.

Mönchgut, Friedrichstr. 13, Göhren, Tel. 03 83 08/910 34, www.pension-moenchgut.de. Zentrale und ruhig gelegene Pension mit gemütlichen Zimmern und zwei Apartments; angeschlossen ein Gasthaus mit Fischräucherei.

Nordperd, Nordperdstr. 11, Göhren, Tel. 03 83 08/70, www.travelcharme.com/nordperd. Vier-Sterne-Hotel in ruhiger Lage auf dem Hochufer; Zimmer und Suiten im Haupthaus und in drei Villen. Indoorpool, Saunalandschaft, Terrassen.

Villa Speranza, Gartenweg 1, Göhren, Tel. 023 33/741 66, www.villa-speranza.de. Komfortable Apartments im schönen Bäderstil-Haus; in einer ruhigen Seitenstraße oberhalb des Strandes gelegen.

Restaurant

Strandhaus 1, Nordstrand 1, Göhren, Tel. 03 83 08/250 97, www.strandhaus1.de. Beliebte Kneipe mit angeschlossener Pension in ehem. Bootshaus; in der Saison am Wochenende Livemusik.

17 Middelhagen

Zentrum des Mönchguts, umgeben von Rohrdachdörfern, seichten Buchten und dem Meer.

Wenngleich Göhren heute der belebtere und größere Ort ist, gilt Middelhagen mit seinen rund 500 Einwohnern nach wie vor als Hauptort des **Mönchguts**. An der Kreuzung, von der die Straßen zum Südperd und auf die Halbinsel Reddevitz abgehen, liegt das Zentrum mit den wichtigsten Gebäuden: der Kirche, dem Gasthof, der alten Schule und der Töpferei. Das Schulhaus wurde 1825 erbaut und beherbergte rund 150 Jahre die einklassige Dorfschule, bevor es 1986 zum **Schulmuseum** (Dorfstraße, Tel. 03 83 08/21 53, www.moenchguter-museen-ruegen.de, Juni–Aug. tgl. 10–17, Mai, Sept. tgl. 10–16, April, Okt. Di–So 10–15 Uhr) umfunktioniert wurde. In dem rohrgedeckten Fachwerkhaus mit Schulstube, alten Schulbänken, Schrift- und Bildtafeln sowie der Wohnung des Küsters, der gleichzeitig Kantor und Lehrer war, wird mittwochs (Juli/Aug. auch Di) um 10 bzw. 11 Uhr eine historische Schulstunde abgehalten.

Die Geschichte der **Kirche** ist auch die Geschichte des Dorfes und des Mönchguts. 1252 erwarb das Kloster Eldena bei Greifswald das sog. Land *Reddevitz*, das fast 300 Jahre lang ›der monneken gode‹ blieb, um einen Klosterhof zu errichten. Im 14. Jh. entstand dort das neue Dorf Hagen und in dessen mittlerem Ortsteil Middelhagen eine *Kapelle*. Sie bildete

Im Mittelalter waren Zisterziensermönche hier gern zu Gast – beliebt blieb der rustikale Landgasthof zur Linde in Middelhagen bis heute

Sozialeinrichtung früherer Tage – das um 1720 errichtete Pfarrwitwenhaus in Groß Zicker dient nun neben sozialen auch kulturellen Zwecken

später den Chorraum der 1430 erbauten Kirche **St. Katharina**. 1630 verpfändete der Schwedenkönig Gustav II. Adolf das Mönchgut an die Stadt Stralsund, die die Middelhagener Kirche mit einem ihrer ›ausgedienten‹ gotischen Altäre bedachte, dem wunderschönen geschnitzten *Katharinenaltar* von 1480. Um die Figur der hl. Katharina sind vier Apostelfiguren und in vier Szenen das Martyrium der Heiligen dargestellt.

Vom Zentrum Middelhagens aus ist es kaum 1 km bis ans Ufer der weit ins Land hineinreichenden *Hagenschen Wiek*. Dort schließen sich die Ortsteile **Kleinhagen**, **Mariendorf** und **Alt Reddevitz** an, uralte Siedlungen des Mönchguts mit hübschen rohrgedeckten Häusern inmitten liebevoll angelegter, bunter Bauerngärten.

Westlich von Alt Reddevitz führt ein schöner Weg zum **Reddevitzer Höft**, der längsten und schmalsten Halbinsel Rügens. An der Spitze der meerumspülten Landzunge, die sich 4 km in den Greifswalder Bodden hinein erstreckt, bieten sich reizvolle Blicke auf die Having, die Hagensche Wiek und das Mönchgut.

i Praktische Hinweise

Information

Kurverwaltung Middelhagen, Dorfstr. 4, 18586 Middelhagen, Tel. 03 83 08/21 53, www.middelhagen.de

Einkaufen

Mönchgut-Keramik – Töpferei & Galerie Thom Wilcke, Dorfstr. 18 b, Middelhagen, Tel. 03 83 08/252 27 (Nov.–Ostern auf Anfrage). Traditionelle weißblaue Keramik wird hier gefertigt.

Hotels

Schwanensee, An der alten Försterei 8, Middelhagen, Tel. 03 83 08/910 68, www.pension-schwanensee.de. Pension in ruhig gelegenem Rohrdachhaus in der Nähe von Göhren.

Up'n Hoff, Dorfstr. 7, Middelhagen, Tel. 03 83 08/54 80, www.ruegen-rohrhus.de. Familiäre Pension in einem Rohrdachhaus. Gute Hausmannskost, Sauna, Solarium und Fahrradverleih.

Restaurants

Café Moccavino, Alt Reddevitz 18 a, Middelhagen, Tel. 03 83 08/663 36. Das Lokal am Strand mit sehr schöner Terrasse bietet neben deftiger Hausmannskost auch traumhafte Kuchen und Torten.

Kliesows Reuse, Dorfstr. 23 a, Alt Reddevitz, Tel. 03 83 08/21 71, www.kliesows-reuse.de. In der rustikalen alten Scheune eines Bauernhofs eingerichtetes Lokal. Frischen Fisch und traditionelle Gerichte nach Mönchguter Art kann man sich hier hervorragend schmecken lassen.

Zur Linde, Dorfstr. 20, Middelhagen, Tel. 03 83 08/55 40, www.zur-linde-ruegen.de. Köstliche regionale Küche, z. T. nach uralten Rezepten bietet der schon im Mittelalter beliebte Gasthof. Mit Privatbrauerei, -kaffeerösterei und Hotel.

18 Lobbe und Zickersches Höft

Das südliche Mönchgut – eine Oase der Ruhe abseits der großen Badeorte.

Südlich von Middelhagen durchquert die Straße nach Thiessow den sumpfigen, niedrig gelegenen Bereich um die Hagensche Wiek, führt vorbei am *Großen Lobber See* und erreicht bei **Lobbe** das Ostseeufer. In Lobbe befindet sich der traditionelle *Fischerstrand*, an dem die Fischerboote auf den Sand gezogen liegen. Lobbe selbst ist heute eine kleine Ansiedlung von Ferienhäusern und Pensionen mit einigen empfehlenswerten Fischlokalen. Das Kliff am *Lobber Ort* bildet die Grenze zwischen dem Südstrand von Göhren und dem Großen Strand, der von Lobbe bis Thiessow reicht.

TOP TIPP

Etwa 2 km südlich von Lobbe zweigt nach Westen die Straße zum **Zickerschen Höft** ab, die 1,5 km breite und etwa 4 km lange Halbinsel, an deren Nordufer Gager und Südufer Groß Zicker liegen. Die beiden Dörfer trennt der 66 m hohe bewaldete **Bakenberg**. Die westliche Hälfte der Halbinsel gehört zur Kernzone des Biosphärenreservats Südost-Rügen [s. S. 51]. Grasbewachsene Hügel, auch die ›Zickerschen Alpen‹ genannt, und eine Steilküste mit Weißdorn, Ebereschen und Wildbirnen bilden eine harmonische Landschaft. Auf dem Steilküstenweg ist wegen der sandigen Auf- und Abstiege festes Schuhwerk anzuraten. Der breite *Weststrand* ist am besten von Groß Zicker aus zu erreichen: Die Dorfstraße verlängert sich zu einem Wanderweg, der nach etwa 2 km in ein Kerbtal am sog. Nonnenloch bis zum Strand führt.

Wie auch Gager besteht **Groß Zicker** aus zwei Häuserzeilen entlang der Dorfstraßen mit den romantischsten und am liebevollsten gepflegten Häusern ganz Rügens: rohrgedeckt, mit farbigen alten Holztüren und bunten Blumengärten.

In Groß Zicker ist vor allem das um 1720 erbaute **Pfarrwitwenhaus** (Boddenstraße, Tel. 03 83 08/82 48, www.moenchguter-museen-ruegen.de, Ostern–Mai, Okt. Mo–Sa 10–17, So 13–17, Juni, Sept. Mo–Sa 10–18, So 13–18, Juli/Aug. Mo–Sa 10–19, So 13–19 Uhr) sehenswert. Dieses niederdeutsche Hallenhaus ohne Schornstein ist eines der ältesten Rauchhäuser auf Rügen. Es war früher eine Sozialeinrichtung für die mittellosen Witwen der Dorfpfarrer. Heute wird das Haus als Begegnungsstätte, Museum und Galerie genutzt. Die **Backsteinkirche** von Groß Zicker wurde erstmals 1360 urkundlich erwähnt. Im Inneren sind der Sakramentsschrein und das Kruzifix aus dem 15. Jh. sowie die Buntglasscheiben der Chorfenster aus der Zeit um 1600 beachtenswert. Die schöne barocke Schnitzkanzel wurde um 1650 eingebaut. Auf dem Kirchfriedhof sind mehrere Dutzend Grabwangen aus dem 18. Jh. zu sehen.

Groß Zicker und Gager haben beide Fischerhäfen, in Groß Zicker gibt es dort Räucherfisch und einen Bootsverleih, in Gager ebenfalls einen Fischverkauf (Fischereigenossenschaft) und einen Campingplatz.

i Praktische Hinweise

Information

Kurverwaltung Gager, Zum Höft 15 a, 18586 Gager, Tel. 03 83 08/82 10, www.mein-moenchgut.de

Schiff

Boddenreederei Rügen, Zum Höft 10, Gager, Tel. 03 83 08/2153, www.boddenreederei-ruegen.de. Linienfahrten nach Peenemünde auf Usedom (Mai–Sept.).

Camping

Campingplatz Am Bodden, Zum Höft 15 a, Gager, Tel. 03 83 08/301 99, Mobil 01 73/932 56 43, www.campingplatz-ruegen.de. Rasenplatz in ruhiger Lage an der Hagenschen Wiek. 150 m zum Hafen, 2 km zur offenen Ostsee.

Freizeit-Oase Rügen, Lobbe 32 a, Lobbe, Tel. 03 83 08/23 14, www.campingruegen.de. Gepflegte Anlage auf beiden Seiten der Durchgangsstraße hinter der Düne des breiten Strandes. Gute Ausstattung und großes Freizeitangebot.

Hotels

Am Hafen, Zum Höft 29 a, Gager, Tel. 03 83 08/301 60, www.wild-east.de/firmen/hafen/. Rohrgedecktes Feriendomizil mit schönem Blick; Fahrradverleih.

Boddenblick, Boddenstr. 16, Groß Zicker, Tel. 03 83 08/82 54, www.boddenblick.m-vp.de. Bei der Kirche gelegenes Wellness-Hotel mit gediegenen Zimmern. Gutes Restaurant mit Fischspezialitäten.

Feriendorf Groß Zicker, Boddenstr. 4 f, Groß Zicker, Tel. 03 83 08/566 10, www.ts-n.de. Elf Häuser mit komfortablen Ferienwohnungen am Rand von Groß Zicker, etwa 450 m vom Ostseestrand entfernt.

Strandhotel Lobbe, Lobbe 22, Lobbe, Tel. 03 83 08/840 07, www.strandhotelruegen.de. Kleines Haus mit familiärer Atmosphäre, das Restaurant mit Terrasse bietet bodenständige Küche.

Restaurants

Alte Bootswerft, Am Hafen, Gager, Tel. 03 83 08/664 70, www.portgager.de. Frisch zubereiteter Lachs in vielen Varia-

Ein ideales Fleckchen für Erholungssuchende – die Mönchgut-Landschaft um die Bucht Zickersee bei Groß Zicker scheint friedlich und idyllisch

tionen, mit schöner Terrasse am Wasser. Teil der Lachsmanufaktur Port Gager.

Zum Walfisch, Lobbe 32, Lobbe, Tel. 03 83 08/254 67, www.walfisch-ruegen.de. Rustikale Gaststube und Terrasse hinter dem Deich. Angeboten werden traditionelle Gerichte, vor allem Fischspezialitäten. Eine Pension ist angeschlossen.

19 Ostseebad Thiessow

Idyllisch gelegenes Ostseebad – ein Ort für Naturfreunde.

Thiessow (rund 400 Einw.) ist ein ruhiger Badeort, umgeben von Dünen und Kiefernwald, Sumpfwiesen und langen Stränden. Naturliebhaber finden hier selbst in der Hochsaison einsame Wege und stille Buchten, in denen man ganz ungestört Enten und Wasservögel beobachten kann.

Seit 1360 ist die kleine Ansiedlung am südlichsten Ende des Mönchguts bekannt. Das ursprüngliche Fischerdorf wurde nach der Einführung der Lotsenpflicht 1632 Standort der Seelotsen, die in den Greifswalder Bodden einlaufende Schiffe nach Greifswald oder Stralsund brachten. Im Haus des Gastes erinnert das **Lotsenmuseum** (Hauptstr. 36, Tel. 03 83 08/82 80, www.moenchguter-museen-ruegen.de, Mo–Fr April–Mitte Juni, Okt. 8–14, Mitte Juni–Sept. 8–16, Nov.–März 8–12 Uhr) mit Navigationsinstrumenten und der originalen Lotsenglocke an ihre Arbeit.

Im Südosten endet die Landzunge von Thiessow im **Südperd** mit dem 36 m hohen **Lotsenberg**, von dem die Lotsen den gesamten Bodden im Blick hatten. Ein historischen Vorbildern nachempfundener **Lotsenturm** (Tel. 03 83 08/82 80, April–Okt. tgl. 9–18 Uhr) mit Aussichtsplattform bietet hier schöne Ausblicke bis nach Usedom. Senkrecht darunter liegt der **Große Strand**, ein 5 km langes feinsandiges Badeparadies mit flachem, kinderfreundlichen Uferbereich, das sich von Thiessow bis nach Lobbe hinzieht.

TOP TIPP

Südlich schließt der **Südstrand** an, der zwar besonders feinen Sand und schöne Dünenvegetation hat, aber vor dem sich auch verschiedene Meeresströmungen kreuzen, sodass er bei unruhiger See für Schwimmer gefährlich ist. Der **Hafen** von Thiessow befindet sich aufgrund dieser ungünstigen Bedingungen auch in einiger Entfernung vom Ort an der Boddenküste.

Westlich davon liegt, durch eine kurze Nehrung verbunden, die fast runde kleine Halbinsel von **Klein Zicker**. Diese 38 ha große Landzunge war bis ins Jahr 1991 in Händen der Sowjetischen Armee, die hier eine wahre Kraterlandschaft zurückließ. Heute ist das Areal vollständig renaturiert, mit Wanderwegen und einer Treppe zum Strand als Erholungsgebiet erschlossen. Der schmale Süd- und Weststrand der Nehrung werden wegen des steten Windes von *Surfern* geschätzt.

i Praktische Hinweise

Information

Kurverwaltung Thiessow, Hauptstr. 36, 18586 Thiessow, Tel. 03 83 08/82 80, www.ostseebad-thiessow.de

Camping

Camping-Oase Thiessow, Hauptstr. 4, Thiessow, Tel. 03 83 08/82 26, www.jebensnet.de. Platz mit 320 Stellplätzen an der Straße hinter dem Dünenwald des Großen Strandes. Vielseitiges Freizeitangebot, u. a. Surfschule (Mai–Sept.).

Hotels

Godewind, De niege Wech 7, Thiessow, Tel. 03 83 08/34 20, www.godewind-thiessow.de. Modernes, komfortables Familienhotel, das auch Apartments anbietet. Ein gemütliches Restaurant mit Kamin und Terrasse gehört dazu. Dort werden regionale Spezialitäten, z.T. aus Zutaten vom Biohof, angeboten. Sauna, Fitnessbereich und Fahrradverleih.

Wahnfried, Hauptstr. 9, Thiessow, Tel. 03 83 08/82 16, www.pension-wahnfried.de. Heimelige Zentrums-Pension.

Restaurants

Zollhaus, Dörpstrat 9, Klein Zicker, Tel. 03 83 08/83 12, www.zollhaus-cafe.de. Im Café-Restaurant gibt es außer Kuchen auch bodenständige warme Gerichte.

Fischrestaurant Zum Hafen, Dampferweg 1, Thiessow, Tel. 03 83 08/300 01. Fangfrischer Fisch direkt vom Kutter.

Strandcafé, Strandpromenade 1, Thiessow, Tel. 03 83 08/83 45. Lokal mit Terrasse und Blick auf die Ostsee. Zubereitet wird u. a. fangfrischer Ostseefisch auf gutbürgerliche Art.

Zum Südperd, Strandstr. 28, Thiessow, Tel. 03 83 08/309 08. Schmackhafte Fisch-, Fleisch- und Wildgerichte sowie selbst gebackener Kuchen.

Jasmund – die windumtoste Schöne

Zwei schmale Nehrungen halten die Halbinsel Jasmund im Nordosten Rügens an der Insel fest: die Schmale Heide und die Schaabe. Die dritte Verbindung zum Festland ist der 1868 gebaute Lietzower Damm, der den Kleinen Jasmunder Bodden vom Großen Jasmunder Bodden trennt. Wie eine schiefe Ebene steigt die Halbinsel mit ihrem Hauptort, der Hafenstadt **Sassnitz**, von den seichten Boddenküsten und den Nehrungen bis zum Plateau im äußersten Nordosten an, wo sie jäh abbricht und an den malerischen Kreidefelsen der **Stubbenkammer** schroff ins Meer fällt. Etwa ein Drittel der Halbinsel wird vom **Nationalpark Jasmund** und seinem großen stillen Buchenwald eingenommen. Der Nordwesten dagegen besteht aus pittoresken Dörfern an der ständig windigen Steilküste. Im südlichen Teil der Halbinsel faszinieren die ausgedehnten Feuersteinfelder bei **Neu Mukran**.

20 Sassnitz

Liebenswerter Fischer- und Fährort mit attraktiver Altstadt und Hafenflair.

In Kontrast zu den lieblichen Seebädern im Südosten der Insel präsentiert sich Sassnitz als herbe Hafenstadt und Fischersiedlung, mit lang gezogenen Straßen an der Steilküste und Villen, die nach dem besten Blick auf die See heischen. Sassnitz ist nicht verspielt und nicht mondän, aber es ist jung, urban – mit 10600 Einwohnern die zweitgrößte Stadt auf Rügen – und ist umweht vom unverwechselbaren Geruch des Meeres. Unmittelbar vor den Toren der Stadt beginnt der Nationalpark Jasmund [s. Nr. 21] mit den malerischen Kreidefelsen. In der anderen Richtung schließen sich Feuer-

Spektakuläre Ausblicke bietet die steil emporragende Jasmunder Kreideküste, hier am Kollicker Ort zwischen Ernst-Moritz-Arndt- und Viktoria-Sicht

Seit der Hafen von Sassnitz durch den großen Fährhafen von Mukran entlastet wurde, geht es – nur mit Ausflugs- und Fischkutterverkehr – geruhsamer zu

steinfelder sowie der Kleine und der Große Jasmunder Bodden an.

Mitte des 19. Jh. kamen die ersten Badegäste nach Sassnitz und 1890 bezog sogar Kaiserin Auguste Viktoria hier Quartier. Doch der Bädertourismus war nicht das einzige Standbein des Ortes. Ab 1889 gab es in Sassnitz eine Niederlassung der Kaiserlichen Marine und 1909 wurde der Fährverkehr nach Trelleborg in Schweden eingerichtet. Kreideindustrie und Fischverarbeitung waren bald die wichtigsten Erwerbszweige. Nach dem Zweiten Weltkrieg entwickelte sich Sassnitz zum Zentrum der ostdeutschen Hochseefischerei, die allerdings in den letzten Jahrzehnten Einiges an Bedeutung verloren hat.

Bereits 1987 legte die DDR südlich der Stadt den neuen und größeren **Fährhafen Mukran** an, um von hier aus den Russlandhandel unter Umgehung Polens zu betreiben. Nach der Wende erfolgte der Ausbau zum *Skandinavien- und Baltikumhafen*. Die Gebäude des alten Fährhafens hatten ab 1998 endgültig ausgedient, wurden teils unter Denkmalschutz gestellt und beherbergen heute Museen. Die Strandpromenade erstrahlt in neuem Glanz und am Hafen hat sich eine ganze Reihe attraktiver Lokale etabliert.

Sassnitz scheint auf den ersten Blick vor allem aus der **Hauptstraße** ❶ zu bestehen, die sich am oberen Rand des Steilufers entlangzieht und an der die größeren Hotels und die meisten Geschäfte liegen. Hier entstand auch ein modernes Forum, die **Rügen-Galerie** ❷, eine Ladenpassage mit Geschäften, Praxen, Büros und Cafés. Folgt man der Hauptstraße weiter, sie heißt dann Berg- bzw. Weddingstraße, gelangt man zum Hochuferweg nach Lohme im Nationalpark Jasmund.

Vom zentralen *Rügenplatz* kann man über eine 278 m lange, elegant geschwungene **Fußgängerbrücke** ❸ direkt zum alten *Fährhafen* gelangen. In dessen denkmalgeschütztem Terminal befindet sich das **Museum für Unterwasserarchäologie** ❹ (derzeit geschl., Termin für Wiedereröffnung nicht bekannt). Es präsentiert bemerkenswerte Tauchfunde aus 6000 Jahren, u. a. eine um 1339 gebaute Kogge oder das 1000 Jahre alte Wrack eines Ranenschiffs. 15 m vor dem Sassnitzer Ufer liegt ein gewaltiger, 41 m^3 großer Findling, ein eiszeitliches Souvenir aus Skandinavien, im Wasser, liebevoll-spöttisch **Klein-Helgoland** genannt. Eine neuere Attraktion des *Hafens*, der mit einer fast 1500 m langen Mole Fischkuttern und Segeljachten Schutz bietet, ist das **U-Boot-Museum** ❺ (Hafenstr. 12, Haus J, Tel. 03 83 92/315 16, www.hms-otus.com, Mai–Okt. tgl. 10–19, Nov.–April tgl. 10–16

Uhr). Nach 28 Dienstjahren in der Royal Navy lädt das gut 90 m lange U-Boot *H.M.S. OTUS* zu einer spannenden Besichtigung ein. Das **Sassnitzer Fischerei- und Hafenmuseum** 6 (Im Stadthafen Sassnitz, Tel. 03 83 92/578 46, www.hafenmuseum.de, April–Okt. tgl. 10–18, Nov.–März Di–So 10–17 Uhr) schildert informativ die Fischerei-, Hafen- und Stadtgeschichte der letzten 100 Jahre in acht Abteilungen und einem Museumsschiff.

In östlicher Richtung gelangt man über die **Strandpromenade** 7, an der auch die 1993 neu errichtete Seebrücke liegt, schließlich zur **Altstadt** 8 von Sassnitz, die mit einer ganzen Reihe malerischer *Bädervillen* aufwartet. Versteckt liegt dort der alte **Marktplatz** 9, dessen Umgebung sich zu einem kleinen, attraktiven Flanierviertel mit zahlreichen Kneipen entwickelt hat.

In der Umgebung finden sich zwei weitere Attraktionen für Feriengäste: Am Rand des Nationalparks Jasmund gibt es einen kleinen **Tierpark** (Steinbachweg 4, Tel. 03 83 92/223 81, www.tierpark.sassnitz.de, April–Sept. tgl. 10–18, Okt.–März tgl. 10–16 Uhr), ein Refugium für in Rügen heimische Tierarten wie Wolf, Schneeeule, Wildschwein und Luchs. Exotischer geht es dann am südwestlichen Ortsrand im **Schmetterlingspark Alaris** (Straße der Jugend 6, Tel. 03 83 92/664 42, www.alaris-schmetterlingspark.de, April–Sept. tgl. 9.30–17.30, Okt. tgl. 10–16.30 Uhr) zu, wo sich in einer 30° C warmen Freiflughalle rund 150 farbenfrohe Schmetterlingsarten tummeln.

Neu Mukran

Südlich von Sassnitz, abgetrennt durch die Bahnanlagen des Fährhafens Mukran und deshalb auch für Wanderer und Fahrradfahrer nur über die Autostraße zu erreichen, liegen die in Europa einzigartigen **Feuersteinfelder** von Neu Mukran. Von einem auf der Landseite an der Straße Sassnitz–Binz

TOP TIPP

Vom Wirken des Meeres, von Strandgut und Bernstein, Feuersteinen und Hühnergöttern

Die alten Fischer wissen es am besten: »Das Meer nimmt's, das Meer bringt's« sagen sie. Ihr Fatalismus gegenüber den unaufhaltbaren Kräften des Wassers spricht von lebenslanger Erfahrung. An den **Steilküsten** Rügens geht man z. B. von einem durchschnittlichen Küstenabbruch von 1–2 m im Jahr aus. Und obwohl überall umfassende Maßnahmen zu Schutz und Sicherung der labilen Küstenzonen durchgeführt werden, lässt sich daran wenig ändern. Ganz anders aber ist die Situation im Bereich der **Haken** und **Bodden**. Hier, an den seichten, von der Meeresströmung verschonten Rändern, werden jährlich 1–2 m Sand abgelagert, die die Insel quasi zum Ausgleich für Landeinbußen andernorts wieder vergrößern.

Und nicht nur Sand bringt das Meer, sondern auch Strandgut: manchmal eine Flaschenpost oder ein paar alte Schuhe und leider täglich zahllose Plastikflaschen, aber auch Fossilien wie **Donnerkeile** (Skelette von urweltlichen, tintenfischähnlichen Tieren) oder versteinerte Seeigel. Mit etwas Glück findet man auch ein Stückchen fossiles Harz, besser bekannt als **Bernstein** oder Gold der Ostsee. Der kostbarste Bernstein ist der mit Einschlüssen wie Pflanzenteilchen oder Insekten, die vor 40–50 Mio. Jahren in klebrigem Harz von Nadelbäumen für immer eingeschlossen wurden.

Noch älter sind die **Feuersteine**, eine glänzend schwarze Masse, die aus Kieselsäure-Ablagerungen im Meer besteht. Abgestorbene Meeresorganismen wie Seeigel, Schwämme u. ä. lieferten diese Säure, die zu Bändern und ganzen Schichten verschmolzen und verhärtet in den Kreideschichten eingelagert ist. Ihr Name aber rührt daher, dass man durch Aneinanderschlagen der Steine Funken erzeugen kann. Die Löcher in den Feuersteinen entstehen übrigens dadurch, dass eingeschlossene Kreideschichten ausgewaschen werden. In Sassnitz pflegt man diese durchlöcherten großen Steine mit Erde zu füllen und mit Blumen bepflanzt in den Vorgarten zu stellen, die **Sassnitzer Blumentöpfe**. Kleinere Steine mit durchgehendem Loch werden **Hühnergötter** genannt. Ihnen werden spezielle magische Kräfte zugesprochen: Legt man sie in die Hühnernester, fördern sie angeblich Gesundheit und Legefreudigkeit des Federviehs.

Feuersteinfelder von Neu Mukran – Wer schafft es, Funken zu schlagen?

gelegenen Parkplatz führt ein ausgeschilderter Waldweg zu dem rund 5 ha großen Gelände am Ufer des Kleinen Jasmunder Boddens, wo vor 3000–4000 Jahren eine Sturmflut etwa 20 Wälle von Feuersteinen aufgeschichtet hat. Zwischen den 3–4 m breiten Gesteinswällen hat sich eine reizvolle Heide- und Wacholdervegetation angesiedelt. Eine Mufflonherde hält seit 1973 das Gelände von dichterem Bewuchs frei. Auf den Feuersteinfeldern, wie auch vor den Jasmunder Steilküsten, lassen sich mit etwas Glück *Hühnergötter* und *Sassnitzer Blumentöpfe* [s. S. 67] finden.

i Praktische Hinweise

Information

Tourist-Service, Bahnhofstr. 19 a und Strandpromenade 12, 18546 Sassnitz, Tel. 03 83 92/64 90 bzw. 669 45, www.insassnitz.de

Schiff

Fährauskunft, Fährhafen Sassnitz, Sassnitz-Mukran, www.faehrhafen-sassnitz.de. Infos zu Linienschiffen nach Schweden und Dänemark unter Tel. 03 83 92/640, nach Litauen und Russland unter Tel. 03 83 92/64 68 25.

Reederei Lojewski, Schlossallee 4–5, Liegeplatz: Ostmole Sassnitz, Sassnitz, Tel. 03 83 92/351 36, www.reederei-lojewski.de. Fahrten (tgl. acht Abfahrten, ca. 2 Std. Dauer) entlang der Kreideküste bis zum Königsstuhl.

Reederei Ostsee-Tour, Hafenstr. 12/Haus J, Sassnitz, Tel. 03 83 92/31 50, www.reederei-ostsee-tour.de. Kartenverkauf an der Mole. Touren ab Hafen Sassnitz zu den Kreidefelsen, zum Königsstuhl und rund um Rügen.

Sport

Hochseeangeln, Tel. 03 83 92/342 57, Mobil 0173/219 66 25, www.maritime-angelreisen.de bzw. Infos und Buchungen auch über Tourist-Service Sassnitz, s. o. Erlebnisreiche Touren ab dem Sassnitzer Stadthafen mit dem Fischkutter zu verschiedenen Fanggründen: Meistens wird Dorsch gefangen, saisonbedingt auch Hering o. a.

Reiterhof Dubnitz, Dubnitz 15, nahe Fährhafen Mukran, Tel. 03 83 92/69 10, www.landpension-dubnitz.de. Reitunterricht und Ausritte werden angeboten. Dazu gehört eine Landpension mit unterschiedlich großen Apartments für zwei bis sechs Personen und zwei Doppelzimmer.

Einkaufen

Töpferei am Hafen, Am Hafen 12, Sassnitz, Tel. 03 83 92/503 09. Geschmackvolles handgedrehtes Gebrauchsgeschirr mit maritimen Motiven, ein vielfältiges Kachelsortiment sowie Garten- und Baukeramik stehen zur Auswahl.

Töpferei am Grundtvighaus, Seestr. 3, Sassnitz, Tel. 03 83 92/577 75. Fayencen, Gefäßkeramik und feldspatglasiertes Steinzeug sind zu kaufen (Mo–Fr 9–18 Uhr). Immer mittwochs ab 15 Uhr besteht für Interessierte die Möglichkeit zum Selbertöpfern.

Hotels

Fürstenhof, Rosenstr. 11, Sassnitz, Tel. 03 83 92/530, www.ruegen-hotel.de. Reizvolles Apartmenthotel im Bäderstil direkt an der Strandpromenade. Geschützte Balkone zum Meer.

Villa Seestern, Mühlenstr. 5, Sassnitz, Tel. 03 83 92/332 57, www.villa-seestern-sassnitz.de. In einem großen Garten mitten in der Altstadt gelegene Bäderstil-Villa mit Aussichtsterrasse, ideal für den Komforturlaub, nur Frühstück.

Waterkant, Walterstr. 3, Sassnitz, Tel. 03 83 92/509 41, www.hotel-waterkant.de. Modernes Hotel garni mit familiärer Atmosphäre am Steilabfall oberhalb des Hafens. Balkone zum Meer, Rosengarten, Liegewiese, Freiterrasse.

Restaurant

Altstadt Brasserie, Marktstr. 4, Sassnitz, Tel. 03 83 92/234 53, www.altstadt-brasserie.de. Stilvolles Speiserestaurant mit ausgezeichneten Fischspezialitäten und täglich wechselnden Angeboten.

21 Nationalpark Jasmund und Stubnitz

Ein verzauberter Wald über den imposanten Kreidefelsen der Stubbenkammer.

Der **Nationalpark Jasmund** (Zentraler Parkplatz in Hagen, www.koenigsstuhl.com), der kleinste deutsche Nationalpark, ist ein rund 3000 ha großes Gebiet im Nordosten der Halbinsel Jasmund, das 603 ha Ostseeküste, 40 ha Moorfläche und etwa 2000 ha Wald, die **Stubnitz**, umfasst. In deren mittlerem Bereich befindet sich die höchste Erhebung Rügens, der Piekberg (knapp 162 m). Er ist bewaldet und bietet keine Aussichtsmöglichkeiten. Die Stubnitz ist das größte zusammenhängende Waldgebiet Rügens und besteht zum größten Teil aus einem etwa 2000 Jahre alten Buchenwald,. Dieser bildet das größte zusammenhängende Buchenwaldgebiet an der deutschen Ostseeküste. Teile des Waldes sind 2011 (neben vier weiteren deutschen Schutzgebieten) in die UNESCO Weltnaturerbe-Liste aufgenommen worden. Je älter der Baumbestand und je dichter das Blätterdach, umso weniger Licht dringt in den Wald, sodass hier kaum noch Unterholz wachsen kann. Lediglich in den kühleren und feuchteren Bachtälern gedeihen andere Baumarten wie Erlen und Bergahorn. Aufgrund dieser Gegebenheiten wirkt der hohe buschlose Buchenwald mit seinem gedämpften Licht wie verzaubert.

Um den Wald und die dazugehörige Steilküste vor übermäßigem Holzeinschlag bzw. Kreide-Abbau zu bewahren, wurde die Stubnitz bereits 1929 zum Naturschutzgebiet erklärt. Der Park darf nur zu Fuß erkundet werden. Lediglich zum *Gasthaus Waldhalle* (Tel. 03 83 92/224 78, www.wissower-klinken.de) an den einst spektakulären **Wissower Klinken** führt ab Sassnitz ein für Autos und Fahrräder zugelassener, aber wenig empfehlenswerter Kopfsteinpflasterweg.

Der schönste Wanderweg im Nationalpark, wenn auch am stärksten begangen, ist der **Hochuferweg von Sassnitz nach Lohme**, der an vielen Stellen mit Holzplanken und Balustraden gesichert ist. Er führt zu immer neuen herrlichen *Aussichtspunkten* an der Steilküste mit klangvollen Namen wie Ernst-Moritz-Arndt-Blick oder Viktoria-Sicht.

TOP TIPP

Der Nationalpark Jasmund lädt zu Waldspaziergängen mit herrlichen Ausblicken ein

Vorsicht an der Abbruchkante – Friedrichs Gemälde ›Kreidefelsen auf Rügen‹

Das Rügen Caspar David Friedrichs

Der berühmteste Landschaftsmaler der deutschen Romantik, **Caspar David Friedrich**, wurde 1774 als sechstes Kind eines Seifensieders in Greifswald geboren. Bereits als 14-Jähriger nahm er am Unterricht des Zeichenlehrers Johann Gottfried Quistorp teil, durch den er auf gemeinsamen Reisen Rügen kennenlernte. 1794 nahm der begabte Schüler sein Studium an der Kunstakademie in Kopenhagen auf und ließ sich nach dem Abschluss 1798 in Dresden nieder. Zusammen mit den Malern Philipp Otto Runge (1777–1810), Carl Gustav Carus (1789–1869), Johan Christian Claussen Dahl (1788–1857), Georg Friedrich Kersting (1785–1847) und Ferdinand Olivier (1785–1814) bildete er einen **romantischen Zirkel**, dem auch die Dichter Novalis und Ludwig Tieck angehörten. Ab 1816 war Friedrich Mitglied der Dresdner Akademie der Künste.

In seinen weltberühmten Gemälden stellt Friedrich meist einsame, melancholische Landschaften dar. Der Mensch erscheint in dieser (trotz der überwiegend kleinen Bildformate) monumentalisierten Idealkulisse als isoliertes Wesen, das die Natur – und damit Gottes Schöpfung – ehrfurchtsvoll betrachtet. Die romantischen Hauptmotive der Kompositionen wie Kirchenruinen, Friedhöfe, alte Bäume oder auch aufgewühlte Meeres- und Wolkenszenerien sind hierbei Ausdruck der Vergänglichkeit alles Irdischen.

Friedrich kam im Laufe der Jahre immer wieder nach **Rügen** und die dortigen Landschaftseindrücke hatten eine tiefe Wirkung auf sein Schaffen. Die zahlreichen in der freien Natur angefertigten Skizzen in Sepia und Aquarell bildeten die Grundlage für die später im Dresdner Atelier geschaffenen Ölgemälde.

Im Juni 1801 z. B. kam Friedrich nach einem Besuch der dänischen Insel Møn nach Lauterbach. Damals entstanden Zeichnungen vom Mönchgut, von Lauterbach, Vilmnitz, Stresow, Reddewitz, Zicker und Vilm. Auf einer weiteren Reise 1802 malte er am Jasmunder Bodden und er entwarf erste Skizzen der Stubnitz und der Wissower Klinken. Von 1806 schließlich stammen Bilder des Großsteingrabs in Nadelitz.

Als 44-Jähriger heiratete Caspar David Friedrich Caroline Bommer. Die Hochzeitsreise führte sie 1818 in die Stubbenkammer und auf die Insel Wittow. Damals entstand sein wohl berühmtestes Bild **Kreidefelsen auf Rügen**. Es heißt, es stelle die Wissower Klinken dar, da sie dem Bild am ehesten ähneln, aber die Steilküste verändert sich ständig, sodass man heute den Ort nicht mehr sicher identifizieren kann. Die drei dargestellten Personen sind vermutlich Friedrich, seine Frau und sein Bruder Heinrich. Während der Mann rechts in Betrachtung versunken dasteht, nähern sich die beiden anderen Figuren gerade vorsichtig dem Steilabbruch. Es scheint, als folgten sie dabei den Ratschlägen des Dichters Johann Jacob Grümbke, der zu Beginn des 19. Jh. ausführlich über die Gefahren der ungesicherten Kreideküste geschrieben hatte.

Eine letzte Reise führte Friedrich 1826 nach Sassnitz, wo er zur Stärkung seiner angeschlagenen Gesundheit Kreide- und Solebäder nahm. Er erlitt 1835 einen Schlaganfall, der ihn halbseitig lähmte und ihn am weiteren Schaffen hinderte. 1840 starb er in Dresden und wurde auf dem dortigen Trinitätsfriedhof begraben.

Auf der Strecke gibt es einige Ab- und Aufstiege, dort wo enge Bachtäler ihren Weg zum Meer hinab suchen. Abstiege zum Ufer gibt es nur drei: an den Wissower Klinken, am Kieler Ufer und am Königsstuhl (412 Stufen!). Eigenmächtige Kletterpartien an den Abhängen sind verboten und in Anbetracht des weichen Untergrundes sehr gefährlich. Da die Kreidefelsen der Erosion ausgesetzt sind, kommt es immer wieder zu Abbrüchen, z.B. im Februar 2005, als die Zinken der Wissower Klinken in die Ostsee stürzten.

Vom zentralen *Nationalpark-Parkplatz* in Hagen gibt es im Sommer einen Bus-Pendeldienst zum 2 km entfernten TOP TIPP **Königsstuhl**, die mit 117 m höchste und bekannteste Kreideformation an der Steilküste. Sein Name geht auf die Sage zurück, dass früher derjenige, dem es gelang, den Felsen zu erklimmen, zum König ernannt wurde. Hier befindet sich das **Nationalpark-Zentrum Königsstuhl** (Stubbenkammer 2, Sassnitz, Tel. 03 83 92/ 66 17 66, www.koenigsstuhl.com, April–Okt. tgl. 9–19, Nov.–März tgl. 10–17 Uhr) mit Erlebnisausstellung, Multivisionskino, Bistro, Laden und Naturspielplatz. Ob hier **Caspar David Friedrich** im Jahr 1818 sein berühmtes Bild ›Kreidefelsen auf Rügen‹ malte oder an den Wissower Klinken, ist nicht mehr zu klären. Das Aussehen des Küstenprofils hat sich seitdem verändert, da viele Felspartien abgerutscht und ins Meer gewaschen worden sind. Wem der Besucherandrang auf der kostenpflichtigen Aussichtsplattform zu groß ist, der kann auf die benachbarten, weniger frequentierten Felsplateaus ausweichen. Von der **Viktoria-Sicht**, 500 m südlich vom Königsstuhl, hat man den besten Blick auf diesen markanten Kreidefelsen.

Besuchermagnet der Jasmunder Kreideküste ist die Aussichtsplattform des Königsstuhls, der auch vom Wasser aus einen erhabenen Anblick bietet

Seit jeher fahren die Fischer von Lohme aufs Meer hinaus, doch zunehmend prägen die Jachten der Freizeitkapitäne das Bild des Hafens

Will man den Rummel meiden, bieten sich die *Wanderwege* im Zentrum der Stubnitz oder im Bereich nördlich des Königsstuhls, der sog. **Stubbenkammer**, an. Hier gibt es Hochmoore und Erlensümpfe, seltene Orchideen und Gräser sowie eine ganze Reihe steinzeitlicher Hünengräber zu entdecken. Auch der verwunschene **Herthasee**, 11 m tief und dunkel, mitten im Wald, ist meist einsam und still. Daneben sind die Erhebungen eines *slawischen Burgwalls* zu erkennen, der **Herthaburg**. Die Legende erzählt von der Göttin Hertha, die in dem See badete. Ihre Diener, die sie zum Bad begleiteten, soll sie in den Tiefen des Sees ertränkt haben, damit sie nichts von dem Beobachteten weitererzählen konnten.

i Praktische Hinweise

Restaurant

Baumhaus-Stuben, Sassnitz, im Nationalpark, nicht weit vom Parkplatz, Tel. 03 83 92/223 10, www.baumhaushagen.im-web.de. Gemütliche Stube und bodenständiges Essen in hübschem rohrgedeckten Haus am Waldrand. Wer länger bleiben möchte, kann eines der behaglichen Zimmer im Hotel *Baumhaus Hagen* nehmen (Nov.–März geschl.).

22 Lohme

Fischerdorf am urwüchsig wilden Steilufer der Jasmund-Nordküste.

Am nördlichen Ende des Nationalparks Jasmund liegt Lohme, ein Fischerort mit idyllischem Hafen und kleinem steinigen Strand vor dem bewaldeten Steilufer. Zum Hafen – seit Fertigstellung des neuen Beckens 1997 heute mehr ein Jacht- als ein Fischerhafen – führt eine steile Treppe hinunter. Einen recht guten Überblick hat man von der Terrasse des netten **Cafés Niedlich** (Tel. 03 83 02/88 61 21, April–Okt.).

Der reizende Ort ist ideales Quartier für Wander- und Badeferien. Bei ruhiger See – und mit gutem Schuhwerk – kann man auch unterhalb des Steiluferwegs in die Stubbenkammer und nach Sassnitz direkt am steinigen Ufer entlanglaufen.

i Praktische Hinweise

Information

Touristik Lohme GmbH, Arkonastr. 31, 18551 Lohme, Tel. 03 83 02/888 55, www.lohme.de

Einkaufen

Handweberei Marion Prager-Wiehn, Ostseeblick 6, Lohme, Tel. 03 83 02/900 10.

Handgewebte Decken, Schals, Teppiche, Läufer etc. aus Naturmaterialien.

Hofgut Bisdamitz, Dorfstr. 1, Bisdamitz (an der Straße nach Glowe), Tel. 03 83 02/ 92 07, www.hofgut-bisdamitz.de. Biolandhof mit Milchkühen und Schafen, Käserei, Ökoladen und Restaurant (tgl. 10–19 Uhr, in der Nebensaison tgl. 10–16.30 Uhr).

Steinmanufaktur Steinmüller, Zum Hafen 6, Lohme, Tel. 03 83 02/901 09, www.ruegensteine.de. Man wundert sich, was alles aus Steinen hergestellt werden kann: Schmuck, Accessoires, Souvenirs und Gebrauchsgegenstände.

Töpferei Kerstin Bartel, Zum Hafen 6, Lohme, Tel. 03 83 02/888 98. Keramik, Fayencen und Fliesen bieten sich als hübsche Mitbringsel an.

Camping

Krüger Naturcamping, Jasmunder Str. 5, Ortsteil Nipmerow, Lohme, Tel. 03 83 02/ 92 44, www.ruegen-naturcamping.de. Ganz ruhiger, von Bäumen beschatteter Platz im Nationalpark Jasmund (Bushaltestelle vor dem Platz).

Hotels

Nordwind, Arkonastr. 1, Lohme, Tel. 03 83 02/92 46, www.hotel-pension-nordwind.de. Komfortables Hotel in neuerem Ziegelbau an der Steilküste, mit Terrasse, Garten und kleinem Hallenbad sowie Wellnessbereich inkl. Heißluftsauna und Solarium. Das Restaurant verwöhnt seine Gäste mit regionalen Fisch- und Fleischgerichten.

TOP TIPP **Panoramahotel Lohme**, An der Steilküste 8, Lohme, Tel. 03 83 02/ 91 10, www.lohme.com. Die Hotelanlage mit um 1850 im Bäderstil erbauten Haupthaus sowie mehreren Gästehäusern befindet sich etwa 60 m oberhalb des Fischerei- und Jachthafens. Von der Terrasse bietet sich ein traumhafter Blick bis Kap Arkona und Hiddensee. Die Gourmetküche des Hauses setzt auf frischen Fisch.

23 Bobbin und Schloss Spyker

Schwedische Einflüsse auf dörfliches Ambiente am Bodden.

Auf einer Anhöhe südwestlich von Lohme liegt **Bobbin**. Am höchsten Punkt des kleinen Dorfes befindet sich die Kirche **St. Paul**, die einzige erhaltene Feldsteinkirche Rügens. Der Bau wurde, vom Kloster in Bergen finanziert, um 1250 begonnen. Um 1450 nahm man Umbauten vor und

Reizvolles Ambiente für ein romantisches Picknick – der sommerlich-grüne Tempelberg bei Bobbin lockt Ausflügler mit schöner Panoramasicht

ergänzte die Ziergiebel aus Backstein. Erst 50 Jahre später fügte man den trutzigen Turm hinzu. Im 17. Jh. ließ der Schlossherr von Wrangel ein prächtiges barockes Ensemble, bestehend aus Kanzel, Altar und wappengeschmückter Patronatsloge, für die Bobbiner Kirche anfertigen.

Am Südrand des Dorfes liegt der **Tempelberg**, der mithilfe einer Treppe erklommen werden kann und von dem sich ein fantastischer Blick auf den Großen Jasmunder Bodden, die Schaabe und die Tromper Wiek sowie das dahinter aufragende Kap Arkona auftut. Vor dem Bodden ist im Baumgrün ein leuchtend rotes Gebäude auszumachen – **Schloss Spyker**. Hier, in der Senke zwischen Spykerschem See und Großem Jasmunder Bodden, gab es bereits im Mittelalter ein Rittergut, das nach Ende des Dreißigjährigen Kriegs dem Marschall und späteren Generalgouverneur über Schwedisch-Pommern, Carl Gustav Wrangel (1613–1676), von der schwedischen Krone zugesprochen wurde. Dieser ließ sich auf den Fundamenten der verfallenen Gutsgebäude ab 1649 nach dem Vorbild seines schwedischen Besitzes Skokloster am Mälarsee das trutzige Schloss Spyker bauen. Die Anlage im Stil der Renaissance besteht aus einem massiven dreigeschossigen Bau mit vier runden Ecktürmchen. Im Inneren sind noch einige der wunderschönen Stuckdecken erhalten.

Von Wrangel – 1651 in den Grafenstand erhoben – starb 1676 auf Schloss Spyker und der Besitz ging an den Grafen Nicolaus von Brahe über, der es nach dem endgültigen Ende der schwedischen Herrschaft 1816 an den Fürsten von Putbus verkaufte. Bis 1945 diente das Schloss als Familiensitz derer von Putbus. Zu DDR-Zeiten wurde es enteignet und als FDGB-Erholungsheim genutzt. Heute ist hier das gepflegte Hotel Schloss Spyker (s. u.) mit elegantem Restaurant beheimatet. Die Umgebung verlockt zu Spaziergängen um den Spykerschen See und den Jasmunder Bodden.

Zwischen Bobbin und Sagard liegt das Dorf **Neddesitz**, in dessen Nähe sich um das 1901 erbaute Gutshaus eines Kreidebruchbesitzers das luxuriöse *Jasmar Resort Rügen* (www.jasmar.de) etabliert hat. Die hoteleigene **Jasmund-Therme** (Tel. 03 83 02/977 00, www.glowe.de/Jasmundtherme, tgl. 8–22 Uhr), eine große, attraktive Bade- und Saunalandschaft, steht auch Gästen offen. Vom Parkplatz des Resorts ist nach einem ca. 15-minütigen Fußweg der **Kreide- und Naturlehrpfad Gummanz** zu erreichen, der – neben

Der hohe Norden lässt grüßen – das tiefrote, in frisches Grün gebettete Schloss Spyker ließ sein Erbauer Wrangel einem Schwedenschloss nachempfinden

Kreide – weder für Lehrer noch für den großen bösen Wolf

Als Rügen im Erdmittelalter vor etwa 70 Mio. Jahren noch unter Wasser lag, lagerten sich auf dem Meeresboden Hunderte von Metern dicke Schichten mit den Resten abgestorbener **Schalentiere** ab. Das Meer zersetzte diese und hinterließ einen **Kalkschlamm**, der durch die Hebungen und Senkungen der Eiszeit zusammengepresst und an die Oberfläche geschoben wurde. Er bildete das Rohmaterial für die Kreidefelsen von Rügen. Wird die Kreide der Witterung ausgesetzt, verwandelt sie sich in einen fruchtbaren schwarzen Boden, auf dem sich die Naturwälder der Ostsee gut ausbreiten konnten.

In den offenen **Kreidebrüchen**, die naturgemäß enormen Auswaschungskräften ausgesetzt sind, muss die Kreide mit Pickeln aus den senkrechten Wänden geschlagen werden. Anschließend wird sie dann geschlämmt, um Unreinheiten auszuwaschen. Der gereinigte Kreidebrei wird getrocknet, bevor er gemahlen und gepresst als Zusatzstoff für die Herstellung von **Farben** und **Düngemitteln** Verwendung finden kann. Die heutige Schulkreide wird übrigens überwiegend aus Gips hergestellt. Der gesamte Prozess war früher wegen des Trockenvorgangs nur im Sommer durchzuführen und dauerte etwa acht Wochen. Zu DDR-Zeiten wurden dann Maschinen eingesetzt und Verfahren entwickelt, die den Verarbeitungsvorgang auf 80 Minuten verkürzten. In den rügenschen Kreidebrüchen wurden damals jährlich etwa 150 000 t gefördert und exportiert. Heute ist der Abbau an den Kreideküsten Jasmunds verboten. Allerdings sind noch ein Kreidebruch bei Sagard und das Kreidewerk Klementelvitz bei Sassnitz im Inselinneren in Betrieb, denn inzwischen erfreut sich die Rügenkreide als Pulver für Heilbehandlungen bei Rheuma und Hautkrankheiten wachsender Beliebtheit.

Schautafeln zu inseltypischer Flora und Fauna – anschaulich zeigt, wie in den letzten 150 Jahren in den über 40 Kreidebrüchen Rügens gearbeitet wurde. Der Pfad führt an allerlei technischen Gerätschaften vorbei zu der Grube des Kreidebruchs, in die man hineinsteigen kann. Am nördlichen Rand ragen die Kreidefelsen bis zu 40 m hoch auf. Weitere Informationen rund um die Kreide erhält man im **Kreidemuseum** (Gummanz 3 a, Tel. 03 83 02/562 29, www.kreidemuseum.de, Ostern–Okt. tgl. 10–17, Nov.–Ostern Di–So 10–16 Uhr).

Praktische Hinweise

Hotel

Schloss Spyker, Schlossallee 1, Spyker, Tel. 03 83 02/770, www.schloss-spyker.de (Nov.–Ostern geschl.). Idyllisch am Spykerschen See und dem Jasmunder Bodden gelegenes stilvolles und von einem Park umgebenes Schlosshotel mit 32 Zimmern, Kaminzimmer und Frühstückssalon Vier Jahreszeiten – nach den Motiven der frühbarocken Stuckdecken benannt. Im Gewölbekeller lockt das rustikale Restaurant *Wrangel*.

24 Glowe

Jüngerer Badeort zwischen Bodden und Schaabe.

TOP TIPP

Im Nordwesten geht der Jasmund in eine lang gezogene sichelförmige Nehrung über, die **Schaabe**, die den Großen Jasmunder Bodden vom offenen Meer trennt und an ihrer schmalsten Stelle gerade mal 600 m breit ist. 9 km herrlichster *Sandstrand* erwarten einen hier. Im 19. Jh. wurden die Dünen mit Kiefernwald bepflanzt, der inzwischen eine stattliche Höhe erreicht hat und der Landschaft einen mediterranen Charakter verleiht. Entlang der Boddenküste verläuft ein Wanderweg, der von Lietzow bis Breege ausgeschildert ist.

Am Eingang zur Schaabe liegt der kleine Ort **Glowe** (1100 Einw.), ehemals ein Fischerdorf, das mit der Blüte der Seebäder auch einen bescheidenen Aufschwung genommen hat. Der alte Fischereihafen ist verschwunden, die Siedlung hat sich zur Durchgangsstraße hin orientiert und auf der am östlichen Ortsrand liegenden Landspitze **Königshörn** ist ein moderner Jacht- und Wasserwanderhafen mit einer Feriensiedlung entstanden. Im Weiler **Ruschvitz**, östlich von Glowe, soll übrigens der Freibeuter Klaus Störtebeker [s. S. 95] geboren worden sein.

Bei Glowe nimmt der herrliche Sandstrand der Schaabe seinen Anfang, der sich auf 9 km Länge von der Halbinsel Jasmund bis zur Halbinsel Wittow erstreckt

Praktische Hinweise

Information

Tourismusbüro Glowe, Hauptstr. 37, 18551 Glowe, Tel. 03 83 02/52 21, www.glowe.de

Sport

Rügener Segel- & Surfschulen, Kurplatz 1, Glowe, Mobil 0174/316 24 71, www.windrider.de. Segel- und Surfkurse sowie Fungeräte bietet die Sassnitzer Schule, die auch Ableger in Baabe und Binz betreibt (Mitte Juni–Aug.).

Hotel

Bel-Air Strandhotel Glowe, Waldsiedlung 130 a, Glowe, Tel. 03 83 02/74 70, www.bel-air-hotels.de. Mitten im Strandwald der Schaabe liegendes Ferienhotel mit Hallenbad, Sauna, Fitnessbereich und Feinschmecker-Restaurant.

Sandstrand Ostseeperle, Hauptstr. 65, Glowe, Tel. 03 83 02/563 80, www.sandstrand-ostseeperle.de. Der neu erbauten Apartmentanlage mit 30 modernen Wohnungen an der Strandpromenade von Glowe sind ein Wellnessbereich und das renovierte Restaurant *Ostseeperle* angeschlossen.

Restaurant

Fischerhus, Hauptstr. 53, Glowe, Tel. 03 83 02/52 35, www.ruegen-schewe.de. In dem rustikal eingerichteten Lokal kommen regionale Fischgerichte, insbesondere Heringsspezialitäten, und einheimische Speisen auf den Tisch.

25 Sagard

Herz des Jasmunds.

Dort wo sich die Straßen von Glowe und von Sassnitz nach Bergen treffen, führt im Zwickel dazwischen eine holperige Kopfsteinpflasterstraße durch ein Dorf mit kleinen zweigeschossigen Häusern, in das sich nur noch wenige Reisende verirren. Dies war Mitte des 18. Jh. anders, als man in Sagard eine eisenhaltige Mineralquelle entdeckte, die für Kurbäder genutzt wurde. 1794 wurde gar eine *Brunnen-, Bade- und Vergnügungsanstalt* in Sagard gegründet. Doch schon Anfang des 19. Jh. kam das Freibaden in der Ostsee in Mode und die Urlaubsgäste vergnügten sich von da an lieber im modernen, vom Fürsten zu Putbus erbauten Badehaus in Lauterbach.

An der alten Kreuzung im Ort steht die Kirche **St. Michael**. 1210 errichtet, ist sie eine der ältesten der Insel, ein romanischer einschiffiger Bau mit gotischem Chor (um 1400). Ende des 18. Jh. wurde eine große Orgel in die kleine Kirche eingebaut. Die übrige Ausstattung stammt größtenteils aus dem 19. Jh.

Südlich des Ortes liegt das größte bronzezeitliche Hügelgrab Norddeutschlands, der 3500 Jahre alte **Dobberworth**. Zu sehen ist allerdings nur ein mit Buschwerk bewachsener 12 m hoher Erdhügel.

26 Lietzow

Boddenidylle mit 6000 Jahren Geschichte.

Zunächst sieht man von Lietzow nur einen neogotischen Turm aus den grünen Baumwipfeln herausragen – das verspielte Detail eines **Schlösschens** (in Privatbesitz), das sich hier der Baumeister des Damms und der Bahnstrecke von Stralsund nach Sassnitz als verkleinerte Kopie des Schlosses Lichtenstein bei Reutlingen (Schwäbische Alb) errichten ließ. Der künstliche **Eisenbahndamm**, an dessen nördlichem Ende das beschauliche Lietzow liegt, trennte ab 1868 den Kleinen vom Großen Jasmunder Bodden. Lediglich eine Schleuse blieb, die den Wasseraustausch ermöglicht.

Schon 30 Jahre früher hatte man bei Lietzow an der Küste des Kleinen Jasmunder Boddens erste steinzeitliche Funde gemacht. Schließlich leitete man systematische archäologische Ausgrabungen ein, die über 20000 Fundstücke einer 6000 Jahre alten Kultur zum Vorschein brachten. Als **Lietzow-Kultur** ging sie in die Forschung ein. Aus Feuerstein gefertigte Pfeilspitzen, Faustkeile, Axtschneiden, Messerklingen und vieles mehr wurden hier aus dem Boden geholt. Ungeklärt blieb bis heute, warum sie so gehäuft an einem Punkt auftraten. Teile der Ausgrabungen sind im Mönchguter Museum in Göhren, andere im Kulturhistorischen Museum von Stralsund ausgestellt.

i Praktische Hinweise

Unterkunft

Störtebeker-Camp, Waldstr. 59 a, Lietzow, Tel. 03 83 02/21 66, www.lietzow.net. Der ruhig gelegene Platz (60 Stellplätze) befindet sich auf einem Hochplateau im Wald und im Zentrum der Insel. Angeschlossen sind das Gästehaus Lietzow mit 24 Zimmern und ein Restaurant (im Winter geschl.).

Haus Seeblick, Boddenstr. 61, Lietzow, Tel. 03 83 02/512 94, www.ferienwohnung-lietzow.de. Haus mit fünf Ferienwohnungen; direkter Zugang zum Strand von Lietzow; Fahrradverleih und eigene Strandkörbe.

Im verträumten Lietzow dümpeln Boote am Jasmunder Boddenufer, im Hintergrund reckt ein Schlösschen seinen Turm vorwitzig über die Baumkronen hinweg

Wittow – Windland am Nordkap Deutschlands

Der nördlichste Teil Rügens, die Halbinsel Wittow, scheint ständig in Gefahr, vom Wind fortgetrieben zu werden. Fast losgelöst von der Insel erscheint das Windland, befestigt nur an zwei losen ›Schnüren‹, von denen sich die eine, die **Bug** genannte Landzunge im Westen, schon vom Festland losgerissen hat, während die andere, die Nehrung **Schaabe** im Osten, noch am Jasmund hängt. Flach und baumlos erstreckt sich das Ackerland am **Wieker Bodden** und am **Breeger Bodden** bis an die stürmische Nordküste, wo auf knapp 50 m Höhe das **Kap Arkona** mit seinen Leuchttürmen die herannahenden Schiffe grüßt und Besucher mit Fernweh in großer Zahl anlockt. Einige kleine Ortschaften, deren rund 5800 Einwohner sich der Landwirtschaft und dem Tourismus widmen, liegen hineingesprenkelt in das gelbbraune Ackerland. Ausgehend von der **Wittower Fähre**, dem Ostseebad Breege-Juliusruh und dem Zentrum der Halbinsel, **Altenkirchen**, führen schöne Alleen, deren Bäume sich schräg gegen den Wind lehnen, zu den äußersten Punkten der Insel, dem ehem. Militärstützpunkt **Dranske**, dem Ferienparadies **Bakenberg** und **Putgarten** mit dem Kap Arkona.

27 Ostseebad Breege-Juliusruh

Ein Binnenhafen und ein gräflicher Kurpark wuchsen zusammen zum beliebten Badeort.

Die Wurzeln des Badebetriebs von Rügen liegen nicht in Putbus, sondern in **Juliusruh**. Das Land am nördlichen Ende der Schaabe gehörte im 18. Jh. der wohlhabenden Familie von der Lancken. 1795 ließ *Julius von der Lancken* im Süden seines bei Altenkirchen gelegenen Gutes Presenske an einem besonders schönen Flecken zwischen Ostseestrand und Bodden einen **Kurpark** (offen zugänglich) anlegen. Das Vorhaben – von dem neuen Badeort Heiligendamm bei Bad Doberan inspiriert – gestaltete sich höchst aufwendig, denn der Untergrund bestand lediglich aus feinem Dünensand. Für die Parkalleen ließ man sogar Linden aus Schweden importieren. Ein Landhaus, eine Reitbahn, eine Orangerie, ein Badehaus und Stallbauten entstanden. Juliusruh brachte seinem Erbauer jedoch nicht die erhoffte Ruhe, sondern finanzielle Probleme. 1803 verkaufte er den Park an seinen Vetter Philipp, den Besitzer des Gutes Lancken bei Dranske. 1835 ging das Land ins Eigentum der Stadt Stralsund über und verwilderte, die Gebäude verfielen. Seit 1945 ist es im Besitz der Gemeinde, die seit einigen Jahren versucht, die historische Anlage wieder herzustellen. An den Begründer von Juliusruh erinnert ein aus einem granitenen Findling gehauener *Gedenkstein* im Park. Doch Kurpark hin oder her – heutige Besucher erfreuen sich vor allem an dem schönen, breiten *Sandstrand*, der im Süden in die Schaabe übergeht.

Über die Rohrdachkaten des malerischen Fischerdörfchens Vitt gleitet der Blick an der Wittower Ostküste bis zum Kap Arkona, das als Rügens nördlichster Punkt gilt

Wenn die Väter mit den Söhnen – früh übt sich in Breege, was ein großer Segler werden will

Schon 1314 gab es, gut 1 km entfernt von Juliusruh, am nördlichsten Punkt des Großen Jasmunder Boddens das Fischerdorf **Breege**. Im 17. Jh. war es ein bedeutender Marktflecken, da im von Bodden und Sumpfgebieten durchfurchten Norden Rügens die Verkehrswege zu Wasser bedeutsamer waren als die zu Lande. Zur selben Zeit, als Juliusruh entstand, avancierte Breege zu einem wichtigen Handelshafen. Von hier aus wurden landwirtschaftliche Produkte Rügens und Pommerns direkt nach England verschifft. Das Schiffsregister verzeichnete 46 in Breege gemeldete Seeschiffe mit etwa 250 Mann Besatzung. Nachdem die Segelschifffahrt Mitte des 19. Jh. an Bedeutung verloren hatte, besann man sich jedoch auf die Fischerei und den gerade in Mode gekommenen Bädertourismus. 1883 wurde ein Breeger Badeverein gegründet und 1928 schloss man Breege und Juliusruh zu einem **Seebad** zusammen. In den 1990er-Jahren wurde der **Hafen** mit Ferienwohnungen, Lokalen und Liegeplätzen für Freizeitjachten neu belebt. Zudem hat die Binnenschifffahrt hier einen wichtigen Stützpunkt. Breege ist Ausgangspunkt für Schiffstouren zur Insel Hiddensee, zu den Störtebeker-Festspielen in

Zu Anfang des 19. Jh. ein wichtiger Handelshafen, ist Breege heute Stützpunkt für die Binnenschifffahrt, für Ausflugs-, Angel- und Segelboote

Ralswiek sowie für Angelfahrten und Boddenausflüge.

Am westlichen Ortsrand des geruhsamen Breege stehen die sogenannten **Kapitänshäuser**. Wie der Name andeutet, handelt es sich bei den hübschen rohrgedeckten Gebäuden um Häuschen, die von den Handelsschiffern des 19. Jh. errichtet wurden.

i Praktische Hinweise

Information

Informationsamt, Wittower Str. 5, 18556 Juliusruh, Tel. 03 83 91/311, www.ostseebad-breege.de

Tourismus-Service-Wittow, Ringstr. 6, Juliusruh, Tel. 03 83 91/130 50, www.ruegen-tsw.de. Private Vermittlung von Ferienhäusern und -wohnungen.

Schiff

Reederei Kipp, Dorfstr. 101, Breege, Tel. 03 83 91/123 06, www.reederei-kipp.de. Fahrten von Breege nach Hiddensee sowie zur Naturbühne Ralswiek (Störtebeker-Festival), Bodden- und Kranichfahrten.

Camping

Freizeitcamp Am Wasser, Wittower Str. 1–2, Breege, Tel. 03 83 91/439 28, www.freizeitcampamwasser.m-vp.de. Platz mit gut 300 Stellplätzen zwischen Bodden und Meer mit angenehmer Kombination aus Mischwald und großen Wiesenflächen. Moderne Einrichtungen, Gaststätte und Imbiss sind vorhanden (Platz Nov.–März geschl.).

Hotels

Atrium am Meer, Am Waldwinkel 2–3, Juliusruh, Tel. 03 83 91/40 30, www.atrium-am-meer.de. Im Wald in Strandnähe gelegenes, modernes größeres Haus mit Fischrestaurant. Organisiert im Herbst und Frühjahr Wanderungen.

Dünenhaus, Ringstr. 5, Juliusruh, Tel. 03 83 91/40 70, www.duenenhaus.im-web.de. Modernes Haus am Meer mit Balkonen zur Wasserseite. Im Restaurant sorgt eine Terrasse für weiten Seeblick.

Kapitäns-Häuser Breege, Hochzeitsberg 16, Breege, Tel. 03 83 91/420, www.kapitaens-haeuser.de. Hotelzimmer und Ferienwohnungen, auch in einem Leuchtturm, am Hafen von Breege. Mit Schwimmbad, Sauna, Solarium, Badmintonhalle, Strandkorb-, Fahrrad- und Bootsverleih.

Restaurant

Zum Alten Fischer, Am Hafen, Breege, Tel. 03 83 91/121 89. Das gemütliche Lokal mit Blick auf den Hafen serviert Fisch nach Art der hiesigen Fischerfrauen.

28 Altenkirchen

Beschauliche Landgemeinde mit langer Tradition und Wirkungsort Gotthard L. T. Kosegartens.

An der Durchgangsstraße nach Kap Arkona liegt das ländliche Altenkirchen (1000 Einw.) – kaum mehr als zwei Straßen im Schnittpunkt von zwei Alleen, welche die Halbinsel Wittow queren. Fast gleichzeitig mit der Kirche von Bergen gründeten hier die dänischen Besiedler 1168 ein zweites christliches Gemeindezentrum. Die sehenswerte **Backsteinkirche** von Altenkirchen entstand als dreischiffige romanische Basilika. Während das Haupt-

In Altenkirchen steht der hölzerne Glockenturm etwas abseits der Kirche

schiff etwa 200 Jahre später durch ein gotisches mit Kreuzrippengewölbe ersetzt wurde, blieb der Chor mit Rauten- und Zahnschnittfriesen an den Außenmauern erhalten. Erst 1670 wurde der *Turm* hinzugefügt. Im *Chor* steht ein romanisches Taufbecken aus Kalkstein (um 1250), auf dem vier Gesichter die vier Ströme des Paradieses symbolisieren. Das auffallend große Kreuz, das im Hauptschiff der Kirche hängt, stammt aus dem 14. Jh. 1724 schuf der Stralsunder Bildhauer Elias Kessler den barocken Altar. Die Orgel ließ Pfarrer Kosegarten Ende des 18. Jh. aus Berlin kommen.

Vor dem Chor auf der Südseite befinden sich in einem ungewöhnlichen Anbau, der auch Waffenkammer genannt wird, einige alte Grabsteine, darunter der sog. *Svantevitstein*, ein alter slawischer Grabstein (vor 1168) mit der Ritzzeichnung eines bärtigen Mannes mit Füllhorn. Der Stein ähnelt dem, der an der Außenseite der Marienkirche von Bergen eingemauert ist. Man vermutet, dass er einen Priester des Slawengottes Svantevit darstellt.

Wer Muße hat, sollte auch dem **Friedhof** der Kirche einen Besuch abstatten. 61 steinerne Grabwangen aus der Zeit von 1798 bis 1861 haben hier die Zeit überdauert. Hier ist auch **Gotthard Ludwig Theobul Kosegarten** (1758–1818), der von 1792 bis 1808 als Pfarrer in Altenkirchen lebte,

Das Kupferstichporträt von Pfarrer Kosegarten schuf Johann Heinrich Lips

Pfarrer Kosegarten – Historiker, Philosoph und Heimatdichter

Niemand hatte einen so großen Einfluss auf das Geistesleben Rügens im 18. und 19. Jh. wie der Pastorensohn **Gotthard Ludwig Theobul Kosegarten** (geb. 1758 in Grevesmühlen bei Wismar). Er studierte 1775–77 in Greifswald Theologie. Zur Finanzierung des Studiums arbeitete er auf Rügen als Lehrer im Haus der Gutsherrin Charlotte von Kathen in **Götemitz** bei Rambin. Nach seinem Examen 1781 unterrichtete er zunächst an der Knabenschule von Wolgast. 1792 wurde Kosegarten Pfarrer und Gemeindevorsteher (Präpositus) in **Altenkirchen** auf Rügen, wo er bis 1808 blieb. In dieser Funktion hielt er die berühmten **Uferpredigten** in Vitt. Er ging zu den Menschen, die aufgrund ihrer Arbeit nicht nach Altenkirchen in die Kirche kommen konnten. Diese Predigten waren ein großer Erfolg, weshalb in Folge die Kapelle in Vitt errichtet wurde. Kosegartens Haus avancierte zum Treffpunkt von einheimischen Intellektuellen und prominenten Besuchern der Insel, wie den Brüdern **Alexander** und **Wilhelm von Humboldt** oder **Friedrich Ernst Schleiermacher**. Und 1796–98 arbeitete **Ernst Moritz Arndt** [s. S. 35] bei ihm als Hauslehrer. 1808 erhielt Kosegarten von der Universität Greifswald den Ruf als Professor für griechische Literatur und Geschichte, 1817 wurde er dann zum Professor der Theologie berufen. Diese Stellung war verbunden mit dem Pfarramt von St. Jacobi in **Greifswald**. Kosegarten starb 1818 in Greifswald und wurde in Altenkirchen beigesetzt.

Das umfangreiche **Schrifttum** des für Freiheit und Vaterland eintretenden Pfarrers umfasst Gedichte und Gesänge, Übersetzungen von philosophischen und historischen Werken aus dem Englischen und Französischen wie auch Volkslieder und Legenden. Er war der Erste, der die Schönheiten Rügens in Verse fasste. Seine Romane wie ›Jucunde‹, in dem auch seine Uferpredigten im Fischerdorf Vitt wiedergegeben sind, und ›Die Inselfahrt‹, der auf Hiddensee spielt, fanden begeisterte Aufnahme beim zeitgenössischen Publikum und wurden als rügische **Heimatdichtungen** berühmt. 20 seiner Gedichte vertonte Franz Schubert zu bezaubernden Liedern.

Bis zu 200 Jahre alt sind die Grabsteine auf dem Altenkirchener Friedhof, auf dem auch Pfarrer Kosegarten im Jahr 1818 seine letzte Ruhe fand

begraben. Durch ihn, der seiner Begeisterung für Rügen literarisch Ausdruck verlieh und in dessen Haus sich zahlreiche Geistesgrößen der Zeit trafen, wurde die Gemeinde weithin berühmt.

i Praktische Hinweise

Einkaufen

Atelier-Galerie Blaues Haus, Neue Str. 2 a, Altenkirchen, Tel. 03 83 91/595, www.kreidefelsen.de/art-galerie/hanne.htm. Das blaue Holzhaus der Künstlerin Hanne Petrick am Ortsrand ist ein malerischer Anziehungspunkt: Mit Öl, Pastell und Aquarell verewigte Rügen-Impressionen können angeschaut und erworben werden (Mo–Sa 10–13 Uhr). Sie gibt auch Malkurse.

Restaurant

Gaststätte zur Post, Max-Reimann-Str. 21, Altenkirchen, Tel. 03 83 91/124 03. Ein einfaches Lokal mit Gartenterrasse.

29 Kap Arkona

Nordkap der Insel, Aussichtspunkt und mystischer Ort auf Klippen.

Kap Arkona ist das Wahrzeichen der Insel Rügen. Es gilt als Nordkap und seine drei Leuchttürme dienen den zur See Fahrenden als Gruß und Warnung vor Untiefen zugleich. 1895 wurde hier die erste Seenotrettungsstation Deutschlands eingerichtet.

Der Weiler **Putgarten** (knapp 300 Einw.) – der Name ist aus dem Slawischen abgeleitet und bedeutet ›unter der Burg‹ – ist Ausgangspunkt für Ausflüge zum Kap Arkona. Bis 1990 war das Gelände am Kap militärisches Sperrgebiet, aber seit der Öffnung ist der Strom der Besucher immer stärker angeschwollen. Als die Kapzone unter Blechlawinen zu ersticken drohte, ordnete man ein striktes Fahrverbot für das gesamte Areal an. Vor Putgarten nimmt ein großer **Parkplatz** Privatwagen und Busse auf. Von dort geht es mit der **Kap-Arkona-Bahn** (Tel. 03 83 91/132 13, www.kap-arkona-bahn.de), zu Fuß oder mit der Pferdekutsche (Herr Partel, Mobil 01 63/420 71 21) weiter.

Das ehem. Gutshaus des kleinen Dorfes fungiert heute als Besucherzentrum und Handwerkerhof namens **Rügenhof Arkona** (Dorfstr. 22, Tel. 03 83 91/40 00, www.kap-arkona.de, Jan.–März tgl. 11–16, April, Okt. tgl. 11–17, Mai/Juni, Sept. tgl. 10–18, Juli/Aug. tgl. 10–19, Nov./Dez. Mo–Sa 11–16, So 12–16 Uhr). Hier sind eine Schmuck- und Kerzenwerkstatt, eine Filzerei und Korbflechterei, eine Steinschleiferei und ein Modeatelier, ein Laden mit

Rügenspezialitäten wie Sanddorn, Fischprodukten, Wurst, Brot und Käse, ein Fischimbiss und ein Café, ein Schaukräutergarten und eine Kaffeerösterei sowie ein Abenteuerspielplatz für Kinder untergebracht. Darüber hinaus finden hier die traditionellen Feste der Gemeinde sowie zwischen April und Okt. auch Märkte statt. Der ehemalige Pferdestall des Gutshofs wurde zu einer Ferienanlage mit modernen Ferienwohnung umgebaut.

Vom Rügenhof geht es gut 2 km über die kahle Hochebene zum **Kap Arkona**, wo auf 40–45 m Höhe über dem Meer die Leuchttürme aufragen. Senkrecht fällt davor die Steilküste ins Meer ab. Die Klippen bestehen in der Hauptsache aus Kreide und eiszeitlichen Geschiebemergeln, in die breite Feuersteinschichten eingeschlossen sind. Das ungeschützte Steilufer ist besonders stark von der Abtragung durch das Meer betroffen. Immer wieder kommt es zu gewaltigen Abbrüchen, die auch schon große Teile des slawischen Burgwalls der **Jaromarsburg** mitgerissen haben. Gleichwohl ist noch ein Teil des halbkreisförmigen doppelten Ringwalls, der einst den Tempel-

Slawen, Ranen und Burgwälle

Die slawische Besiedlung Nord- und Ostdeutschlands begann im 6. Jh. und dauerte im Norden bis zur Eroberung durch die Dänen im Jahr 1168 an. Die Nachfahren dieser Westslawen waren unter den Namen Sorben (in der Lausitz) und Wenden (in Norddeutschland) bekannt. In Rügen ließ sich der Slawenstamm der **Ranen** nieder. Sie waren Fischer und Jäger und betrieben Landwirtschaft. Ihre Verteidigungsanlagen schützten die gesamte Siedlung. Es wurden **Ringwälle** aufgeschüttet, innerhalb derer sich die hölzernen Wohnbauten, Wirtschaftsgebäude und Stallungen befanden. Der Eingang in die Wallanlage war besonders geschützt: Es gab sowohl Tunneltore wie auch Tortürme. Ab dem 9. Jh. sind auch verteidigungstechnisch höher entwickelte Wallanlagen bekannt, bei denen durch das Einziehen von Baumstämmen Höhen von über 10 m erreicht wurden. Auf dem Wall verhinderte ein Reisigflechtwerk den Bewuchs. Die Wallkrone wurde in einigen Fällen noch mit massiven Mauern bzw. doppelten Palisadenwänden, die mit Erdreich aufgefüllt wurden, befestigt. Als Vorverteidigung wurden zudem ca. 5 m breite Gräben ausgehoben, die sich mit Wasser füllten. In späteren Jahrhunderten dienten die Wälle jedoch meist nur noch der Verteidigung der Fürstenresidenz und des Tempeldistrikts. Auf Rügen sind 18 solcher **Burgwälle** nachgewiesen. Die bedeutendsten befinden sich in Garz und Bergen sowie am Kap Arkona.

Berichte dänischer Eroberer wie die ›Slawenchronik‹ (1163–72) des Helmold von Bosau und auch die ›Gesta Danorum‹ (= Taten der Dänen, bis 1185) des Saxo Grammaticus beschreiben recht deutlich, wie es damals dort aussah. Sie berichten von den drei Tempeln von **Garz** (Charenza), die dem siebengesichtigen Gott Rugiavit, dem fünfgesichtigen Gott Porevit und dem viergesichtigen Donnergott Porenut geweiht waren, vom Tempel in **Sagard** für den Friedensgott Pizamar und vom Tempel des Siegesgottes Tjarnaglofi auf dem **Jasmund**. Besonders detailliert schilderten die Dänen die **Tempelburg** des Gottes Svantevit auf **Kap Arkona**, die sie 1168 nach mehreren Anläufen eroberten. Ein doppelter Ringwall, der heute noch 12 m Höhe hat, schützte das Hauptheiligtum der Ranen, wobei der Ring hier wegen der Küstenlage nur aus einem Halbkreis bestand. Zwischen den beiden Wällen befanden sich Holzgebäude, in denen die Wächter des Tempels und 300 berittene Soldaten stationiert waren. Im eigentlichen Tempel, einem vermutlich quadratischen Palisadenbauwerk, in dem sich ein gemauerter Tempelturm mit dem Götzenbild befand, wurde auch der Schatz aufbewahrt, den die Dänen mit 1000 kg Silber bezifferten. Das überlebensgroße hölzerne Standbild des Svantevit soll vier Gesichter gehabt haben, mit denen er alle vier Himmelsrichtungen überblicken konnte. Obwohl die Erdwälle heute noch deutlich erkennbar sind, sind viele andere Bereiche des Tempelheiligtums längst zerstört worden. Wichtige Teile der Wälle und der Toranlage gingen beim letzten größeren Küstenabbruch im Jahr 1969 unwiederbringlich verloren.

bezirk des Gottes Svantevit und sein Heiligtum umgab, zu erkennen. Mit seinen vier Gesichtern soll der hölzerne Gott von hier aus alle vier Himmelsrichtungen kontrolliert haben. Die Kultstätte bestand noch, als die Dänen 1168 die Insel eroberten und christianisierten.

Die größte Attraktion am Kap sind die Leuchttürme, zwei direkt am Kap und einer etwas südlich davon am slawischen Burgwall. Die beiden Leuchttürme am Kap wirken wie ein ulkiges ungleiches Paar. Der ältere kleinere ist der **Schinkelturm**, ein quadratischer klassizistischer

Pat und Patachon – in trauter Eintracht ragen der eckige Schinkelturm und sein größerer Bruder, der Neue Leuchtturm, in den blauen Himmel am Kap Arkona

Backsteinbau, der nach Plänen von *Karl Friedrich Schinkel* 1826/27 erbaut und 1828 in Betrieb genommen wurde. Er ist 19 m hoch und wird von einer verglasten Laternenkuppel bekrönt. Seit 1902 außer Betrieb, steht der Turm heute unter Denkmalschutz und beherbergt das **Museum Kap Arkona** (Tel. 03 83 91/121 15, April/Mai, Okt. tgl. 10–17, Juni, Sept. tgl. 10–18, Juli/Aug. tgl. 10–19, Nov.–März tgl. 10–16 Uhr, bei Trauungen geschl.) zu den Themen Schinkels Schaffen, Leuchttürme an der deutschen Ostseeküste, Leuchtfeuer und Seezeichen. Über eine gusseiserne Wendeltreppe erklimmt man die **Aussichtsplattform**, von der aus bei guter Sicht sogar die dänische Insel Møn zu erkennen ist. Im Turm gibt es außerdem ein **Standesamt**, das Paare aus ganz Deutschland in romantischem Ambiente traut, Motto: *Heiraten im Schinkelleuchtturm* (Tel. 03 83 91/40 00).

Daneben steht der 1902 errichtete **Neue Leuchtturm** (Ostern–Mai, Okt. tgl. 11–16, Juni, Sept. tgl. 11–17, Juli/Aug. tgl. 11–18 Uhr), der 36 m hoch ist – ein runder Ziegelbau, dessen Leuchtfeuerraum über 175 Stufen zu erreichen ist. Von oben bietet sich eine fantastische Weitsicht. Das Signallicht des Turmes, das nachts alle 16 Sekunden aufblitzt, ist etwa 40 km weit zu sehen.

Der dritte, etwas abseits gelegene Leuchtturm ist der **Marinepeilturm** am Burgwall, der 1927 von der Reichsmarine zur Kontrolle des Ostseeverkehrs erbaut wurde. Zu Kriegsbeginn installierte man hier eines der ersten Funkpeil- und Ortungsgeräte. Der Turm wurde im Krieg zerstört und 1996 als Denkmal wieder aufgebaut. Er beherbergt ein **Ausstellungszentrum** (Ostern–Mai, Okt. tgl. 10–16, Juni, Sept. tgl. 10–17, Juli/Aug. tgl. 10–18 Uhr), in dem im Wechsel u. a. Kunst- und Schmuckausstellungen verschiedener Künstler präsentiert werden.

Die **Königstreppe**, eine steile, solide Holztreppe, führt vom Kap über 42 m hinunter zum Ufer. Bis Anfang des 19. Jh. die erste Treppe errichtet wurde, mussten Fischer und Seeleute noch durch die rutschigen steilen Regenwasserrinnen hinabsteigen. Der schmale Uferstreifen ist ein Geröllfeld voller aus der Kreide ausgewaschener Feuersteine. Südlich des Burgwalls führt ein weiterer Stufenweg, die Veilchentreppe, zum Ufer und zu einem kleinen steinigen Badestrand hinunter.

Der tatsächlich nördlichste Punkt Rügens ist jedoch nicht Kap Arkona, sondern der Ufervorsprung von Gellort, ein wenig nördlich vom Kap an den Hohen Dielen, dem Steilufer der Nordküste. Davor liegt in der Ostsee ein gewaltiger Findling, der *Siebenschneiderstein*. Mit einem Volumen von etwa 61 m³ und einem Gewicht von 165 t ist er einer der größten in den Gewässern Rügens.

i Praktische Hinweise

Information

Tourismusgesellschaft Kap Arkona, Am Parkplatz 1, 18556 Putgarten, Tel. 03 83 91/41 90, www.kap-arkona.de

Hotel

Zum Kap Arkona, Dorfstr. 22 a, Putgarten, Tel. 03 83 91/43 30, www.zum-kap-arkona.de. Ruhiges Hotel mit Restaurant, das eine Panoramaterrasse hat.

30 Vitt

TOP TIPP *Malerisches Fischerdorf mit viel besuchter Kapelle.*

Als Vitt oder Vitte bezeichnete man früher die Quartiere, die die Fischer während der Heringsfangsaison bewohnten. Hier salzten sie auch die Beute ein und legten sie in Tonnen. Noch heute wird mancher Fisch auf diese Weise konserviert, doch die Spezialitäten am Strand von Vitt sind inzwischen die auf Buchenholz geräucherten Heringe, Flundern, Aale und Dorsche. Sie werden bei 60° C in den Rauchfang gehängt, je nach Größe für 2–3 Stunden, und so erhalten sie ihren unverwechselbaren Vitter Geschmack.

Der Fischfang bestimmt Alltag und Geschichte des kleinen denkmalgeschützten Dorfes an der Wittower Ostküste, kaum 2 km unterhalb von Kap Arkona. 13 einfache rohrgedeckte Fischerkaten ducken sich in eine Mulde am steinigen Ostseestrand. Statt Nummern tragen sie runenartige Kennzeichen, jedes Symbol steht für ein Haus und wird auch auf Vieh und Besitz eingebrannt. Das malerische Ensemble liegt innerhalb der verkehrsberuhigten Zone des Kaps. Zu Fuß ist es über einen 1,5 km langen Hochufer-Wanderweg von der Jaromarsburg aus zu erreichen. Vom 3 km entfernten *Putgartener Parkplatz* wird es jedoch auch mit dem Pendelbähnchen angefahren. Folg-

Kirche in bester Aussichtslage – die hübsche achteckige Kapelle ließ Pfarrer Kosegarten Anfang des 19. Jh. für die Heringsfischer von Vitt erbauen

lich drängeln sich im Sommer zahlreiche Touristen in den wenigen Gassen.

In Vitt gab es bis Anfang des 19. Jh. keine Kirche, die Fischer mussten sonntags bis nach Altenkirchen zum Gottesdienst laufen. Während der Zeit des Heringsfangs war es jedoch wichtig, das Meer stets im Blick zu haben, um die Heringsschwärme, die am Kap vorbeizogen, rechtzeitig zu sichten und um gegebenenfalls sofort auszufahren. Daher kam Pfarrer Kosegarten des Sonntags aus Altenkirchen zu ihnen und hielt unter freiem Himmel seine *Uferpredigten*, die

Nach der letzten Restaurierung der Vitter Kapelle 1990 schuf ein italienischer Künstler das großflächige Fresko mit dem hl. Christophorus an der Eingangswand

die Fischer hören konnten, ohne das Meer aus dem Auge zu lassen. Später sammelte Kosegarten Geld für den Bau der schlichten achteckigen **Kapelle** (1806–16) mit dem Rohrdach, die noch heute der Stolz von Vitt ist. Sie steht auf einem Plateau hoch über dem Fischerdorf und zieht Besucher aus nah und fern an. Für das *Altarbild* ›Christus auf dem See Genezareth‹ (1806/07) hatte Kosegarten seinen einstigen Schüler, den Maler Philipp Otto Runge, gewonnen, der in Hamburg lebte. Dieser schuf ein Szenario der Hoffnung: Im aufgewühlten Meer klammert sich der Fischer Petrus an den Rettung verheißenden Jesus. Doch Runge starb schon 1810 und das Bild blieb in Hamburg (heute Hamburger Kunsthalle). Für die Vitter Kapelle fertigte der Stralsunder Maler Erich Kiefer 1893 eine Kopie von Runges Werk an. Neueren Datums ist das Fresko ›Menschen im Sturm‹, das der Italiener Gabriele Mucchi nach der Restaurierung 1990 an die Eingangswand malte. Auch diese Komposition thematisiert die schicksalhafte Verbundenheit der Küstenbewohner mit dem Meer. Auf der einen Seite ist der hünenhafte Christophorus zu sehen, der den Jesusknaben sicher über das Wasser trägt, auf der anderen Seite stehen die Dorfbewohner am Ufer und halten nach Fischerbooten Ausschau, die in den sturmgepeitschten Wellen wie Papierschiffchen hin- und hergeschleudert werden.

Riesenberg von Nobbin

An der Küste südlich von Vitt weist ein kleines Schild am Gasthaus Nobbin auf eine der größten jungsteinzeitlichen Grabanlagen Rügens hin, den Riesenberg von Nobbin. Dabei handelt es sich um ein etwa 4500 Jahre altes Megalith- oder Hünengrab mit zwei Grabkammern. Es befindet sich in einem sog. *Hünenbett*, d.h. einem von Findlingen markierten trapezförmigen Areal (34 m lang, 8–11 m breit), an dessen südlichem Ende zwei große Wächtersteine stehen. Bei der archäologischen Untersuchung 1970 wurden zwei Schädel und Pfeilspitzen aus Feuerstein sowie einige Skelette, die erst um 300 v. Chr. in das Grab gelegt wurden, gefunden. Das Großsteingrab, von dem schon Caspar David Friedrich fasziniert eine Reihe von Skizzen anfertigte, ist von Buschwerk überwuchert. Eine Tafel informiert über Details der uralten Anlage.

i Praktische Hinweise

Unterkunft

Pension - Gasthaus Nobbin, 3 km nördl. von Altenkirchen, Tel. 03 83 91/120 88, www.gasthausnobbin.de. Auf der Straße

Etwa 4500 Jahre alt ist der sog. Riesenberg von Nobbin, ein von Findlingen umstandenes Hünengrab, in dem noch um 300 v. Chr. Menschen bestattet wurden

zum Kap Arkona gelegene Pension mit hellen, gemütlichen Zimmern (auch behindertengerecht) und Apartments; Fahrradverleih.

Restaurant

Zum goldenen Anker, Vitt, Tel. 03 83 91/121 34, www.gasthof-vitt.de. Beliebter Dorfgasthof, im Sommer das Ziel vieler Ausflügler. Besonders gut: die Fischsuppe ›Vitte‹.

31 Bakenberg und die Nordküste

Einsame Steilküsten und weitläufige Strände an Rügens Nordufer.

Vom Kap Arkona nach Westen gibt es einen herrlichen Wander- und Fahrradweg entlang des unter Naturschutz stehenden Steilufers, das von einem schmalen Buchenforst gesäumt wird. Nach etwa 6 km flacht das Ufer ab, es wird breiter und sandig. Hier liegt ein Märchenwald genannter Buchenhain. Nach 1 km ist dann der große Kiefernforst der Schwarbe erreicht, der sich 5 km bis zum **Bakenberg** mit seinem ca. 30 m breiten, einladenden Sandstrand erstreckt. Von hier bis Nonnewitz zog sich zu DDR-Zeiten das größte Erholungsgebiet Rügens hin. Im Küstenwald wurden mehrere Ferienhaussiedlungen und das riesige Regenbogen-Camp angelegt. Und auch heute erfreut sich der Bakenberg bei Badeurlaubern großer Beliebtheit.

Am Bakenberg, am Übergang von Nord- zu Nordwestküste, beginnt das neu ausgewiesene **Naturschutzgebiet Nordwestküste**. Die mit spärlichem Magerrasen, mit Salzastern und Stranddisteln bewachsenen Kliffdünen dürfen von Spaziergängern nicht betreten werden. In der sich an den Küstenwald anschließenden Kreptitzer Heide wurden deshalb hölzerne Gehsteige, Aussichtsplateaus, einige Schutzhütten und mehrere Treppenabgänge zum Ufer angelegt. Der meist einsame, schöne Höhenweg am Ufer führt noch weiter bis Dranske.

i Praktische Hinweise

Camping

Regenbogencamp Nonnevitz, Nonnevitz 13, Dranske, Tel. 03 83 91/890 32, www.regenbogen-camp.de. Groß angelegter Platz (550 Stellplätze, April–Anf. Nov.) auf der Halbinsel Wittow im Mischwald direkt an der Ostsee. Kinderfreundlicher flacher Sandstrand. Beachvolleyballfelder, Fahrrad- sowie Bollerwagenverleih.

Unterkunft

Ferienresidenz Rugana am Bakenberg, Nonnevitz 25 a–b, Tel. 03 83 91/91 40, www.rugana.de. Geschmackvolle Ferienapartments in Landhäusern auf großzügigem Gelände. Der Ostseestrand liegt in kurzer Entfernung jenseits des Küstenwaldes. In der Anlage gibt es das Restaurant *Rugana* mit Sonnenterrasse. Hallenbad und Fitnessraum, Sauna, Solarium und Dampfbad gehören zum Resort. Ein Fußballplatz, ein Fahrradverleih, eine Bocciabahn und eine Swin-Golf-Anlage zählen zum umfangreichen Freizeitangebot.

Ferienpark Heidehof, Ferienhäuser Kreptitzer Heide, Nonnevitz 15, Dranske, Tel. 03 83 91/76 46 90, www.ferienpark-heidehof.de. Die Strandbungalows und Ferienwohnung in einem Heidewald direkt an der Steilküste zur Ostsee sind für Familien ideal. Restaurant *Heidehof* und Pensionszimmer im Hauptgebäude.

32 Dranske und Bug

Ein ausgedienter Marinestützpunkt setzt nun auf seine Naturlandschaft.

Dranske liegt an der Spitze der großen Landzunge im Nordwesten von Wittow – vis-à-vis von Hiddensee. Der Ort wurde schon im 14. Jh. urkundlich erwähnt, aber von seinen historischen Wurzeln ist wenig erhalten. Seine Geschichte ist eng mit dem südlich gelegenen früheren Marinestützpunkt auf dem Bug verbunden. Während am Ortseingang alte rohrgedeckte Wohnstallhäuser und Scheunen die Straße säumen, ist das gesamte Zentrum von kasernenartigen Bauten der 1930er-Jahre geprägt, die restauriert und in fröhlich-kräftigen Farben gestrichen wurden. Das **Marinehistorische- und Heimatmuseum Dranske/Bug** (Schulstr. 19, Tel. 03 83 91/87 30, www.bug-wittow.de, Mai–Sept. Mo–Sa 13–17 Uhr, Okt., März/April auf Anfrage beim Fremdenverkehrsamt, s.u.) vermittelt die Geschichte der Halbinsel Bug, der hier einst stationierten Marine- und Fliegereinheiten sowie die dadurch bedingte Entwicklung

Dranskes. Der Ort erlebte mit der Schließung der Militäranlagen auf der Halbinsel 1990 eine starke Abwanderung der zu jener Zeit rund 4000 Einwohner. Ab 2001 wurden die meisten Gebäude auf dem Bug abgerissen. Neu aufgebaut wurde der Anleger im Wieker Bodden und seit Mai 2010 gibt es von Mai bis Mitte Oktober wieder regelmäßige Schiffsverbindungen zwischen Wiek, Dranske und Hiddensee.

Am südlichen Ortsende von Dranske geht die Halbinsel in eine lange schmale Nehrung – halb Straße, halb Parkplatz – über, die zur Meerseite einen schönen **Strand** hat, aber nach ca. 1,5 km – dort wo sich die Landzunge wieder verbreitert – durch eine Schranke abgesperrt wird. Dahinter beginnt die Sperrzone, welche die fast 10 km lange Halbinsel **Bug** umfasst. Schon von der Kaiserlichen Marine vor rund 80 Jahren eingerichtet, wurde sie von der Reichswehr ausgebaut und diente später als Stützpunkt der 6. Flottille der DDR-Marine. Auf dem Gelände dieses größten Marinestützpunkts der DDR sollte der Ferienpark *BUG Baltic Sea Resort* mit Hotels und einer Marina entstehen. Eine Realisierung des Projekts ist allerdings bislang nicht in Sicht.

Der Bug selbst ist ein lang gezogenes Schwemmland, an dessen Außenküste ständig neuer Sand angelandet wird, da sich im Bereich zwischen der Insel und Hiddensee die Strömung verlangsamt. Die Fahrrinnen des Rassower Stroms, der vom Wieker Bodden südlich am Bug vorbei in den Vitter Bodden vor Hiddensee verläuft, müssen regelmäßig ausgebaggert werden, um die für die Schifffahrt nötige Tiefe zu erhalten. Der südliche Teil des Bug, der nur noch aus Dünen, Sandflächen, Salzwiesen und einer karg-schönen Heidelandschaft besteht, gehört zur *Kernzone* des **Nationalparks Vorpommersche Boddenlandschaft** (www.nationalpark-vorpommersche-boddenlandschaft.de). Er ist streng geschützt, damit Pflanzen- und Tierwelt weitgehend ungestört bleiben, darf aber im Rahmen von dreistündigen geführten Wanderungen zwischen Mitte März und Ende Oktober betreten werden (Anmeldung vorab beim Fremdenverkehrsamt in Dranske).

Lancken

Etwa 2 km nordöstlich von Dranske, von der Landstraße Richtung Kuhle durch eine Stichstraße zu erreichen, liegt Lancken mit seiner neuen Feriensiedlung. Was heute neben dieser Anlage wie ein Wäldchen anmutet, geht auf die *Gutsherren von der Lancken* zurück, denen ganz Wittow gehörte. Anfang des 18. Jh. ließen sie ein neues Gutshaus und einen barocken **Gutspark** anlegen. Die Zufahrt liegt an der Westummauerung des ca. 3 ha großen Parks, die von einer uralten dreireihigen Lindenallee gesäumt wird. Die Mauer besteht aus Findlingen. Parallel dazu gibt es im Inneren des Parks eine weitere Lindenallee. Sie bildet die zentrale Sichtachse vom Herrenhaus zum Bodden. Das Gutshaus steht verlassen am Nordrand des Areals. Es ist aus solidem Backstein mit einem hohen Walmdach gebaut, aber bislang dem Verfall preisgegeben. Zwischen den Alleen ist der Park verwildert und zugewachsen, an einigen Stellen lassen sich jedoch noch Ziersträucher entdecken, die bis zum Beginn des 20. Jh. von Gärtnern gepflegt wurden.

Kuhle

Am nördlichsten Punkt des Wieker Boddens liegt der Weiler Kuhle. Hier befinden sich ein winziger netter Hafen mit einem Räucherfischkiosk, eine Meerwasserentsalzungsanlage und das älteste Wirtshaus der Insel, der *Schifferkrug* (Tel. 03 83 91/84 60). Schon von Weitem ist die Wetterfahne auf dem Dach der Wirtschaft zu sehen, in der schon seit 1455 Bier ausgeschenkt wird. Nördlich von Kuhle sind unweit von Starrvitz noch steinzeitliche Großsteingräber zu besichtigen.

i Praktische Hinweise

Information

Fremdenverkehrsamt, Karl-Liebknecht-Str. 41, 18556 Dranske, Tel. 03 83 91/890 07, www.gemeinde-dranske.de

Sport

Reit- und Zuchthof Pätzold, Starrvitz 37, Tel. 03 83 91/82 33, www.reiterhof-paetzold.de. Reiterhof mit Ferienwohnungen. Reitkurse und Ausritte am Strand, in der Heidelandschaft der Nordküste und über die freien Felder des Windlands. Reiterferien auch für Kinder.

Uni Surf Team Rügen, Am Ufer 14, Dranske, Tel. 03 83 91/898 98, www.ustruegen.de. Surfbretter, Jollen, Kiteboards, Kanus und Fahrräder können gemietet werden; Kurse für Windsurfer, Segler, Kiter und Kanuten lassen Sportliche auf ihre Kosten kommen.

Hotel

Am Teich, Zur Kreptizer Heide 8/9, Lancken, Tel. 03 83 91/91 50, www.amteich.de. Ferienwohnungen in zwei Landhäusern mit Rohrdächern und Klinkerfassaden in gepflegter Gartenanlage. Sauna, Dampfbad, Fitnessraum sowie Tischtennis und Fahrradverleih gehören dazu. 800 m vom Ostseestrand entfernt.

33 Wiek

Bodenständiger Hafenort mit weitem Blick auf Bodden und Bug.

Wiek heißt Bucht und so heißt auch der Hauptort am Bodden. Abseits der großen Durchfahrtsstraße zum Kap liegt er an einem der schönsten *Radwege* Rügens, der von der Wittower Fähre aus die Boddenküste entlangführt. Der kleine Ort Wiek war bis ins 19. Jh. ein wichtiger Hafenplatz für die Handelsschiffe, die von der offenen Ostsee in die ruhigen Boddengewässer einfuhren. Die niedrigen, z. T. rohrgedeckten Gebäude des Ortes sind zum Wasser hin orientiert. Im **Hafen** von Wiek ist noch das Gerippe einer alten, nach dem Ersten Weltkrieg gebauten Kreideverladebrücke zu sehen. Der Plan, die am Kap Arkona abgebaute Kreide mit einer Kleinbahn zum Wieker Hafen zu bringen und dort zu verschiffen, wurde nie realisiert. Der Hafen wurde inzwischen zu einem Sport- und Jachthafen ausgebaut.

Schon von weit her sieht man den verzierten gotischen Giebel der leicht erhöht stehenden Pfarrkirche **St. Georg** von Wiek. Der harmonische Kirchenbau entstand um 1400. Anstelle des durch einen Blitz zerstörten Kirchturms wurde um 1600 ein frei stehender Glockenturm errichtet. Besonders sehenswert ist das *Dachgestühl* der Kirche, zu dem man auf einer engen Stiege hinter der Orgelempore hinaufsteigen kann. Auf den Gewölben des Langhauses stehend sieht man die eindrucksvolle Balkenkonstruktion, die das hohe Dach stützt. Von der gotischen *Innenausstattung* ist nur die ungewöhnliche Holzplastik des hl. Georg zu Pferd (um 1500) erhalten, die wie eine zu groß geratene Spielzeugfigur anmutet. Im 18. Jh. wurde der gotische Hochaltar durch einen barocken aus der Werkstatt des Stralsunders Michael Müller ersetzt. Er wird flankiert von frei stehenden Figuren des Moses, Aaron, Paulus und Johannes. Aus derselben Epoche stammt auch der barocke Beichtstuhl. 1826 wurden unter Pastor Theodor Schwartz die Kanzel, das heutige Kirchengestühl, die Emporen sowie die Stettiner Orgel eingebaut.

Bekannt wurde Wiek vor allem durch sein **Kinderkurheim**, das im Jahr 1929 nach Plänen des Bauhausschülers Waldo Wenzel am Südende des Ortes erbaut wurde. Die lang gestreckten, weiß gestrichenen 26 Holzbauten im sog. Floridastil stehen unter Denkmalschutz. 1990 wurden sie von der AOK übernommen.

Wittower Fähre

Schon vor 500 Jahren gab es einen Fährdienst zur Überquerung der etwa 350 m breiten Wasserstraße 8 km südlich von Wiek, welche die Boddenkette im Inneren Rügens mit dem offenen Meer bzw. dem Wieker Bodden verbindet. Größere Fährschiffe, die Wagen und – bis zum Jahre 1971 – sogar die Züge der Rügenschen Kleinbahn übersetzen konnten, verkehren erst seit 1896. Die Wittower Fähre (*Weisse Flotte GmbH*, Tel. 01 80/3212120, 9 Cent/Min., www.weisse-flotte.com, Nov.–März tgl. 5.50–19, April, Sept./Okt. bis 20, Mai–Aug. bis 21 Uhr) ermöglicht nach wie vor die schnellste Verbindung vom Süden Rügens zur Halbinsel Wittow (in der Saison Wartezeiten einrechnen).

i Praktische Hinweise

Information

Tourismusinformation, Am Markt 5, 18556 Wiek, Tel. 03 83 91/768 70, www.wiek-ruegen.de

Hotels

Alt-Wittower Krug, Gerhart-Hauptmann-Str. 7, Wiek, Tel. 03 83 91/76 00, www.alt-wittowerkrug.de. Hotel mit Restaurant am Dorfteich von Wiek. Geschmackvolle, schlichte Einrichtung im Landhausstil. Täglich steht frischer Fisch auf der Speisekarte.

Herrenhaus Bohlendorf, Bohlendorf 6, Wiek, Tel. 03 83 91/770, www.herrenhaus-bohlendorf.de. Gepflegtes Hotel mit gehobenem Restaurant in einem Gutshof von 1794; schöner Wintergarten mit Blick in den großen, öffentlich zugänglichen Landschaftspark.

Zur Wittower Fähre, Wittower Fähre 9, Wiek, Tel. 03 83 91/703 34, www.pension-wittow.de. Freundliche Pension und gemütliches Restaurant mit Terrasse an der Boddenküste.

Westrügen und Hiddensee – Naturreservat, Kranichrefugium und meerumspülte Inselwelt

Wer Einsamkeit, Naturnähe und wirkliche Erholung sucht, wird im beschaulich-ruhigen Westrügen seine Erwartungen erfüllt sehen. In der Nähe von **Gingst** mit seinem bildschönen Dorfanger tönt auf der Insel **Ummanz** in die Dämmerung hinein das zigtausendfache Trompeten der majestätischen Kraniche, die im Frühjahr und Herbst in dieser Gegend ihre Art von Urlaub machen. Ein Spaziergang am Strand, ein Weg über den Deich, der weite Blick vom hölzernen Grümbke-Turm am **Großen Jasmunder Bodden**, ein Besuch in **Ralswiek** bei den Störtebeker-Festspielen und ein Ausflug zur sandig-rauen Inselwelt von **Hiddensee** – der Westen Rügens hat weit mehr zu bieten, als gemeinhin angenommen!

34 Ralswiek

Der Ort wird zur Bühne – Schloss und Bodden fungieren als imposante Kulisse.

In Ralswiek (250 Einw.), malerisch an einer Bucht des Großen Jasmunder Boddens gelegen, geht es bis auf die Störtebeker-Festspielzeit im Sommer heute sehr geruhsam zu. Vor wenigen Jahrzehnten brachten Ausgrabungen mit umfangreichen Funden von orientalischen Silbermünzen (5.–9. Jh.) und Wrackteilen von Ranenschiffen (9.–12. Jh., im Museum für Unterwasserarchäologie in Sassnitz zu sehen) zutage, dass hier einst einer der wichtigsten Seehandelsplätze der Ranen lag. Nach der Eroberung Rügens durch die Dänen 1168 ließ sich der dänische Landpropst in Ralswiek nieder. Der am Hafen stehende **Propsteihof** wurde 1610 durch ein Herrenhaus ersetzt, als die Ländereien in die Hände des Adelsgeschlechts der Barnekow übergingen. Heute wird das rohrgedeckte Gebäude dennoch wieder Propsteihof genannt.

Wunderbar stimmige Komposition von Landschaft und Architektur – der schlanke Hiddenseer Leuchtturm auf dem Dornbusch

Im Jahr 1891 erwarb *Graf Hugo Sholto Douglas*, einer der größten Grundherren der Insel, die Ländereien der Barnekows. An exponierter Stelle mit Blick auf den Bodden baute er 1893 das repräsentative, von zwei Rundtürmen mit Kegeldach flankierte **Schloss Ralswiek** im Neorenaissancestil, wobei wohl die französischen Loire-Schlösser Pate gestanden haben. Eine Gaube mit Schaugiebel betont die Mittelachse an der dem Bodden zugewandten *Ostfassade*. Auf der rückwärtigen Seite überragt ein weiterer *Turm* markant den Haupteingang. Die Familie Douglas lebte bis zu ihrer Enteignung 1946 im Schloss. Zu DDR-Zeiten wurde es als Pflegeheim genutzt. Inzwischen dient es komplett restauriert als Schlosshotel [s. S. 96] mit Wellness-Angebot. Umgeben ist das Bauwerk von einem **Park** mit uraltem und seltenem Baumbestand.

Auf Graf Hugo geht auch die reizende kleine **Schwedenkapelle** am Rand von Ralswiek zurück. Sie war ein Geschenk des Grafen für die Gemeinde. Er hatte sie auf der Weltausstellung 1907 in Stockholm entdeckt, kaufte sie und ließ sie nach Ralswiek verpflanzen.

Im unteren Bereich der leicht abfallenden Grünfläche zwischen Schloss und Boddenküste wurde Ende der 1950er-

Kurzerhand ließ Graf Hugo die anmutige hölzerne Schwedenkapelle 1907 von Stockholm nach Ralswiek verpflanzen

Jahre eine **Freilichtbühne** errichtet, die sich direkt am Ufer befindet und von eindrucksvollen Bühnenaufbauten gerahmt wird. Das kleine Hafenbecken dahinter ermöglicht sogar die Einbeziehung von Segelschiffen ins Theatergeschehen. Die malerische Kulisse wurde von Theaterdirektor Hans Anselm Perten genutzt, um die ›Ballade von Klaus Störtebeker‹ des populären Dichters Kurt Barthel in Szene zu setzen. In den Jahren 1960/61 und nochmals 1980/81 gab es insgesamt etwa 300 Vorstellungen mit 670 000 Zuschauern. Seit 1993 wird diese Tradition fortgesetzt und rund zehn Wochen lang jeden Sommer eine andere Episode aus dem Leben des legendären Volkshelden *Klaus Störtebeker* gespielt. Über 150 Mitwirkende, vier Segelschiffe, 30 Pferde und ausgeklügelte Spezialeffekte machen die **Störtebeker Festspiele** (Tel. 038 38/311 00, www.stoertebeker.de, es fahren Busse von Sassnitz, Binz, Sellin sowie Thiessow und Boote von Breege, Reservierung ist angeraten) mit Vorprogramm und abschließendem Feuerwerk zu einem großartigen, unvergesslichen Erlebnis.

Die Umgebung von Ralswiek mit der weiten, ruhigen Boddenlandschaft eignet sich für herrliche Wanderungen und Fahrradausflüge. Westlich führt eine kleine Straße über Gnies nach **Patzig**. Hier kann man ein technisches Denkmal, das **Mühlenmuseum** (Dorfstr. 3, Tel. 038 38/ 31 36 65, Mai–Okt. Di–So 10–17, Nov.–April

1893 ließ Graf Hugo Sholto Douglas das imposante Schloss Ralswiek errichten

In aufwendiger Kulisse inszeniert an Sommerabenden die Ralswieker Freilichtbühne mitreißend das Leben und Treiben des Piraten Klaus Störtebeker

Das abenteuerliche Leben des Klaus Störtebeker

Schon im Mittelalter waren die **Piraten** eine große Gefahr für Händler und Seereisende, denn sie überfielen Handelskoggen und Hafenorte. Für die kleinen Leute hingegen, von denen nichts zu holen war und auf deren Hilfe sie häufig für Informationen, Verstecke und Lebensmittel angewiesen waren, bedeuteten sie keine Bedrohung. Diese brachten ihnen sogar viel Sympathie entgegen. Der berühmteste der Piraten des Ostseeraums war der Bauernsohn **Klaus Störtebeker** (um 1340–1402). Man sagt, er sei auf dem Gut Ruschvitz bei Bobbin auf Rügen geboren. Als Knecht wurde er für ein geringfügiges Vergehen von seinem Bauern hart bestraft, leistete aber heftige Gegenwehr und floh.

Als Anführer der **Vitalienbrüder** begann er bald darauf seine Piratenkarriere: Als Königin Margarete von Dänemark 1389–92 mit ihren Truppen **Stockholm** belagerte und aushungerte, schaffte es eine Gruppe von mutigen Männern im Auftrag des Königs Albrecht von Schweden und unter Führung von Klaus Störtebeker und Gödeke Michels, mit Schiffen den Belagerungsring zu durchbrechen und die Bevölkerung mit Lebensmitteln (Viktualien oder Vitalien) zu versorgen. Nach dieser Heldentat wurden sie als **Freibeuter** vom Herzog von Mecklenburg eingestellt, der in beständigem Krieg mit den Dänen lag. Aber der Friedensschluss von 1395 nahm den Freibeutern ihre Erwerbsgrundlage und sie begannen auf eigene Rechnung Schiffe zu überfallen, zumeist Handelskoggen der immer mächtiger werdenden Hanse. Unzählige Legenden ranken sich um die erfindungsreichen Piraten. Viele beinhalten – wie die Geschichten über Robin Hood –, dass sie zwar den Reichen nahmen, aber den Armen davon abgaben. **Likedeeler**, Gleichteiler, wurden sie auch genannt, da sie ihre Beute untereinander gerecht aufteilten. In einer Schlucht bei Sassnitz sollen sie ihr Versteck gehabt haben. Aber das wilde Leben dauerte nur wenige Jahre. 1401 wurde Klaus Störtebeker gefasst, gerichtet und 1402 in Hamburg geköpft. Es heißt, dass danach ein armer Tagelöhner den Mast an Störtebekers Schiff ausgewechselt habe und das Innere hohl und voller Goldmünzen vorgefunden habe. Aber auch das ist wohl nur Legende ...

Mo–Fr 9–15 Uhr), erkunden. Die Motormühle mit ihrer ausgeklügelten Technik ersetzte eine alte Windmühle und war von 1946 bis 1999 in Betrieb.

Gut 1 km westlich von Patzig liegt bei Woorke ein bronzezeitliches Gräberfeld, das **Woorker Berge** genannt wird, da es aus 14 von Bäumen und Büschen überwachsenen, 6–8 m hohen Hügeln besteht.

i Praktische Hinweise

Information

Rügen-Klick Zimmervermittlung, Dorfstr. 12, 18528 Ralswiek, Tel. 038 38/40 41 10, www.ruegen-klick.de

Hotels

Klaus Störtebeker, Dorfstr. 11, Jarnitz, Ralswiek, Tel. 038 38/809 70, www.pension-stoertebeker.de. Pension und Gaststätte im Ortsteil Jarnitz. Die 38 modern ausgestatteten Zimmer bieten einen schönen Blick ins Grüne. Ein kurzer Fußweg führt zum Bodden.

Schlosshotel Ralswiek, Parkstr. 35, Ralswiek, Tel. 038 38/203 20, www.schloss hotel-ralswiek.de. Das komplett restaurierte Schloss liegt mitten im Park oberhalb der Naturbühne. Die Inneneinrichtung ist z. T. von Henry van de Velde entworfen. Vielfältiges Angebot an Beauty- und Wellnessanwendungen. Mit Restaurant.

Zum Schlossgarten, Parkstr. 44, Ralswiek, Tel. 038 38/311 40, www.zum-schlossgarten.de. Familiäre Atmosphäre zeichnet die moderne Pension am Park mit hübschen Gästezimmern und Apartments aus. In der Gaststätte wird gutbürgerliche Küche geboten.

Restaurant

Zum Störti, Am Bodden 100, Ralswiek, Tel. 038 38/31 10 18, www.gasthaus-zum-stoerti.de. Gasthaus neben der Naturbühne mit deftiger regionaler Küche.

35 Gingst

Um einen schönen Dorfanger angelegter Ort mit kurzweiligen Touristenattraktionen.

Als slawisches Ghynxt wurde das Dorf schon 1232 erwähnt. 1774 ging es dann in die Geschichte ein, weil Pastor Johann Gottlieb Picht mit Erlaubnis der schwedischen Regierung als Erster auf Rügen die

Historische Handwerkerstuben in Gingst – das rohrgedeckte alte Efeuhaus mit der hübsch bemalten Tür lädt zu einem Besuch des Museums ein

Leibeigenschaft aufhob. Außerdem waren in Gingst einst die meisten und wichtigsten Handwerksbetriebe Rügens ansässig – vor allem die Damastweberei genoss einen guten Ruf. 1950 aber vernichtete ein verheerendes Feuer Teile des alten Ortskerns. Gleichwohl gehört noch heute der breite begrünte **Marktplatz** mit seinen Geschäften und Gasthöfen zu den hübschesten Rügens. Die große Kirche **St. Jakobi** an der Ostseite des Platzes wurde im 15. Jh. als dreischiffige gotische Hallenkirche erbaut. Imposant ist der mächtige gotische Turm, der mit einer barocken Haube abschließt. Nach einem Brand 1726 in ihren klaren Originalformen wieder errichtet, erhielt die Kirche im Inneren eine qualitätvolle Barockausstattung. Die prächtige Orgel, 1790 vom Silbermann-Schüler Christian Kindt geschaffen, wird regelmäßig für Konzerte genutzt.

Die beiden interessantesten Gebäude von Gingst liegen jedoch an der Durchgangsstraße nach Ummanz. In einem Rauchhaus aus dem 17. Jh. und dem benachbarten sog. Efeuhaus (um TOP TIPP 1750) wurde das Museum **Historische Handwerkerstuben** (Karl-Marx-Str. 19/20, Tel. 03 83 05/304, www.historische-handwerkerstuben-gingst.de, Mai–Sept. tgl. 10–18, Okt. tgl. 10–17 Uhr, Nov.–April auf Anfrage) eingerichtet. Allein die alten rohrgedeckten Häuschen sind einen Besuch wert. Innen werden – liebevoll arrangiert – traditionelle Geräte von Schuhmachern, Schneidern, Böttchern, Salzwerkern, Sattlern, Webern, Töpfern und Weißnäherinnen präsentiert. In der restaurierten Museumsscheune wurden ein Laden und ein reizendes Café (April –Okt. tgl. 10–18 Uhr) mit gemütlichem Gastraum und adretten Gartentischen unter Obstbäumen eingerichtet.

Anziehungspunkt für Familien ist der **Rügenpark** (Mühlenstr. 22 b, Tel. 03 83 05/ 550 55, www.ruegenpark.de, Mitte April–Juni Di–So 10–18, Juli/Aug. tgl. 10–19, Sept./ Okt Di–So 10–17 Uhr), eine Kombination aus einem Miniatur-Nachbau der Denkmäler der Welt (Maßstab 1 : 25) und einem Kinder-Vergnügungspark u. a. mit Riesenrutsche, Wildwasserrondell und Achterbahn. Das 40 000m² große Gelände liegt in der schönen Parklandschaft der Udarser Wiek im sich westlich an Gingst anschließenden Ortsteil Kapelle.

Wer sich für die Kunst der Destillation und ihre Erzeugnisse interessiert, fährt von Gingst aus Richtung Lieschow zur ›1sten Edeldestillerie auf Rügen‹ (s. S. 98).

Traditionelle Schuhmacherwerkstatt in den Historischen Handwerkerstuben in Gingst

i Praktische Hinweise

Information

Tourismusverein West-Ruegen, Info-Stube im Museum ›Historische Handwerkerstuben‹, Karl-Marx-Str. 19, 18569 Gingst, Tel. 03 83 05/53 58 62, www.westruegen.net

Hotel

Boldevitzer Rügenkaten, Dorfstr. 17, Boldevitz, Tel. 038 38/31 39 76, www.boldevitz.de. Abseits der Straße Gingst–Bergen liegt in einem weitläufigen Landschaftspark das barocke Herrenhaus Boldevitz, in dessen Nachbarschaft mehrere rohrgedeckte Backsteinkaten zu geschmackvollen Ferienwohnungen ausgebaut wurden. Gute Freizeitmöglichkeiten, u. a. Tennis und Reiten (Reitanlage und ansprechendes Ausreitgelände mit Reithalle).

Der Antwerpener Schnitzaltar aus dem 16. Jh. ist das prunkvollste Ausstattungsstück der Marienkirche von Waase

Restaurant

Hiddensee, Mühlenstr. 33, Gingst, Tel. 03 83 05/500. Restaurant im Hotel Rügen Park mit guter regionaler Küche und freundlichem Service.

Einkaufen

1ste Edeldestillerie auf Rügen, Lieschow 17, Ummanz/Ortsteil Lieschow, Tel. 03 83 05/553 00, www.1ste-edeldestillerie.de. Im Sortiment der Edelobstbrennerei finden sich Liköre und Edelobstbrände in Bio-Qualität (Mo–Fr 10–16 Uhr).

36 Ummanz

TOP TIPP *Natur pur – die Insel ist ideal für Naturfreunde und für jeden, der die Seele baumeln lassen will.*

Kranichinsel wird es auch genannt, das etwa 20 km² große Eiland an der Westküste Rügens. Die flache landwirtschaftlich genutzte Insel wird durch einen betonierten Plattenweg erschlossen, der sich gut zu einer Fahrradrundfahrt eignet. Es gibt einige kleine Weiler, eine Haflingerzucht und einen weitläufigen Campingplatz am Bodden.

Waase

Seit 1901 führt eine Brücke über den Focker Strom von Rügen auf die Insel **Ummanz**. Am Ende der 250 m langen Brücke liegt zwischen alten Bäumen das denkmalgeschützte Ensemble von Waase mit Kirche, ehem. Küsterei, Pfarrhaus, rohrgedeckter Scheune und Pferdestall.

TOP TIPP Die Mitte des 15. Jh. erbaute und im 17. Jh. umgestaltete **Marienkirche** hat eine ansprechende Fassade mit gotischen Blendbögen und einen kleinen Dachreiter. Im Inneren steht der prächtigste Altar Rügens, ein äußerst kunstvoller **Antwerpener Schnitzaltar** von 1520. Er befand sich bis 1708 in der Stralsunder Nikolaikirche, wurde jedoch anlässlich der barocken Neugestaltung von dort entfernt. Thema und Stil des Altars lassen vermuten, dass er vom Antwerpener Jan van Dornicke gefertigt wurde. Der geschnitzte Mittelteil mit goldgefassten Figuren wird von sechs beidseitig bemalten Klappflügeln gerahmt. Die drei oberen Schnitzfelder stellen die Passion Christi dar, wobei das mittlere Feld mit der Kreuzigung die beiden seitlichen überragt. Die unteren Felder illustrieren Episoden aus dem Leben des hl. Thomas Becket (1118–1170), dessen Todestag sich zum 350. Mal jährte, als der Altar geschaffen wurde. Es werden die Einsetzung Beckets als Erzbischof von Canterbury, seine Ermordung sowie der Schwur Heinrichs II. gezeigt, mit dem er seine Unschuld am Tod Beckets beweisen wollte. Die Altarflügel schließlich stellen weitere Szenen der Passions- und Heilsgeschich-

te dar, vom Letzten Abendmahl bis zu Auferstehung und Pfingstwunder. Die oberen Tafeln der Außenseiten wirken fast surreal, sie zeigen vor einem Torbogen schwebende menschliche Häupter und die Leidenswerkzeuge Christi. Aus der sonstigen Ausstattung ragt insbesondere die reich mit Intarsien verzierte **Renaissance-Kanzel** von 1572 hervor.

Auch die benachbarten Gebäude lohnen einen Besuch. In die **Pfarrscheune** ist die kleine Privatrösterei ›OstseeKaffee‹ (s. S. 100) mit Café, Konditorei und Hofladen eingezogen. In der **Alten Küsterei** sind die Ummanz-Information (s. S. 100) sowie die Nationalparkausstellung untergebracht, die umfassende Informationen über Tier- und Pflanzenwelt des Nationalparks Vorpommersche Boddenlandschaft und über das empfindliche Bodden-Ökosystem geben.

Die Insel

Der südlichste und der östlichste Zipfel von Ummanz gehören zum *Nationalpark Vorpommersche Boddenlandschaft*, während der größere Teil der Insel den Naturpark Rügen bildet. Ummanz und die umgebenden Inseln und Küstensäume liegen im Durchzugsgebiet von Kranichen, Blesshühnern, Saat- und Graugänsen und sind Überwinterungsgebiet für mehr als 100 Vogelarten. Bis zu 100 000 Großvögel hat man hier schon gezählt. Zwischen Ummanz und dem Festland liegen seichte Boddenbuchten sowie eine Reihe von Inselchen – Liebes, Wührens, Urkevitz und Mährens –, die bei starken Frühjahrs- und Herbststürmen überschwemmt werden. Als Resultat sind die Böden und Uferbereiche besonders fruchtbar und bieten Nährstoffe für eine artenreiche Pflanzen- und Kleintierwelt, die aus ökologischen Gesichtspunkten, z. B. auch zur Versorgung der Zugvögel, von großer Bedeutung ist. Bei Tankow im Osten von Ummanz gibt es einen hölzernen Beobachtungs-Unterstand, von dem aus im März/April und September/Oktober die majestätischen Kraniche beim Flug von und zu den Futterplätzen studiert werden können.

Zum Sommerende im August findet das traditionelle **Ummanzer Tonnenabschlagen** statt. Seit 113 Jahren gibt es dieses Reiterspiel, bei dem eine hölzerne Heringstonne aus dem Ritt heraus zerschlagen werden muss, die in 3 bis 4 m Höhe hängt. Zum Rahmenprogramm gehören die Präsentation von Reitern und Kutschen sowie die Zurschaustellung der Ummanzer Haflingerzucht.

Abendstimmung an der Ummanzer Brücke – das letzte Tageslicht verleiht der stimmungsvollen Szenerie einen Hauch von Melancholie

Praktische Hinweise

Information

Ummanz-Information, Neue Str. 63 A, 18569 Waase, Tel. 03 83 05/534 81, www.ummanz.com. Im selben Gebäude auch die Nationalparkausstellung und -information (Winter geschl.).

Restaurant

TOP TIPP **Holzerland**, Am Focker Strom 17, Waase, Tel. 03 83 05/81 59, www.ruegen-ummanz.de. Die vorzügliche Fischgaststätte an der Ummanzer Brücke mit Terrasse am Wasser kredenzt Heringsgerichte aus eigenem Fang und hausgemachten Räucherfisch. In der kleinen Pension sind die 10 hellen Zimmer gemütlich hergerichtet. Bootsverleih und Angelfahrten komplettieren das Angebot.

Sport

Windsurfing Rügen & Kite Island Rügen, Ostseecamp Suhrendorf, Ummanz, Tel. 03 83 05/822 40, www.windsurfing-ruegen.de. Das Team bietet Windsurfkurse für Kinder, Anfänger und Fortgeschrittene sowie Kitesurfkurse an. Verleih und Verkauf von Ausrüstung, auch Kanus stehen sportlichen Urlaubern zur Verfügung.

Einkaufen

OstseeKaffee, Am Focker Strom 2, Waase, Tel. 03 83 05/53 58 35, www.ostseekaffee.de. Show-Kaffeerösterei, Verkauf von selbstgeröstetem Kaffee, Schokolade und Wein; Konditorei und Bio-Bäckerei mit Café (tgl. 8–18 Uhr).

Ummanz-Keramik, Pappelweg 1, Wusse, Tel. 03 83 05/81 11. Susan Schmorell stellt hübsche, mit landschaftlichen Motiven bemalte Gebrauchskeramik her. Besichtigung der Töpferei und Verkauf (Mai–Okt. Mo–Sa 10–18, So 11–17 Uhr, Nov.–April Mo–Fr 10–17 Uhr).

Camping

Ostseecamp Suhrendorf, Wusse, Tel. 03 83 05/822 34, www.ostseecamp-suhrendorf.de. Großer Platz direkt am Bodden. Das seichte Wasser ist ideal für Surf-Anfänger. Außerdem gibt es eine Minigolfanlage, Volley- und Beachvolleyballplätze, Tischtennis, Kinderspielplatz.

Unterkunft

Haide-Hof, Haide, Tel. 03 83 05/553 60, www.haide-hof.de. Ruhige Pension mit acht Zimmern hinterm Deich auf der Westseite der Insel. Mit Café-Restaurant, das neben Kuchen regionale Gerichte auf der Speisekarte führt.

Haflingerzucht auf Ummanz – auch im Flachland fühlen sich die zutraulichen Pferdchen, eine Züchtung aus Araber und Alpenpferd, offensichtlich wohl

Was steht wohl heute auf der Speisekarte des Grauen Kranichs?

Graue Eminenzen in Vorpommerns Boddenlandschaft

Die Boddenlandschaft zwischen Ummanz, dem Bug der Insel Bock und Hiddensee liegt mitten auf dem Zugweg des **Grauen Kranichs** von den Brutgebieten in Skandinavien, dem Baltikum und Russland zum Überwintern in Südspanien und zurück. Die Vögel rasten im Herbst mehrere Wochen lang an der vorpommerschen Boddenküste, um Kraft für die lange Flugstrecke über die europäische Landmasse zu sammeln. Die etwa einen Meter großen, majestätischen grauen Vögel fressen mindestens ein halbes Pfund Getreide pro Tag, was zu großen Konflikten mit den Bauern in Westrügen führt, bei denen die gut 40 000 Tiere auf dem Durchzug die Winteraussaat vernichten. Inzwischen hat man eine genügend große Fläche in das Schutzgebiet des **Nationalparks Vorpommersche Boddenlandschaft** (www.nationalpark-vorpommersche-boddenlandschaft.de) einbezogen, um ausreichende **Futterplätze** zu garantieren, und stellt außerdem Entschädigungssummen für die Landwirte zur Verfügung. In den frühen Morgenstunden und der Abenddämmerung im Frühjahr und Herbst sieht man große Schwärme zu den Futterplätzen fliegen und hört ihr charakteristisches Trompeten.

37 Großer Jasmunder Bodden

Menschenleere und Himmelsweite – die unberührte Naturschönheit der Halbinseln im Großen Jasmunder Bodden.

Von der Straße Bergen–Wittower Fähre zweigen zwei Alleen nach Nordosten ab, die am Großen Jasmunder Bodden enden. Die südliche führt nach Rappin, die nördliche nach Neuenkirchen und weiter auf die in den Bodden ragende verträumte Halbinsel Lebbin. Früher verkehrte vom Hafen Vieregge aus eine zweite Fähre nach Wittow. Heute verirrt sich kaum mehr jemand in diese stille Ecke. Zu Unrecht! Eine Wanderung oder Fahrradtour entlang der Boddenküste gehört zu den schönsten Rügen-Erlebnissen überhaupt.

Hinter **Neuenkirchen**, einem kleinen Straßendorf mit gotischem Backsteinkirchlein, passiert die Straße einen bewaldeten Hügel, an dessen Nordseite ein Parkplatz liegt. Von hier aus sind es nur wenige Schritte in den Wald zum TOP TIPP Treppenweg auf den **Hoch Hilgor** (44 m) mit dem hölzernen **Grümbke-Turm**. Der luftige, gut 15 m hohe Aussichtsturm ragt über die Baumwipfel hinaus und eröffnet einen wunderbaren weiten Rundblick über das Meer, das Kap Arkona, den Dornbusch von Hiddensee und die Kirchtürme von Gingst und Trent. Der Turm ist nach dem Heimatdichter und Maler Johann Jacob Grümbke (1771–1849) benannt, der in seinen ›Streifzügen durch das Inselland‹ (1805) diesen Aussichtspunkt rühmte. Wer die Ruhe und Idylle abseits der viel begangenen Routen TOP TIPP schätzt, kommt bei einer **Wanderung um den Tetzitzer See** auf seine Kosten. Östlich von Neuenkirchen führt ein Weg über eine Holzbrücke auf den **Liddower Haken** im Großen Jasmunder Bodden. Dort liegt in einem großen Park das bereits 1318 urkundlich erwähnte **Rittergut Liddow** (Liddow 1, Tel. 03 83 09/880 20, www.rittergut-liddow.de). Die Privatbesitzer vermieten im denkmalgeschützten Gutshaus von ca. 1720 drei Ferienwohnungen. Einsam und unberührt scheint das sumpfige Land um den Tetzitzer See, den man auf dem Liddower Haken umrunden kann. Bevor man sich Rappin nähert, steigt das Land zu einem lang gezogenen Höhenrücken namens **Banzelvitzer Berge** (45 m) an, auf

Vom Höhenrücken des Dornbusch am nördlichen Ende Hiddensees hat der Betrachter das ganze Eiland im Blick

denen sich der am schönsten gelegene Campingplatz Rügens befindet. Auch in **Rappin** steht eine gotische Backsteinkirche (um 1400). Als ältestes Ausstattungsstück beherbergt sie ein Taufbecken von 1250, auf dem vier Gesichter erkennbar sind.

1 km südlich von Rappin führt ein Weg nordwestlich über Tribbevitz, am südlichen Ufer des Tetzitzer Sees vorbei zurück nach Neuenkirchen.

i Praktische Hinweise

Camping

Banzelvitzer Berge, Groß Banzelvitz, Tel. 038 38/312 48, www.banzelvitz.de. Zufahrt über Rappin. Platz (250 Stellplätze) auf der Steilküste des Großen Jasmunder Boddens mit Blick auf Bodden und Jasmund; flacher Sandstrand.

Restaurant

Wirtshaus Neuenkirchen, Dorfstr. 12, Neuenkirchen, Tel. 03 83 09/703 60, www.wirtshausneuenkirchen.com. Dorfgaststätte mit regionaler sowie mediterran inspirierter Küche. Idyllische Gartensitzplätze hinterm Haus. Mit Pension.

Die barocke Kanzel der Schaproder Kirche ziert farbig gefasstes Schnitzwerk

38 Schaprode

Reizvoller Fischerort vis-à-vis von Hiddensee, jedoch als Parkplatz beansprucht.

Bei Trent, dessen trutziger Kirchturm mit seiner barocken Haube schon von Weitem zu sehen ist, biegt von der alten Handelsstraße Stralsund–Wittower Fähre die Straße nach Schaprode ab. Als westlichster Hafenort Rügens war sie früh für den Seehandel und die Fischerei von Bedeutung. Rohrgedeckte ziegelsteinrote Fischerhäuser scharen sich um die **Kirche**, deren erste Bauphase schon um 1200 beendet war. Sie ist damit nach Bergen und Altenkirchen die drittälteste Kirche Rügens, eine Basilika mit durch Staffelblenden gegliederter Westfassade und einem hölzernen Glockenturm-Aufsatz. Chor und Apsis stammen noch aus der ersten Bauphase, das Langhaus wurde um 1450 erneuert und mit einem Kreuzrippengewölbe versehen. Kanzel, Altar und der für eine evangelische Kirche ungewöhnliche Beichtstuhl bilden ein schönes Barockensemble. Beachtenswert sind ferner die Glasmalereien der Fenster, die Schiffe und Kapitänsnamen zeigen.

Der moderne Tourismus hat Schaprode leider sehr verändert. Seit ein regelmäßiger Fährdienst nach Hiddensee eingerichtet wurde, ist das Dorf zum größten **Parkplatz** auf Rügen geworden. Wegweiser an der Ortseinfahrt weisen auf die Parkmöglichkeiten hin. Die Fähren steuern vom Hafen gegenüber der nicht zugänglichen Insel Öhe die Orte Neuendorf, Vitte und Kloster auf Hiddensee an.

i Praktische Hinweise

Schiff

Reederei Hiddensee, Tel. 01 80/321 21 50, www.reederei-hiddensee.de. Im Sommer 12 Fahrten tgl. von Schaprode nach Hiddensee zwischen 6.30 und 18.40 Uhr. Fahrtdauer nach Neuendorf 30 Min., nach Vitte und Kloster 45 Min. Letzte Rückfahrt ab Vitte um 19.15 Uhr. Es gibt auch Wassertaxis.

Camping

Am Schaproder Bodden, Lange Str. 24, Schaprode, Tel. 03 83 09/12 34, www.campingplatz-schaprode.de. Durch Busch- und Baumreihen gegliedertes Wiesengelände am Boddenstrand mit 150 Stellplätzen, 250 m vom Hafen entfernt, mit Streichelzoo und Freizeitangebot (Nov.–März geschl.).

Restaurants

Keils Gaststube, Am Hafen, Schaprode, Tel. 03 83 09/12 16. Gaststätte mit Terrasse, die für ihre Gerichte biozertifiziertes Fleisch und Fisch der Hiddenseer Fischer verwendet.

Schafshorn, Streuer Weg 65 a, Schaprode, Tel. 03 83 09/13 13, www.schafshorn.de. Landgasthof mit schönem Wintergarten und Terrasse. Typische Rügener Gerichte werden geboten: Kartoffelsuppe, Aal, Pommerscher Gänsebraten oder die delikate Boddenfischersuppe. Hotelbetrieb mit 19 Doppel- und Einzelzimmern.

39 Hiddensee

Inselparadies zwischen Wind und Dünen.

Die Insel Hiddensee westlich von Rügen bildet mit ihren Dünen, dem 13 km langen Naturstrand, der lieblichen Heidelandschaft und den malerischen rohrgedeckten Fischerhäuschen, die sich flach hinter dem Deich in die Landschaft ducken, eine der reizvollsten Kulturlandschaften an der Ostsee. Schon zu Beginn des 20. Jh. eine beliebte Sommerfrische von Schriftstellern, Malern und Prominenten, ist die Insel nach der Wiedervereinigung zum Reiseziel all derer geworden, die Ruhe, Naturnähe, Abstand vom Verkehrslärm und die Schönheiten einer naturbelassenen Landschaft suchen.

Geschichte Die Wikinger berichteten ab 1159 von einer Hütteninsel, *Hithin-oe*, bzw. von der Insel des Hedin, *Hedins-oe*, und der dänische Chronist Saxo Grammaticus beschrieb das graziöse Hiddensee, *Hythini gracilis*. 1297 schenkte der Rügenfürst Witzlaw II. dem Zisterzienserkloster von Neuenkamp (heute Franzburg), südwestlich von Stralsund, die Insel. Nach der Säkularisierung ging sie 1534 ins Eigentum der Pommerschen Herzöge über. Im Dreißigjährigen Krieg ließ der kaiserliche Feldherr Wallenstein den Wald auf Hiddensee abbrennen, um zu verhindern, dass sich die Dänen dort mit Holz zum Schiffsbau versorgten. Mit dem Westfälischen Frieden 1648 fiel auch Hiddensee an Schweden. 1754 erwarb der Stralsunder Kammerrat von Giese die Insel von der schwedischen Krone, weil er den Ton aus dem Bodden für seine Keramikfabrik verwenden wollte. 1835 kaufte das Heilgeistspital in Stralsund die Insel. Sie blieb bis zur Enteignung 1945 Eigentum des Spitals. Erst ab 1879 verkehrte regelmäßig ein Postschiff nach Hiddensee, ab 1892 gab es einen planmäßigen Schiffsverkehr von hier nach Stralsund und Rügen. Damals kamen auch die ersten Künstler und Urlauber zu Besuch. Aber erst in den 1920er-Jahren wurde Hiddensee von Künstlern und Prominen-

ten als Sommerfrische, als Ort der Ruhe und Inspiration entdeckt.

Besichtigung Hiddensee ist 18,6 km lang und hat eine Fläche von 16,8 km². Die etwa 1200 Einheimischen nennen ihre Insel liebevoll ›dat söte Länneken‹ – das süße Ländchen. Die gesamte Insel ist für den privaten motorisierten Verkehr gesperrt, Einheimische und Besucher bewegen sich zu Fuß, mit Fahrrädern oder Kremserkutschen vorwärts. Sogar die Müllabfuhr funktioniert mit Pferdewagen. Die Insel hat vier Ortschaften – Grieben, Kloster, Vitte und Neuendorf – und wird von drei Landschaftstypen geprägt: Im Norden liegt der bis 72,5 m hoch aufsteigende Dornbusch, ein hügeliges, teils mit Kiefernwald bestandenes Gebiet mit einer Steilküste zum offenen Meer. Den zentralen Inselbereich beherrscht die *Dünenheide* mit ihren Kiefern, Birken, Ginster, Sanddornbüschen, Flieder und Heckenrosen. Sie geht über in die flache sandige Dünenlandschaft des Gellen im Süden, der spärlich mit Salzwiesen und Strandgras bewachsen ist.

Der Dornbusch und die beiden Sandhaken des Bessin, der südliche Teil der Dünenheide sowie der Gellen gehören zum *Nationalpark Vorpommersche Boddenlandschaft*, die anderen Bereiche außerhalb der Ortschaften sind Landschaftsschutzgebiete.

Dornbusch

Hinter Kloster, dem nördlichsten von der Fähre angesteuerten Ort auf Hiddensee, steigt das Land steil zu dem teils lehmigsandigen, teils aus steinigen Geschiebemergeln bestehenden Höhenrücken des Dornbusch an. Seitdem im Dreißigjährigen Krieg hier der gesamte alte Baumbestand von Erlen und Eichen vernichtet wurde, wuchern Dornenbüsche auf den Hügeln, besonders der stachlige Sanddorn, dessen Beeren zu Vitamin-C-reichem Saft und Sirup verarbeitet werden. Auf dem höchsten Punkt der Insel, dem 72,5 m hohen Bakenberg, steht der 27,5 m hohe **Leuchtturm auf dem Dornbusch** (Mitte April–Okt. tgl. 10.30–16 Uhr), das weithin sichtbare Wahrzeichen von Hiddensee. Der 12-eckige, weiß verputzte Klinkerbau wurde 1887/88 erbaut. Von der Aussichtsplattform überblickt man die gesamte Insel und das westliche Rügen, sieht sogar die Silhouette von Stralsund. Das Leuchtfeuer hat eine Lampenleistung von 2000 Watt und strahlt bis zu 45 km weit.

TOP TIPP

Bereits seit 1937 steht der Dornbusch unter Naturschutz. An der Nordwestseite endet die hügelige Landschaft in einem jäh abfallenden Steilufer, an dessen Fuß ein geschützter einsamer *Sandstrand* liegt. Er kann über den Abstieg durch die Svantevitschlucht beim Leuchtturm erreicht werden. Um die ständige Meeresabtragung zu verhindern, wurde zwischen 1937 und 1939 um das *Kap Hucke* in Ufernähe ein Schutzdamm aus schwedischem Granit angelegt, von dem bis Kriegsausbruch ca. 400 m fertiggestellt waren. Seitdem sind neue Abbrüche an der Hucke ausgeblieben.

Trauminsel Hiddensee – wie ein Schattenriss hebt sich die Silhouette des Leuchtturms auf dem Dornbusch vom glutroten Abendhimmel ab

Hoffentlich hält das Seil – ein etwas fülliger Engel schwebt in der Inselkirche von Kloster unter dem üppig mit Blumen bemalten Tonnengewölbe

Am Boddenufer des Dornbusch liegt **Grieben**, der älteste und kleinste Ort der Insel. Bauernhöfe mit farbenfrohen Blumengärten und Fischerkaten prägen das dörfliche Bild des Weilers, dessen Gasthaus sich zur Einkehr bei einer Dornbusch-Rundwanderung anbietet.

Bessin

Wie zwei Zöpfe sehen die beiden Sandhaken aus, die sich am nördlichen Ende Hiddensees gebildet haben und etwa 3 km lang in den Vitter Bodden hineinragen: **Altbessin** und **Neubessin**. Während der Altbessin inzwischen im Strömungslee des Neubessin liegt und nicht weiter wächst, landen am Neubessin beständig die von den Steilküsten abgewaschenen Sedimente an und lagern sich ab, sodass die Halbinsel jährlich um 30 bis 50 m wächst. Der südliche Teil Neubessins ist ein wichtiges Brutgebiet für Küstenvögel und als Kernzone des *Nationalparks Vorpommersche Boddenlandschaft* vollständig gesperrt. Tausende von Wattvögeln, Gänsen und Enten versammeln sich hier im Frühjahr und Herbst. Von einem Beobachtungsturm an der Südspitze des Altbessin lassen sich die Brut- und Futtergebiete gut einsehen.

Kloster

Dort, wo 1297 die Neuenkamper Zisterziensermönche ein Kloster errichteten, entstand die Ortschaft Kloster. Schon 1536 wurde das Stift aufgelöst und im Dreißigjährigen Krieg weitgehend zerstört. Nicht mehr als ein Torbogen und ein Abflussstein am Dorfbrunnen sind von der Anlage übrig geblieben.

Die turmlose **Inselkirche** (www.kirche-hiddensee.de) ist das älteste Bauwerk auf Hiddensee. Sie wurde von den Mönchen des Klosters als Laienkapelle erbaut und 1332 geweiht. Einst besaß sie auch einen Turm, aber seit dem Umbau 1782 befinden sich die beiden Glockenstühle in einem südlichen Vorbau, durch den die einschiffige Kirche auch betreten wird. Im freundlichen, vorwiegend in Blau und Weiß gehaltenen *Inneren* befindet sich der mittelalterliche Grabstein des 1475 verstorbenen Abtes Johannes Runnenberg. Sehenswert ist auch das hölzerne Tonnengewölbe, das in den 1920er-Jahren mit einem hübschen Blumenmotiv ausgemalt wurde. Auf dem **Friedhof** finden sich die Grabsteine des Nobelpreisträgers Gerhart Hauptmann, der Dresdner Tänzerin Gret Palucca, des Regisseurs Walter Felsenstein und der Unternehmer-Brüder Max und Oskar Kruse.

Zwei Museen gibt es in Kloster, deren Besuch man nicht versäumen sollte. TOP TIPP Das **Heimatmuseum Hiddensee** (Kirchweg 1, Tel. 03 83 00/363, www.heimatmuseum-hiddensee.de, April tgl. 11–15, Mai–Okt. tgl. 10–16, Nov.–März Do–Sa 11–15 Uhr) von Hiddensee wurde 1954 im 1888 errichteten Gebäude des Seenotrettungsdienstes am südwestlichen Ortsrand eröffnet. Die Sammlung erläutert anschaulich die Geschichte der Insel und zeigt Beispiele ihrer Tier- und Pflanzenwelt. Eine Bernsteinausstellung und eine Galerie mit Werken einheimischer Künstler sind gleichfalls von Interesse. Besuchermagnet ist jedoch der berühmte **Hiddenseer Goldschatz**, der nach Sturmfluten in den Jahren 1872 bis 1874 am Strand gefunden wurde. Hier werden allerdings nur Kopien gezeigt, die Originale befinden sich im Safe des Kulturhistorischen Museums in Stralsund. Der 16-teilige Schmuck, der um 970/980 von Wikingern angefertigt wurde, ist eines der schönsten und besterhaltenen Zeugnisse nordischer Goldschmiedekunst des Mittelalters.

Das zweite Museum des Ortes ist das **Gerhart-Hauptmann-Haus** (Kirchweg 13, Tel. 03 83 00/397, www.hauptmannhaus.de, März, Nov. Di–Fr 11–14, April Mo–Fr 11–16, Mai–Okt. Mo–Sa 10–17, So 13–17, Dez.–Febr. Do 11–14 Uhr), das 1956 aus Anlass des zehnten Todestages im Wohnhaus des Dichters und Nobelpreisträgers eingerichtet wurde. 1885 kam Hauptmann zum ersten Mal nach Hiddensee und war bezaubert von der schlichten Schönheit der Insel. Ab 1916 besuchte er sie jedes Jahr für einige Wochen und erwarb schließlich 1930 das Haus in Kloster, gen. *Haus Seedorn*, als Feriendomizil. Bis 1943 verbrachte er alle Sommer hier, wobei Arbeit und Geselligkeit einander angenehm ergänzten. Sein Arbeitszimmer, die Wohn- und Schlafräume, der Weinkeller, Terrasse und Garten sind original erhalten und zu besichtigen. Gerhart Hauptmann, der bedeutendste deutsche Dramatiker des Naturalismus, starb am 6. Juni 1946 in Agnetendorf im Riesengebirge. Seinem Wunsch gemäß wurde er am 28. Juli auf Hiddensee beigesetzt.

Der Unternehmer und Maler *Oskar Kruse* ließ sich 1905 am Nordrand von Kloster von den Berliner Architekten Otto W. Spalding und Alfred Grenander eine burgartige Sommerresidenz bauen, die er nach der Straße, in der er in Berlin wohnte, die **Lietzenburg** nannte. Der wuchtige Backsteinbau weist Anklänge an den Jugendstil auf. Nachdem Oskar sich mit

Wie Hiddensee entstand

Im ›Rügenschen Sagenbuch‹, das Prof. Dr. Alfred Haas 1891 aus Überlieferungen zusammengetragen hat, wird erzählt, wie Hiddensee entstanden ist: Als Rügen und Hiddensee noch zusammenhingen, gab es zwei Witwen, die reiche Mudder Hidden und die arme Mudder Vidden. Eines Tages klopfte ein Bettler an die Tür von Mudder Hidden und bat um Aufnahme, aber sie schlug ihm die Tür vor der Nase zu. Da ging er zur Hütte von Mudder Vidden, die ihn aufnahm und verpflegte. Am nächsten Morgen verabschiedete sich der Bettler mit den Worten, dass das Erste, was sie anfange, gesegnet sei. Die Witwe gab sich daran, ein Kleid für ihre Tochter zu nähen. Als sie den Stoff ausmessen wollte, merkte sie, dass die Leinwand kein Ende hatte. Die Hütte füllte sich mit Stoff und Mudder Vidden wurde reich. Da nannte man das Dorf nach ihr: Vitte. Mudder Hidden aber sah dies mit Neid. Sie suchte den Bettler und nötigte ihn fast, auch bei ihr zu übernachten. Der verabschiedete sich am nächsten Morgen mit denselben Worten wie das erste Mal. Da wollte Mudder Hidden sich daran geben, ihr Geld zu zählen. Weil die Kuh im Stall jedoch unablässig brüllte, ging sie zuerst, ihr Wasser zu geben. Doch das Wasser, das aus der Pumpe lief, hörte nicht mehr auf zu laufen und Mudder Hidden konnte nicht aufhören, den Pumpenschwengel zu betätigen. Da füllte sich das Land mit Wasser und überschwemmte alles, bis auf einen schmalen Rand, den man Hiddensee nannte.

An diesem Schreibtisch arbeitete Gerhart Hauptmann in seinem Ferienhaus in Kloster

dem Hausbau völlig ruiniert hatte, ging die Villa in den Besitz des Bruders Max über, der sie mit seiner Frau Käthe, der Gründerin des Käthe-Kruse-Puppenimperiums, weiter nutzte. Nach dem Krieg machte man aus der Luxusresidenz ein Erholungsheim der Universität Greifswald. Seit 2009 wird die Lietzenburg saniert und umgebaut. Es sollen auch Räumlichkeiten für die Öffentlichkeit entstehen.

In Kloster beginnen die beiden **Deiche**, die die gesamte Insel auf beiden Seiten vor Hochwasser schützen und ideal zum Spazierengehen und Radfahren sind. Hinter dem Deich der Westseite beginnt am Heimatmuseum der 13 km lange kinderfreundliche **Sandstrand**, an dem es seicht ins Wasser geht. Etwa 1 km südlich von Kloster liegen schon die ersten Häuser von Vitte.

TOP TIPP

Vitte

Mit seinen rund 600 Einwohnern ist Vitte der größte Ort und Verwaltungssitz von Hiddensee. Wie auch bei Vitt auf Rügen bezeichnete der Name einen Ort, an dem Fischer in der Heringsfangsaison lebten. 1513 standen nur 24 rohrgedeckte Katen an dem kleinen Fischerhafen. Mit der Zeit wurden die Vitten jedoch zu dauerhaften Siedlungen. In Vitte befinden sich die öffentlichen Einrichtungen der Insel wie Rathaus, Schule und Bibliothek sowie einige Geschäfte und Restaurants. Auch die Insel-Information, das Nationalparkhaus und der Jachthafen sind hier beheimatet. In Ermangelung von exakten Adressen unterscheidet man zwischen zentralem Teil, Süderende und Norderende.

Der **Hafen** von Vitte ist der größte der drei Hiddenseer Häfen. Hier spucken die großen Fährschiffe die meisten der Tagesbesucher Hiddensees aus, hier gibt es einen großen Fahrradverleih, einen Laden mit Schmuck und Souvenirs sowie ein Lokal mit Terrasse, auf der man den Tag angenehm ausklingen lassen kann. Im Hafenbecken dümpeln Segelboote und Fischerkähne und an der Mole sitzen die Fischer wie ehedem und reparieren ihre Netze.

Am Norderende steht noch heute das Sommerhaus der dänischen Stummfilmdiva *Asta Nielsen* (1881–1972), in dem sie die Sommermonate der Jahre 1925–36 verbrachte. Die Pläne des ungewöhnlichen Baus zeichnete der berühmte Architekt Max Taut (1884–1967). Es ist ein Holzhaus, das die Bewohnerin wegen der stark abgerundeten Ecken **Karusel** (dän. Schreibweise) nannte. Maler, Schriftsteller und Schauspieler gingen hier ein und aus. Eine kulturelle Nutzung des Gebäudes ist geplant.

Leuchtender Farbklecks in der Ortsmitte, unweit des Hafens, ist die **Blaue Scheune** mit dem fröhlich wuchernden Garten. Das niederdeutsche Hallenhaus mit spitzem Rohrdach, dem ›Zuckerhut‹, ist das einzige Gebäude dieser Art auf Hiddensee. Entstanden ist es vor etwa

Auf der autofreien Insel Hiddensee ist das Fahrrad eines der schnellsten Verkehrsmittel – aber eigentlich hat es hier keiner so richtig eilig

Grande Dame des deutschen Stummfilms: Asta Nielsen, um 1925

Prominentenkolonie Hiddensee

Als gegen Ende des 19. Jh. die Seebäder auf Rügen in Mode kamen, war Hiddensee noch eine verlassene Sandbank am Horizont ohne regelmäßige Schiffsverbindung nach Rügen oder zum Festland (bis 1892). Der Erste, der Werbung für das idyllische kleine Eiland machte, war der schlesische Exzentriker **Alexander Ettenburg**, ein Schauspieler und Dichter, der sich aufgrund seiner prekären Gesundheit und seiner noch prekäreren Finanzsituation auf Rügen niedergelassen hatte. Mit 100 Reichsmark, die er mit der Veröffentlichung des Gedichts ›Wunna, die Jungfrau von Rügen‹ verdient hatte, pachtete er 1888 vom Hiddensee-Eigentümer, dem Heilgeistspital in Stralsund, eine Fischerhütte in Grieben, aus der er eine Gaststätte machte. Von hier aus versandte er handgeschriebene Werbung für »naturgebundene Ferien« und machte Pläne für Theatervorführungen in einer Schlucht am Dornbusch, die er Svantevitschlucht taufte.

1901 ließ sich der Industrielle und Maler **Oskar Kruse** auf Hiddensee nieder. Er hatte dem Spital ein Grundstück abgekauft und sich darauf eine Villa, **Lietzenburg** genannt, erbauen lassen, die er zur Künstlerbegegnungsstätte machte. Max Reinhardt und Gerhart Hauptmann gingen ein und aus, es kamen ferner Ernst Barlach, Käthe Kollwitz, Albert Einstein, Sigmund Freud, Lion Feuchtwanger, Gottfried Benn, Thomas Mann, Joachim Ringelnatz, Erich Heckel und viele andere Künstler und Intellektuelle.

Auch die Stars und Sternchen des Berliner Kinohimmels folgten der Mode: Willi Forst, Friedrich Holländer, Valeska Gert, Paul Henckels und Else Lehmann kamen, wie auch die dänische Diva des Babelsberger Stummfilms **Asta Nielsen**. Ihr baute Max Taut 1925 in Vitte das Märchenhaus ›Karusel‹, das zu einem weiteren Treffpunkt von Künstlern und Prominenten wurde.

Bis heute ist Hiddensee – ohne große Touristikzentren mit Hotelkomplexen – als geruhsames, naturnahes Fleckchen Erde beliebt.

Insel Hiddensee (Auszug)

Kühe weiden bis zum Rande,
Großer Tümpel, wo im Röhricht
Kiebitz ostert. – Nackt im Sande
purzeln Menschen, selig töricht.
...
Fischerhütten, schöne Villen
grüßen sich vernünftig freundlich.
Steht ein Häuschen in der Mitte,
rund und rührend zum Verlieben.
›Karusel‹ steht angeschrieben.
Dieses Häuschen zählt zu Vitte.
Joachim Ringelnatz

200 Jahren als Bäckerei und diente danach als Stall und Scheune, bis es in den 1920er-Jahren die Künstlerin *Henni Lehmann* zum Atelier mit Ausstellungsraum umfunktionierte. Sie gründete hier zusammen mit Clara Arnheim, Elisabeth Andrae und Katharina Bamberg den *Hiddenseer Künstlerinnenbund*. Die Gruppe stellte fortan in der Blauen Scheune ihre Werke aus, löste sich aber unter dem Druck der Nationalsozialisten auf, da mehrere ihrer Mitglieder Jüdinnen waren. 1955 kaufte der Maler Günter Fink das Haus und nutzte es ebenfalls für Kunstausstellungen. Seit seinem Tod im Jahr 2000 bewohnt seine Witwe in den Sommermonaten das Haus. Zu unregelmäßigen Zeiten lädt die alte Dame mit einem vor dem Haus aufgestellten Schild zur Besichtigung ein.

Südlich von Vitte verbreitert sich die Insel zu der mit niedrigem Buschwerk bewachsenen **Dünenheide**, durch die sich schmale Sandwege schlängeln. Ab

Beliebtes Fotomotiv in Vitte ist die rohrgedeckte Blaue Scheune, die eine interessante Geschichte als Künstlerhaus vorzuweisen hat

August überzieht hier ein prächtiger violetter Blütenteppich aus Heidekraut den Boden. In der Mitte liegt ein kleines Wäldchen mit der Hotelanlage Heiderose (s.S. 112), ansonsten ist der Landstrich bis zum 4 km entfernten Neuendorf einsam, nur hier und da grasen einige Schafe oder ein paar Kühe.

Vor dem breitesten Teil der Dünenheide liegt im Bodden die **Fährinsel**, nur durch einen schmalen Wasserlauf von Hiddensee getrennt. Heute ist sie ganz den Vögeln vorbehalten, früher lebten hier die Fährleute, die noch bis 1952 bei Bedarf den Transport von Reisenden und Waren zwischen Hiddensee und Rügen übernahmen.

Neuendorf

Das denkmalgeschützte Fischerdorf ist der südlichste und stillste der Inselorte. Die Häuser stehen weit auseinander – ohne trennende Zäune oder Hecken – in langen Reihen auf leicht erhöhten Bodenwellen (Hochwasserschutz!) der windgefegten Rasenfläche. Am winzigen Hafen gibt es ein Geschäft, einen Informationskiosk und einen Fahrradverleih. Südlich schließt sich der Ortsteil **Plogshagen** an. Im 19. Jh. verursachten einige große Sturmfluten hier verheerende Schäden. 1872 drohte die Insel südlich von Plogshagen an der *Schwarzer Peter* genannten Bucht, wo sie auch heute nur knapp 300 m breit ist, auseinanderzureißen. Umfangreiche Rettungsarbeiten und 1904–10 der Bau eines Deichs, der von Neuendorf bis zum Leuchtturm des Gellen reicht, konnten die Gefahr bannen. In Neuendorf erinnert ein Gedenkstein an die große Sturmflut, bei der auch die ersten Teile des Hiddenseer Goldschatzes an Land gespült wurden.

Urlaubsgäste genießen auf Hiddensee, hier in Vitte, Gemächlichkeit mit der Pferdekutsche

Naturschutzgebiet Fährinsel – wo bis Mitte des 20. Jh. noch Fährleute lebten, finden heute zahlreiche Vogelarten eine ungestörte Heimat

In einem restaurierten Reusenschuppen, der 1885 aus roten Klinkern errichtet wurde, ist das **Fischereimuseum** (Pluderbarg 7, Mai–Ende Okt. Mo–Sa 14–17 Uhr) zuhause. Mit einer Ausstellung ›zum Anfassen‹ informiert es über Alltag und Gewerbe der Fischerei, Zeitzeugen liefern dazu Details und Geschichten.

Gellen

Südlich von Plogshagen liegt ein kleines Waldstück, hinter dem sich die Wege in eine vom Wind zerzauste menschenleere Dünenlandschaft verlieren, dem Gellen. Nach etwa 2 km gelangt man zu dem in den Dünen stehenden 10 m hohen **Süderleuchtturm** aus dem Jahr 1905. Schon im Mittelalter wies hier ein Leuchtfeuer den Schiffen den sicheren Weg nach Stralsund. Damals gab es auf dem Gellen eine Kirche (1302 erstmals urkundlich erwähnt) und der hier tätige Mönch musste auch das Leuchtfeuer unterhalten.

Weitere 2 km südlich enden die Pfade am Beginn eines weiteren Stücks Kernzone des *Nationalparks Vorpommersche Boddenlandschaft*. Dieser südlichste, für Besucher gesperrte Teil der Insel ist Rastplatz für Zugvögel und es gedeihen hier seltene Pflanzen wie das Wollgras und der fleischfressende Sonnentau. Während andere Küstenbereiche von Abtragungen bedroht sind, wächst Hiddensee durch Anlandung von Sand an dieser Stelle Jahr für Jahr um mehrere Meter.

i Praktische Hinweise

Information

Insel Information Hiddensee, Norderende 162, 18565 Vitte, Tel. 03 83 00/640, www.seebad-hiddensee.de, Mai–Sept. Mo–Fr 9–17, Sa/So 10–12, April Mo–Fr 9–16, Okt. Mo–Fr 9–16, Sa 10–12, Nov.–März Mo–Fr 9–15 Uhr

Hafencenter, Hafenweg 15, 18565 Kloster, Tel. 03 83 00/606 54, Mai–Okt. Mo–Fr 9.30–12.30 und 13.30–17, Sa/So 9.30–12.30 Uhr

Nationalparkhaus, Norderende 2, Vitte, Tel. 03 83 00/680 41, April–Okt. tgl. 10–16, Nov.–März tgl. 10–15 Uhr

Kurtaxe

Hiddensee erhebt als Ostseebad Kurtaxe: für Tagesbesucher mit dem Fährticket, ansonsten sind die Vermieter erhebungspflichtig. Es kann eine Jahreskurkarte für das laufende Kalenderjahr erworben werden (u. a. bei Kurverwaltung Vitte und im Heimatmuseum Kloster), die sich ab ca. 14 Aufenthaltstagen lohnt.

Schiff

Reederei Hiddensee GmbH, Achtern Diek 4, Vitte, Tel. 01 80/321 21 50, www.

reederei-hiddensee.de. Direktverbindungen nach Schaprode auf Rügen und im Sommer auch nach Stralsund.

Verkehrsmittel

Fuhrmannshof Neubauer, Hafenstr. 10 a, Kloster, Tel. 03 83 00/487, www.hiddensee-kutschfahrten.de

Fuhrmannshof & Fahrradverleih Hiddensee, Süderende 4, Vitte, Tel. 03 83 00/680 15, Mobil 01 71/834 11 57, www.pferdundfahrrad.de

Fuhrunternehmen Willi Berg, Am Reedsal 24, Kloster, Tel. 03 83 00/501 55, Mobil 01 71/522 45 15

Hotels

Godewind, Süderende 53, Vitte, Tel. 03 83 00/66 00, www.hotelgodewind.de. Gemütlich-rustikales Hotel mit guter Gaststätte in Hafennähe.

Haus Hiddensee, Kirchweg 29, Kloster, Tel. 03 83 00/335, www.haus-hiddensee.de. Kleine, hübsche Pension im Dorf. Im dazugehörigen Restaurant *Die Kajüte* speist man in gemütlicher Atmosphäre.

Heiderose, In den Dünen 127, Vitte, Tel. 03 83 00/630, www.heiderose-hiddensee.de. Hotelanlage mit Zimmern und Ferienhäusern mitten in der Dünenheide. Fitnessraum, Sauna, Solarium und Fahrradverleih stehen zur Verfügung. Das Restaurant bietet neben regionalen und internationalen Gerichten als besonderes Schmankerl hausgeräucherten Fisch. Auch das Brot wird im hauseigenen Steinbackofen selbst gebacken.

Hitthim, Hafenweg 8, Kloster, Tel. 03 83 00/66 60, www.hitthim.de. Ältestes Hotel auf der Insel in schönem, 1910 erbauten Fachwerkhaus am Hafen. Die Zimmer sind stilvoll eingerichtet.

Inselidyll, Siedlung 23, Kloster, Tel. 03 83 00/234, www.inselidyll-hiddensee.de. Am Rand von Kloster gelegen, ist diese Pension ein Ort der Erinnerung: Hier wohnten schon Thomas Mann und seine Frau Katja, als sie Gerhart Hauptmann besuchten, und auch Albert Einstein verbrachte hier seine Sommerfrische.

Lachmöwe, Wallweg 5, Vitte, Tel. 03 83 00/253, www.lachmoewe.de. Solide Pension am Hafen mit sieben freundlichen Zimmern und einem Café mit schöner Terrasse.

Post Hiddensee, Wiesenweg 26, Vitte, Tel. 03 83 00/64 30, www.hotel-post-hiddensee.de. Moderne helle, bestens ausgestattete Apartments in neuerem

Wenn nicht gerade die Fähre nach Rügen an- oder ablegt, geht es am Hafen von Neuendorf mit seinen hübschen Segeljachten und Fischkuttern sehr geruhsam zu

Haus z.T. mit Terrasse oder Balkon und schöner Gartenanlage. Den Hausgästen steht zudem eine Sauna mit Ruheraum zur Verfügung.

Zum Enddorn, Dorfstr. 6, Grieben, Tel. 03 83 00/460, www.enddorn.de. Hübsches Hotel mit gemütlicher Gaststätte – fernab des Tagesbesucherrummels. Schöner Blick auf die Boddenküste.

Restaurants

Zum Klausner, Im Dornbuschwald 1, Kloster, Tel. 03 83 00/66 10. Kleines Gasthaus mit Pension, ruhig nördlich von Kloster gelegen. Gute einheimische Küche, insbesondere Fischspezialitäten, kann man sich hier schmecken lassen.

Zum kleinen Inselblick, Birkenweg 2, Kloster, Tel. 03 83 00/680 01. Gutes Restaurant und Café mit traumhaftem Blick, zudem auch Antiquitäten- und Trödelladen mit Aquarellen und Ölbildern, Büchern und alten Möbeln, die man kaufen kann.

Cafés

Café Seepferdchen, Süderende 84, Vitte, Tel. 03 83 00/266. Nettes Gartencafé in Strandnähe mit dem besten Sanddornkuchen der Insel (Nov.–April geschl.).

Gasthaus & Café Rosi, Pappelallee 11, Neuendorf, Tel. 03 83 00/501 68, www.gasthaus-cafe-rosi.de. Gutbürgerliche Küche und hausgemachte Blechkuchen; Biergarten und Veranda.

Oben: *Gar nicht grimmig – Seebären der MS Stubnitz im Neuendorfer Hafen*
Unten: *Eher putzig – der weiß-rote Süderleuchtturm auf dem Gellen gehört mit 10 m Höhe nicht zu den größten seiner Art*

Stralsund – Brückenpfeiler zur Insel Rügen

Ohne ihr Gegenüber auf dem Festland ist die Insel Rügen nicht zu denken. Die alte Hansestadt **Stralsund** am Strelasund setzt mit ihrer eng bebauten historischen Altstadt, den weit über die Region hinaus bedeutenden Museen, den großartigen Kirchen, ihrem vielfältigen Kulturleben und Markttreiben einen glanzvollen urbanen Kontrapunkt zu der von Strandurlaub, ländlichen Idyllen und Naturlandschaften geprägten Insel. Bei einem Rundgang durch die seit 2002 gemeinsam mit Wismar zum UNESCO-Welterbe zählende Altstadt sind mannigfaltige Zeugen mittelalterlicher und barocker Stadtbaukunst zu entdecken – quasi ein monumentales Denkmal mit über 800 Einzelsehenswürdigkeiten! Als wichtigste Stadt Vorpommerns ist Stralsund mit seinen knapp 58 000 Einwohnern eine gelungene Verbindung von touristischem Anziehungspunkt und geschäftigem Mittelpunkt der Region.

40 Stralsund

TOP TIPP *Tochter der Hanse mit stolzer Vergangenheit und lebendigem urbanen Flair.*

Strelasund heißt die Wasserstraße, die die Insel Rügen vom Festland trennt. Und von dort aus muss man kommen, will man die Stadtsilhouette, geprägt vom Hafen, den hohen Speicherfassaden und dem futuristisch geformten Bau des Ozeaneums, im richtigen Licht sehen. Dahinter ragen drei große gotische Kirchen aus dem Häusermeer empor: Marien-, Nikolai- und Jakobikirche, die Wahrzeichen Stralsunds. Die Stadt verheißt mit warmen Farben und wehrhaften Mauern Geborgenheit und Schutz, Eigenschaften, die schon die Seefahrer im 13. Jh. zu schätzen wussten, wenn sie aus Bergen, Riga oder St. Petersburg kamen, um Pelze und Baustoffe gegen Tabak, Salz und Tuche einzutauschen. Und auch heute hat diese Wasserfront ihren Reiz. Der große

Stralsund aus der Vogelperspektive – vom Turm der Marienkirche bietet sich ein imposantes Altstadtpanorama mit der zweitürmigen Nikolaikirche und der Jakobikirche

Quader der 1996 errichteten *Schiffbauhalle* der Volkswerft steht für die moderne Wirtschaftsbasis der Stadt, das alte Hafengelände dagegen entwickelte sich mittlerweile zu einem attraktiven Altstadtviertel mit Hotels, Restaurants und Kultureinrichtungen.

Geschichte 1234 wurde der slawischen Fischersiedlung Stralow am Strelasund vom Rügenfürst Witzlaw I. das lübische (= Lübecker) Stadtrecht verliehen. Ende des 13. Jh. schlossen sich die Ostsee-Hafenstädte im Schutzbund der **Hanse** zusammen. Die erste große Bewährungsprobe dieses Bundes war die Vertreibung der Dänen aus Norddeutschland, die der *Frieden zu Stralsund* 1370 besiegelte. Als Hansestadt profitierte Stralsund vor allem vom **Zwischenhandel**, wobei hier Waren aus Böhmen, Sachsen und Brandenburg auf den Seeweg nach Skandinavien und Russland verladen wurden. Teure Tuche, wertvolle Erze, Getreide, Pelze und Vieh wurden umgeschlagen. Durch Steuern partizipierte Stralsund an jedem dieser Handelsakte. Über 300 Schiffe fuhren allein unter ›sundischer‹ Flagge. Der Reichtum schlug sich in einer enormen **Bautätigkeit** nieder. Bereits im 13. Jh. dehnte sich die Stadt beträchtlich aus und es entstand eine bald mit der Altstadt zusammenwachsende Neustadt, deren neue Gemeindekirche die Marienkirche war. Auch der Schiffbau florierte. Im 14. Jh. hatte Stralsund 13 Werften. In dieser Zeit wurde die Stadt zur Festung ausgebaut und mit Wassergräben umgeben, den heutigen Stadtteichen. Noch immer sind die spitz ins Wasser hineinragenden Bastionen zu erkennen.

Der Dreißigjährige Krieg konnte der Stadt dank ihrer wehrhaften Befestigungen wenig anhaben. Das kaiserliche Heer unter Wallenstein belagerte sie 1628 erfolglos, doch im Westfälischen Frieden 1648 wurden Stralsund, Rügen und weitere Teile Pommerns vertraglich dem Königreich Schweden zugesprochen. Die Schwedenherrschaft dauerte 167 Jahre. Erst bei der Neuordnung Europas beim Wiener Kongress 1815 wurde die Region Vorpommern Preußen zugeschlagen und schon bald vom Adel und den Reichen zur Sommerfrische erkoren. 1936 entstand mit dem Rügendamm eine viel frequentierte Verbindungsstraße zur Ferieninsel Rügen und bescherte dem Brü-

ckenkopf Stralsund ebenfalls touristischen Aufschwung. Seit 2007 fließt der motorisierte Verkehr nach Altefähr auf Rügen über die parallel zum Rügendamm verlaufende dreispurige **Rügenbrücke**, die mit ihrem 127,5 m hohen Pylon weithin sichtbarer Blickfang ist.

Von der Macht und dem Reichtum der Hansestadt zeugen bis heute viele wertvolle Baudenkmäler, die trotz der schweren Luftangriffe 1944 erhalten blieben. In der gesamten Stadt stehen über 800 Gebäude unter Denkmalschutz, davon allein 526 im historischen Zentrum. Das mit Wismar 2002 in die Weltkulturerbeliste der UNESCO (www.stralsund-wismar.de) aufgenommene Stralsund – als größte Stadt Vorpommerns zugleich Verwaltungszentrum der Region – pflegt neben seinem einzigartigen Erbe einer traditionsreichen Hansestadt auch einen regen Kulturbetrieb und bewahrt eine sehr lebendige, junge Atmosphäre.

Vom Neuen zum Alten Markt

Vom Bahnhof, wo das Auto geparkt werden kann, führt der belebte *Tribseer Damm* zwischen dem Knieperteich und den Frankenteichen hindurch zur Altstadt, die inselgleich zwischen den Teichen des früheren Bastionengürtels und dem Strelasund eingebettet liegt. Den die Altstadt südlich umrundenden *Frankenwall* querend gelangt man nach wenigen Schritten zur imposanten **Marienkirche** 1 (Tel. 038 31/29 89 65, www.st-mariengemeinde-stralsund.de, Mai/Juni Mo–Fr 10–17 Uhr, Juli–Sept. Mo–Fr 9–18, Sa 10–17, So 11–17, Okt. Mo–Sa 10–17, So 11–17, Nov.–April Mo–Fr 10–12 und 14–16, Sa 10–12), deren 104 m hoher Turm mit der barocken Haube den besten Überblick über die Altstadt bietet. 366 Stufen sind zu erklimmen, bevor man von die 90 m hohe Aussichtsplattform erreicht. Die Marienkirche entstand im 13. Jh. als Gemeindekirche (erstmalige Nennung 1298) der expandierenden Neustadt Stralsunds. Ein Turmeinsturz beschädigte 1382 das Bauwerk schwer. Im 15. Jh. wurde es jedoch erneuert und mit einem 151 hohen Turm ausgestattet. Dieser wurde 1647 durch einen Blitzschlag zerstört und 1708 mit 104 m Höhe erneut aufgebaut. Das trutzige, schlichte Äußere entspricht dem heute relativ schmucklosen, dreischiffigen Inneren, das durch die Weite des fast 100 m langen, 41 m breiten und 33 m ho-

Mächtige Säulen stützen das hohe Gewölbe der Stralsunder Marienkirche, die im 15. Jh. zu ihrer heutigen Größe ausgebaut wurde

Bürgerschaft und Geistlichkeit in trauter Eintracht – nah zusammengerückt sind das aufwendig gestaltete Rathaus und die trutzige Nikolaikirche von Stralsund

hen Raumes besticht. Schön sind die Netz- und Sterngewölbe des Westwerks. Der Maria geweihte Hauptaltar stammt aus dem 15. Jh. Wertvollstes Ausstattungsstück ist die *Orgel* (1653–59) des Lübecker Orgelbauers Friedrich Stellwagen, auf der regelmäßig Konzerte (www.stellwagen.de, Mi, So Juni–Ende Sept.) gespielt werden.

Vor der Marienkirche öffnet sich der *Neue Markt*, von dem die Fußgängerzone über den Anfang der Mönchstraße und den Apollonienmarkt auf die **Ossenreyerstraße** 2 führt, die Hauptachse der Altstadt und wichtigste Geschäftsstraße Stralsunds. Sie endet im Norden am *Alten Markt*. Zu diesem Platz mit dem in frischem Gelb erstrahlenden Gebäude des Artushofs wendet das gotische **Rathaus** 3 seine viel bewunderte, hochgestreckte Backstein-Schaufassade (1370) mit sechs filigranen Spitzgiebeln und Rosetten, die den dahinter ›versteckten‹ gotischen Hauptbau (13. Jh.) deutlich überragt. An der Fassade sind über den sechs Fenstern des Löwenschen Saals die Wappen der großen Hansestädte zu sehen: Hamburg, Lübeck, Wismar, Rostock, Greifswald und das von Stralsund. Das Rathaus ist einer der ältesten gotischen Profanbauten, die in Deutschland erhalten sind. Sein spitzbogiges Arkadengeschoss wurde im Barock durch einen Säulengang ergänzt, der öffentlich zugänglich ist und die Verbindung zur Nikolaikirche herstellt.

TOP TIPP Das Rathaus ist eng an die Westfassade der **Nikolaikirche** 4 (Tel. 038 31/29 22 86, www.nikolai-stralsund.de, April/Mai–Sept./Okt. Mo–Sa 9–18, So 13–17, Juni–Aug. Mo–Sa 9–19, So 13–17, Nov.–März Mo–Sa 10–16, So 13–16 Uhr) gedrängt. Durch die Rathausarkaden erreicht man direkt das großartige gotische Trichterportal aus glasierten Ziegeln, zu dem sein reich verziertes barockes Tor im interessanten Kontrast steht. Die Kirche gehört zu den schönsten im Stil der norddeutschen Backsteingotik. 1276 erstmals dokumentarisch erwähnt, ist sie die älteste der drei Gemeindekirchen der Stralsunder Altstadt. Die monumentale, mit Blendfensterreihen geschmückte *Doppelturmanlage* stammt aus dem 14. Jh. Nach einem Brand 1662 wurde der südliche Turm mit einer Barockhaube bekrönt, während der nördliche lediglich ein schlichtes Flachdach erhielt. Der hohe weiße **Innenraum** der dreischiffigen, 87 m langen Basilika wird überfangen von einem rot und blau abgesetzten Kreuzgewölbe mit detailreich verzierten Schlusssteinen. Gotische *Fresken*, deren gemalte Figuren an den Säulenkapitellen in dreidimensionale Skulpturen übergehen, und bunt bemalte Wandflächen über den Jochen der Seitenschiffe wurden bei Restaurierungsarbeiten in ihrer originalen Farbigkeit wieder hergestellt. Im 14. Jh. gab es in der Kirche 56 Altäre – Patrizier, Zünfte und Adelsfamilien übertrafen sich gegenseitig bei den Stiftungen. Teile der Ausstattung sind bis heute erhalten. Sehenswert sind u. a. der um 1480 gefertigte gotische *Hochaltar* mit figurenreicher Kreuzigungsgruppe im hinteren Chorraum. Eines der ältesten Ausstattungsstücke ist die über 2 m hohe *Anna-Selbdritt-Gruppe* (vor 1280) im Chorumgang. Hier versteckt sich auch ein besonderes Kleinod, eine *Astronomische Uhr* aus dem Jahr 1394, von Nikolaus Lilienfeld geschaffen, die zusätzlich zur Tageszeit den Stand von Sonne, Mond und Gestirnen anzeigt. Noch im Chorraum sollte man das *Rigafahrerchorgestühl* (um 1420) näher betrachten. Es weist vier kunstvoll geschnitzte Relieftafeln auf mit russischen Szenen der Pelztierjagd und des Honigsammelns sowie des Handelns mit Stralsunder Kaufleuten. Seitlich davor – frei im Raum – wurde 1708 der barocke *Hauptaltar* nach Plänen von Andreas Schlüter aufgestellt. Dieser zeigt das Auge Gottes, umgeben von Engeln und einem Wolkenkranz, überragt von einem 5 m hohen Kruzifix. Ein Chorgitter grenzt den Altar- gegen den Laienraum hin ab. Zu den Gläubigen wendet sich die 1611 gefertigte **Kanzel**, die von einer Mosesfigur getragen wird. Die Alabasterreliefs am Kanzelkorb illustrieren Szenen aus dem Leben Christi. Die **Orgel** am anderen Ende der Kirche wurde 1840/41 vom Berliner Orgelbaumeister Buchholz gefertigt und wird wegen ihres schönen Klanges gerne für Konzerte genutzt.

Eine hoch aufragende Spätrenaissance-Fassade (1660) ziert das Scheelehaus, in dem der Chemiker Carl Wilhelm Scheele 1742 geboren wurde

Zum Alten Markt hin zeigt die Nikolaikirche den haubenlosen ihrer beiden Türme und das Langhaus, an dessen Fassade sich niedrigere Geschäftshäuser lehnen. An der Ostseite des Platzes steht das barocke **Commandantenhus** 5 (Alter Markt 14). In dem schlichten dreigeschossigen Bau residierte bis 1815 der schwedische Stadtkommandant. Heute beherbergt es Büros, ein Café und eine Kellerkneipe.

Giebelhäuser, Tore und Stadtmauer

Der Stadtrundgang führt vom Alten Markt über die Fährstraße in das nördliche Halbrund der Altstadt, in dem sich Teile der alten Stadtbefestigungen und besonders schöne Beispiele der hanseatischen Baukunst finden. An der Kreuzung von *Fähr-* und *Schillstraße* steht das **Scheelehaus** 6 (Fährstr. 23), ein typischer Hansebau des 17. Jh. mit Diele und Kontorräumen, über denen sich die Lagerräume befanden. Es ist nach dem Entdecker des Sauerstoffs Carl Wilhelm Scheele benannt, der 1742 hier geboren wurde und als 15-Jähriger nach Göteborg auswanderte. Schräg gegenüber erhebt sich das **Giebelhaus** 7 (Fährstr. 11), ein Renaissancebau mit einer sehr gut erhaltenen stilreinen Fassade. Die charakteristischen Bogenfenster reichen in fünf Reihen bis in die Spitze des Treppengiebels, das Untergeschoss wird von den großen Fenstern eines Saals und dem Korbbogenportal geprägt.

Plan hintere Umschlagklappe

Himmelwärts – bei der meisterlich filigran gestalteten Backsteinfassade des Stralsunder Rathauses wollte man hoch hinaus

Eine würdevolle Baukunst – die Backsteingotik

Der Backstein wurde in den natursteinarmen Gebieten Norddeutschlands für den Bau repräsentativer Gebäude verwendet. Die ersten Bauten, die mit diesem teuren Material errichtet wurden, waren die Kirchen, die nach der dänischen Christianisierung in Norddeutschland ab 1168 entstanden. In den aufgrund des Ostseehandels wohlhabend gewordenen Städten wurden gegen Ende des 13. Jh. sowie im 14. und 15. Jh. bald große hochgotische Kirchen anstelle kleinerer Vorgängerbauten errichtet, wobei sich mit der zwangsläufigen Beschränkung auf diesen speziellen Baustoff sogar ein eigener Stil, die Backsteingotik, herausbildete. Dass der Backstein auch – den französischen Kathedralen gleich – zur Errichtung riesiger, mehrschiffiger Kathedralen verwendet werden konnte, zeigte das Beispiel der Lübecker Marienkirche (1277–1351). Der stolze Bau wurde zum Vorbild für gut 20 Kirchen im Einflussbereich der Hanse zwischen 1277 und 1350, davon zwei in Stralsund, die **Nikolaikirche** (um 1276) und die **Marienkirche** (um 1298). Mit zunehmender Perfektionierung der Bautechnik kam zugleich der Wunsch auf, im Backstein **Bauschmuck** zu realisieren, wie er andernorts problemlos in den weichen Sand- und Kalkstein eingearbeitet werden konnte. Es wurde dabei mit unterschiedlich geformten **Ziegeln** wie auch mit verschieden farbigen **Glasuren** gearbeitet. Eine gewisse Strenge und die Beschränkung auf eckige Formen, auf Treppen- und Staffelgiebel blieb jedoch charakteristisch für die Backsteinarchitektur dieser Zeit. Die besten Beispiele dafür bilden die vor schlichte gotische Bauten gesetzten **Schaufassaden** mit Pfeilergiebeln, Rosetten und Maßwerk, wie sie wiederum zuerst am Rathaus von Lübeck, dann aber auch in Stralsund und anderswo entstanden. Oft lagen keine 100 Jahre zwischen dem ursprünglichen Bau und der ›modernen‹ Fassade, die – wie beim **Rathaus von Stralsund** – dann auch viel höher als der dahinter liegende Bau waren, um mit der größeren Dominanz die Machtfülle auszudrücken. In der Renaissance wurde die Kunst der schmuckverzierten Backsteinfassaden weiterentwickelt. Reich verzierte Bürgerhäuser und Handelskontore, wie z. B. das **Giebel**- und das **Scheelehaus** in Stralsund, zeugen in allen norddeutschen Hansestädten davon. Erst der in geschwungenen Formen schwelgende Barock negierte den sichtbaren Backstein und verputzte seine Bauten.

Noch weiter nördlich zeichnet die Schillstraße die Rundung des mittelalterlichen Stadtgrundrisses nach. An ihr liegen die Reste des ehem. **Johannisklosters** 8 (Schillstraße 26, Tel. 03831/666488, Mai–Sept. Mi–So 10–18 Uhr) mit einfachen bunten Häuschen im alten Johanniskirchhof. Im 1254 gegründeten Franziskanerkloster können der Kapitelsaal mit original gotischer Ausmalung, die Barockbibliothek, der in Norddeutschland einzigartige Räucherboden und der schmucke Rosengarten besichtigt werden. Eine Kopie der ›Pietà‹ von Ernst Barlach steht als Mahnmal gegen die Unmenschlichkeit des Krieges im Chor der *Klosterkirche*, von der seit dem Zweiten Weltkrieg allerdings nur noch die Außenmauern emporragen.

Zwischen Johannis- und Katharinenkloster [s. S. 121] ist die alte *Stadtbefestigung* mit zwei Stadttoren, Wiekhäusern (ehem. Verteidigungsanlagen) und der Mauer erhalten bzw. rekonstruiert worden. Dort, wo die *Knieperstraße* aus der Stadt hinausführt, steht seit 1293 das kleine **Kniepertor** 9, dessen Torturm heute eine der hübschesten Wohnungen der Altstadt birgt. Auf der anderen Seite des Tors fällt am *Olof-Palme-Platz* das Stralsunder Stadttheater auf, ein imposanter Jugendstil-Bau, der 1919 fertiggestellt und 1968 nach dem Vorbild der Leipziger Oper von seinen Schmuckelementen befreit wurde. Nach einer umfassenden Restaurierung erstrahlt es wieder in seinem ursprünglichen Glanz und begeistert sein Publikum als **Theater Vorpommern** 10 [s. S. 125] mit einem weit gefächerten Programm von Oper über Musical und Ballett bis hin zu Konzert und Schauspiel. Gegenüber in den Grünanlagen ist kampfbereit der fesche preußische Major *Ferdinand von Schill* auf einem Sockel postiert. Seiner wird gedacht, weil er 1809 im Kampf gegen Napoleon sein Leben lassen musste.

Vom Alten Markt geht die parallel zur Stadtbefestigung geschwungene *Mühlenstraße* ab, in der gleich zu Anfang einige der schönsten Häuser der Stadt mit den typischen hochgezogenen Giebeln des Hanse-Baustils stehen: das nach dem damaligen Bürgermeister Bertram Wulflam benannte **Wulflamhaus** 11 (Alter Markt 5), um 1350 erbaut und besonders gut erhalten, das Haus **Mühlenstr. 1** 12 (Ende 13. Jh.), ältestes Giebelhaus Stralsunds, und das prächtige **Dielenhaus** 13 (Mühlenstr. 3) aus dem 15. Jh., benannt nach der für den Warenein- und Ausgang extra groß angelegten Diele. Einige Schritte weiter trifft man auf den **Kampischen Hof** 14 (Mühlenstr. 23), eine Dreiflügelanlage, die aus dem 14./15. Jh. stammt und einst zum Zisterzienserkloster Neuenkamp gehörte. Sein Giebel stammt aus dem 18. Jh.

Das Theater Vorpommern beeindruckt mit elegantem Jugendstil-Ambiente

Einer der schönsten Backsteinbauten der Stralsunder Altstadt ist zweifelsohne das um 1380 errichtete Wulflamhaus mit seinem reich verzierten Staffelgiebel

Die Mühlenstraße endet am 1446 errichteten, beidseitig mit Blenden gegliederten **Kütertor** ⑮, dem zweiten noch erhaltenen Stadttor mit seinem barocken Spitzdach. Es steht eng eingekeilt zwischen mittelalterlichen Fachwerk- und Ziegelbauten, dem alten Torschließerhaus (18. Jh.) und einigen kleinen Geschäften und Lokalen.

Der Museumskomplex im Katharinenkloster

Vom Kütertor sind es nur wenige Meter zum ehem. **Katharinenkloster**, das mit dem Kulturhistorischen Museum und dem Deutschen Meeresmuseum die größten Besuchermagneten der Stadt beherbergt. Das Kloster wurde im 13. Jh. von Dominikanermönchen gegründet, 1317 war die Kirche fertiggestellt, die weiteren Bauten entstanden bis ins 15. Jh. Mit der Reformation ging das Kloster an die Stadt über und wurde ab 1559 als Schule und Waisenhaus genutzt. Auch Ernst Moritz Arndt war hier Schüler. Der Komplex beeindruckt durch seine großzügige Anlage mit über 50 Räumen, zwei Kreuzgängen und der gotischen Katharinenkirche. Der einschiffige Bau ragt weit über die umgebenden Altstadthäuser hinaus. In einem Teil des Klosters befindet sich seit 1924 das **Kulturhistorische Museum** ⑯ (Mönchstraße 25–27, Tel. 038 31/287 90, Febr.–Okt. tgl. 10–17, Nov.–Jan. Di–So 10–17 Uhr) mit Ausstellungen zur Archäologie und Stadtgeschichte sowie zum Kunsthandwerk. Besonders hervorzuheben ist der wunderbar gearbeitete, aus 16 Teilen bestehende *Hiddenseer Goldschatz* [s. S. 107]. Meist sind auch hier aus Sicherheitsgründen Repliken zu sehen. Sehenswert sind außerdem die Gemälde der Romantiker Caspar David Friedrich und Philipp Otto Runge.

TOP TIPP In der Klosterkirche und angrenzenden Räumen ist das **Deutsche Meeresmuseum** ⑰ (Katharinenberg 14–20, Besuchereingang Mönchstr./Bielkenhagen, Tel. 038 31/265 02 10, www.meeresmuseum.de, Mai–Okt. tgl. 10–18, Nov.–April tgl. 10–17 Uhr) untergebracht, dessen umfangreiche Ausstellung mit zahlreichen Schiffsmodellen, meereskundlichen und -biologischen Abteilungen sowie den 36 Aquarien mit über 1000 Meeresbewohnern aller Art die Besucher anlockt. Kinder wie Erwachsene sind fasziniert von den Riesenkraken, Haien, exotischen Kampffischen oder langbeinigen Krebsen. Ungewöhnlich ist die architektonische Lösung, mit der die gotische Hallenkirche des Klosters für das Museum umgenutzt wurde. In das Kirchenschiff wurden mithilfe von Stahlträgern zwei Obergeschosse eingezogen, während der Chorraum in seiner gesamten Dimension erhalten blieb und einen Rahmen für das riesige Skelett eines 1825 vor Rügen gestrandeten Finnwals abgibt.

Der Graveur Johann Kaspar Kern erhielt 1765 die Konzession zur Errichtung einer Spielkarten-›Fabrique‹. In der **Spielkartenfabrik Stralsund** 18 (Katharinenberg 35, Tel. 03831/703360, www.spiefa.de, Mo–Fr 11–13 und 15–19 Uhr) kann man bei den Arbeiten an den historischen Maschinen zusehen (auch Workshops).

Zum Kulturhistorischen Museum gehören auch das in einem Gebäude von 1320 beheimatete **Museumshaus** 19 (Mönchstr. 38), das bürgerliche Alltagskultur der letzten Jahrhunderte auf kurzweilige Art präsentiert, sowie der **Museumspeicher** 20 (Böttcherstr. 23) in einem 1753 errichteten Fachwerkbau in der rechtwinklig von der Mönchstraße abgehenden Böttcherstraße mit interessanten volkskundlichen Exponaten und Sonderausstellungen.

Die Böttcherstraße führt zur dritten und kleinsten der gotischen Altstadtkirchen, **St. Jakobi** 21 (Jacobiturmstr. 28 a, Tel. 03831/309696, www.kulturkirche.kdw-hst.de), einer weiteren Backsteinbasilika aus dem 14. Jh. mit einem im 15. Jh. errichteten hohen, mit Blendarkaden geschmückten Westurm. Als ›Kulturkirche St. Jakobi‹ dient sie heute als Veranstaltungsort für Konzerte, Lesungen etc.

Am Altstadtrand

Während die zentralen Straßen und Plätze viel von ihrem alten Glanz wieder erhalten haben, sind einige Bereiche im Herzen der Altstadt und auch Randbezirke wie Franken- oder Wasserstraße von Leerstand, Verfall und Abbruch gezeichnet. Gleichwohl verdient insbesondere die Frankenstraße Aufmerksamkeit, denn sie vereint ein einzigartiges Ensemble von gotischen, barocken und klassizistischen Bürgerhäusern. Das Haus Nr. 9 in der Frankenstraße, die **Schiffercompagnie** 22 (Tel. 03831/298510, nur Gruppen bis 25 Pers. nach Voranmeldung), erhielt seinen Namen von der seit 1635 in dem Gebäude residierenden Berufsvereinigung der Stralsunder Schiffseigner und Kapitäne. Es birgt u. a. Kapitänsbilder, Schiffsmodelle und Reisemitbringsel aus aller Welt. Besonders schöne Bauten sind auch das gotische Giebelhaus Frankenstr. 28 und die ehemalige Stadtwaage in der Wasserstraße, die heute als Kinderbibliothek fungiert.

Finnwalskelett in gotischem Chor – die einstige Klosterkirche wurde zum spektakulären Rahmen für die Exponate des Deutschen Meeresmuseums

Seit sich der Stralsunder Hafen mit seinen alten Speicherhäusern und malerischen Kanälen zum attraktiven Pflaster wandelt, flanieren hier auch Landratten gerne

Die Frankenstraße endet am **Heilgeistkloster** 23 (nur von außen zu besichtigen), hinter dem das Hafengelände beginnt. Um 1325 hatte das Stift sich an der südlichen Stadtmauer niedergelassen. Die barocke Fassade des Klosters, das einst als Armenhospital diente, schließt die Altstadt zur Frankenvorstadt hin ab, der ältesten der Stralsunder Vorstädte. Die turmlose, nur mit einem Dachreiter plus Glocke verzierte **Heilgeistkirche** (April–Okt. Mo–Sa 10–17, So 14–17 Uhr) aus dem 15. Jh. ist ganz mit wildem Wein zugewachsen, aus dem nur die geschnitzte Tür mit der weißen Taube des Heiligen Geistes herausschaut. Im Herbst färbt sich das Laub strahlend rot, im Einklang mit der Färbung des dahinter liegenden, lang gestreckten Hospiz-Gebäudes. Auf dem Klostergelände befinden sich eine Reihe hübsch restaurierter Wohnhäuser.

Im Hafen

Als im 17. Jh. die Hansestädte an Bedeutung verloren, verfielen auch die Anlagen des **Hafens** 24. Erst im 19. Jh. wurden sie ausgebaut, erhielten moderne Speicherhäuser und Anlegekais. Heute wird das Stralsunder Hafengelände neu entdeckt. Seine Längs- und Querkanäle, die Brücken und der seitlich gelegene große Jacht- und Fährhafen geben eine malerische Kulisse ab zum Flanieren, für Kulturveranstaltungen, Kneipen und Cafés. In die Speicherstadt sind auch Hotels eingezogen.

Vom Fährhafen am nördlichen Ende des Hafengeländes legen regelmäßig Boote nach Altefähr auf Rügen, nach Hiddensee und zu *Hafenrundfahrten* ab. Am **Hansakai** 25 sind alte Segelschiffe und Speicher zu bewundern.

Seit 2003 hat die **Gorch Fock I** 26 (Tel. 038 31/66 65 20, April–Okt. tgl. 10–18, Nov.–März tgl. 11–16 Uhr) dauerhaft an ihrem ursprünglichen Liegeplatz an der Fährbrücke festgemacht und lädt zur Besichtigung ein. Die 1933 von Blohm + Voss in Hamburg gebaute Bark fuhr 1951–91 getauft auf den Namen ›Tovarishch‹ (Genosse) unter sowjetischer Flagge und diente anschließend der Ukraine als Schulschiff.

Auf der nördlichen Hafeninsel lädt das dem Deutschen Meeresmuseums angegliederte **Ozeaneum** 26 (Hafenstr. 11, Tel.

03831/2650610, www.ozeaneum.de, Juni–Sept. tgl. 9.30–21, Okt.–Mai tgl. 9.30–19 Uhr) zu einer spannenden Reise durch die Unterwasserwelt von der Ostsee bis zum Polarmeer ein. Auf einer Fläche von 8700 m² entstanden 40, teils riesige Schaubecken. Das größte Aquarium mit einer 5 x 13 m großen Panoramascheibe fasst allein 2,6 Mio. Liter Meerwasser und zeigt ganze Fischschwärme (Fütterung tgl. 11 Uhr). Beliebt sind die Humboldt-Pinguine mit ihrem Nachwuchs in einer Pinguinanlage auf der Dachterrasse (Fütterung tgl. 11.30 Uhr). Zu bestaunen sind auch interaktive Ausstellungen zum Weltmeer, den Riesen der Meere und der Ostsee sowie das ›Meer für Kinder‹.

Im Grünen

Jenseits der Teiche beginnen Stralsunds Vorstädte aus der Gründerzeit und dahinter die Plattenbauviertel der DDR. Der nach Westen vom Knieperteich abzweigende **Moorteich** mit dem anschließenden **Stadtwald** teilt diesen Vorstadtgürtel wie ein Keil. Knapp 6 km lang ist der schöne Rundweg um den Moorteich. Am Ende des Stadtwalds gehen die Grünflächen über in den **Tierpark Stralsund** (Eingang Grünhufer Bogen, Tel. 03831/293033, März–Sept. tgl. 9–18.30, Okt.–Febr. tgl. 9–16 Uhr). Der gepflegte Zoo ist auf einheimische, bedrohte und seltene (Haus-)Tiere spezialisiert und zeigt auf 16 ha, inklusive Schaubauernhof und Schimpansenhaus, rund 800 Tiere in 133 Arten, darunter 70 Haustierrassen.

Unter Fischen – im Ozeaneum geht man mit Meeresbewohnern auf Tuchfühlung

Dänholm

Vor Stralsund liegt – getrennt durch den schmalen Ziegelgraben – die Inselgruppe Dänholm mit großen Grünanlagen, dem Nautineum, dem Marinemuseum und einem Jachthafen. Auf die Insel führt die Ziegelgrabenbrücke, eine Klappbrücke, die zu festgelegten Zeiten geöffnet wird, um größere Schiffe passieren zu lassen. Auf Dänholm geht sie dann in den etwa 2 km langen Rügendamm über, der das Festland über den Strelasund mit der Insel Rügen verbindet.

Dänholm besteht aus zwei durch den Dänholmkanal getrennten Inseln, dem Großen und dem Kleinen Dänholm. Auf der landseitigen Spitze des Kleinen Dänholm ist am Kanal eine Außenstelle des Stralsunder Meeresmuseums eingerichtet worden, das **Nautineum Dänholm** (Tel. 03831/288010, www.meeresmuseum.de/nautineum, Juni–Sept. tgl. 10–18, Mai, Okt. tgl. 10–17 Uhr). Auf einem 2,3 ha großen Areal sind in verschiedenen Gebäuden Großexponate aus der Meeresforschung, der Seefahrt, der vorpommerschen Küstenfischerei und der deutschen Hochseefischerei zu bestaunen.

Lohnend ist das auf dem Großen Dänholm rechts des Rügendamms gelegene **Marinemuseum Dänholm** (Zur Sternschanze 7, Tel. 03831/297327, www.marinemuseum-daenholm.de, Mai–Okt. tgl. 10–17 Uhr), einer Außenstelle des Kulturhistorischen Museums. Die Geschichte der Marine von preußischer Zeit bis in die Gegenwart wird anhand zahlreicher Exponate (Uniformen, Flaggen, Ausrüstungsgegenstände etc.) aufgerollt. Auf einer großen Freifläche sind der Marinehubschrauber Mi 8T, ein Torpedoschnellboot der Volksmarine, ein Minenfernräumgerät u. a. m. zu besichtigen.

i Praktische Hinweise

Information

Tourismuszentrale der Hansestadt Stralsund, Alter Markt 9, 18439 Stralsund, Tel. 03831/24690, www.stralsundtourismus.de

Glitzernde dynamische Architektur– das Ozeaneum am Hafen von Stralsund

Zimmervermittlung, Tel. 038 31/24 69 69 (und online auf der Tourismusseite)

Stadtführungen, Treffpunkt Tourismuszentrale, Alter Markt 9, Mai–Okt. tgl. 11 und 14 Uhr, Nachtwächterführung Di, Fr 21 Uhr

Stadtrundfahrten mit dem Panoramabus, Tel. 01 72/312 65 07, April–Okt. 10–17 Uhr, Nov.–März 11, 12, 13 und 14 Uhr, ab Neuer Markt, vor der Marienkirche

Öffentliche Verkehrsmittel

Zentraler Busbahnhof, Am Altstadtrand zwischen Frankenwall und Weidendamm, Tel. 038 31/241 40 00, www.nahverkehr-stralsund.de. Die Buslinie 2 fährt zur Insel Dänholm und nach Altefähr auf Rügen.

Schiff

Weiße Flotte, Fährstr. 16, Stralsund, Tel. 038 31/268 10 oder 01 80/321 21 20, www.weisse-flotte.com. Vom Fährhafen verkehren Boote nach Altefähr auf Rügen (Mai–Okt. ca. 6-mal tgl., 15 Min. Fahrzeit) und nach Hiddensee (Juni–Mitte Sept. 2- bis 3-mal tgl., 2 Std. Fahrzeit); *Hafenrundfahrten* mehrmals tgl. (Mai–Okt.).

Kultur

Theater Vorpommern, Olof-Palme-Platz, Stralsund, Tel. 038 31/264 61 50, www.theater-vorpommern.de Informationen und Karten zu den Aufführungen. Das Theater ist auch Veranstalter der jährlichen Ostseefestspiele (www.ostseefestspiele.de, s. S. 133)

Sport

HanseDom, Grünhufer Bogen 18–20, Stralsund, Tel. 038 31/373 30, www.hansedom.de. Freizeit- und Erholungspark mit Wassererlebniswelt, Saunen und Thermen sowie Fitness- und Ballsportcenter.

Mecklenburger Radtour, Zunftstr. 4, Stralsund, Tel. 038 31/30 67 60, www.mecklenburger-radtour.de. Organisiert und vermittelt Radreisen auf Rügen, mit Gepäckservice; große Auswahl an Leihrädern, auch Elektroräder.

Wassersport Nord-Ost, Badenstr. 37/38, Stralsund, Tel. 038 31/29 81 52, www.wassersportnordost.de. Surfer-Laden für Wind- und Kite-Surfer, Board- und Segelreparatur. Bietet auch Surfkurse an.

Einkaufen

Goethe-Buchhandlung Weiland, Ossenreyerstr. 14, Stralsund, Tel. 038 31/29 24 66, www.weiland.de. Bietet ein breites Spektrum von Literatur, auch über die Stadt und die Insel Rügen, Fahrradkarten etc.

HanseGalerie im Rathaus, Alter Markt, Stralsund, Tel. 038 31/29 28 89. In historischen Gemäuern kann zeitgenössische Kunst, vor allem von Künstlern aus der Region, und Designerschmuck angeschaut und auch gekauft werden (Mo–Fr 11–18, Sa 11–14 Uhr).

Nachtleben

Alte Brauerei, Greifswalder Chaussee 84–85, Stralsund, Tel. 038 31/25 52 80, www.altebrauerei.com. Die 1880 erbaute Brauerei ist heute Eventlocation mit vielfältigem Veranstaltungskalender: u.a. Kabarett, Lesungen, Tanzpartys.

Hotels

Hafenspeicher, Am Querkanal 3 a, Stralsund, Tel. 038 31/70 36 76, www.hafenspeicher.com. Stilvolles Apart Hotel in denkmalgeschütztem Speicher, mit Sauna.

Hotel Dänholm, Am Alten Marinehafen 16, Stralsund, Tel. 038 31/29 70 90, www.hotel-daenholm.de. Modernes, komfortables Haus direkt am Jachthafen auf der Insel Dänholm, mit Sauna, Fahrrad- und Bootsverleih.

Kontorhaus, Am Querkanal 1, Stralsund, Tel. 038 31/28 98 00, www.kontorhaus-stralsund.de. Das gepflegte Haus ist klein und stilvoll ausgestattet und liegt via-à-vis des Ozeaneums. Der Hotel-Neubau passt sich gut in das Ambiente von Speichern und Hafengebäuden im Stralsunder Stadthafen ein.

Norddeutscher Hof, Neuer Markt 22, Stralsund, Tel. 038 31/29 31 61, www.norddeutscher-hof.de. Gegenüber der Marienkirche steht die kleine Herberge mit behaglichen Zimmern. Der gemütliche Gastraum mit Kachelofen lädt zum Verweilen ein.

Villa Beer, Carl-Heydemann-Ring 27, Stralsund, Tel. 038 31/27 04 56, www.pension-villa-beer.de. Familiengeführte Pension mit bequem ausgestatteten Zimmern in charmanter Jugendstilvilla von 1906/07; nur 10 Min. Fußweg bis zum Bahnhof.

Restaurants

TOP TIPP **Tafelfreuden im Sommerhaus**, Jungfernstieg 5 a, Stralsund, Tel. 038 31/29 92 60, www.tafelfreuden-stralsund.de. Am Knieper Teich gelegenes hübsches Haus mit kreativer Gourmetküche, deren Zutaten vornehmlich aus Eigenanbau stammen. Beim Essen genießt man einen schönen Blick auf die Altstadt. Auch einige individuell gestaltete Hotelzimmer können gebucht werden (Restaurant Mo geschl.).

Torschließerhaus, Am Kütertor, Stralsund, Tel. 038 31/29 30 32. Ob das direkt neben dem Kütertor gelegene Haus wirklich von 1281 stammt, sei dahingestellt. Das Lokal, das deutsche Gerichte auf der Speisekarte führt, ist jedenfalls rustikal und gemütlich.

Wulflamstuben, Alter Markt 5, Stralsund, Tel. 038 31/29 15 33, www.wulflamstuben.de. In dem historischen Giebelhaus bietet das kleine Lokal regionale Küche in gemütlichem Ambiente.

Zum alten Fritz, Greifswalder Chaussee 84–85, Stralsund, Tel. 038 31/25 55 00, www.alter-fritz.de. Auf dem Gelände einer alten Brauerei am Stadtrand gelegene gemütliche Brauereigaststätte; Terrasse mit Biergarten. Regionale und internationale Spezialitäten.

Zur Kogge, Tribseer Str. 25, Stralsund, Tel. 038 31/28 58 50. Traditionelle Fischgerichte in guter Qualität zu moderaten Preisen (Mo geschl.).

Cafés

Brasserie Grand Café, Neuer Markt 2, Stralsund, Tel. 038 31/70 35 14, www.brasseriegrandcafe-hst.de. Modernes Lokal mit Wintergarten sowie großer Terrasse am Neuen Markt. Große Kaffeeauswahl und vielseitige Speisekarte für jede Tageszeit.

Café Kelm, Böttcherstr. 31, Stralsund, Tel. 038 31/66 77 90. Hausgebackene Kuchen oder einen Imbiss genießt man in gediegenem Ambiente oder im Straßencafé.

Kaffeehaus Strahl, Mönchstr. 46, Stralsund, Tel. 038 31/27 85 66, www.kaffeehaus-stralsund.de. Kaffeehaus im klassischen Stil mit eigener Konditorei schräg gegenüber des Deutschen Meeresmuseums.

Bars

Casino-Bar 24, Tribseer Damm 76, Stralsund, Tel. 038 31/700 81 22. Riesige Cocktail-Auswahl, Live-Musik, Tanzabende.

Kaffee-Bar Brazil, Am Querkanal 4, Stralsund, Tel. 038 31/29 84 80. Eines der In-Lokale im zum Kneipenviertel aufgestiegenen Hafenareal. Von Caipirinha bis zu einem steifen Grog gibt es alles, wonach es Land- und Wasserratten gelüsten könnte (tgl. ab 21 Uhr).

Bei den Wallensteintagen im Juli sind auf dem Alten Markt die prächtigen historischen Kostüme der hellebardenbewehrten Gardisten zu bewundern

Unterhaltung garantiert

Neben den Aufführungen des Theaters Vorpommern, etwa den überregioal sehr renommierten Ostseefestspielen (s.S.133) finden in Stralsund übers Jahr eine ganze Reihe von Festen, Festivals und Kulturveranstaltungen statt.

Der Auftakt des Sommers gehört traditionell der **Stralsunder Segelwoche** (www.ycstr.de) Anfang Juni. Verschiedene Regatten rufen dann fröhlich auf zu ›Rund Rügen‹, ›Rund Hiddensee‹ oder zum Jollenwettkampf. Beim **Hafenfest Stralsund** mit den **Tagen der Seeschifffahrt** (www.hafenfeststralsund.de), ebenfalls Anfang Juni, machen alte Traditionsschiffe im Hafen fest. Dazu gibt es ein buntes Rahmenprogramm und abendliche Partys.

Das traditionelle **Sundschwimmen** (www.sundschwimmen.de) am ersten Samstag im Juli bringt seit 1925 Massen dazu, die 2,4 km von Altefähr auf Rügen bis Stralsund schwimmend zurückzulegen. Den Höhepunkt des Sommers bilden die **Wallensteintage** (www.wallensteintage.de), ein dreitägiges Volksfest mit einem Spiel in historischen Kostümen auf dem Alten Markt und einer nächtlichen Seeschlacht auf dem Strelasund. Das Fest wird an einem der letzten Juliwochenenden zur Erinnerung an den am 24. Juli 1628 errungenen Sieg über die kaiserlichen Truppen unter Feldherr Wallenstein gefeiert.

Anfang August setzt die **Kutter-Regatta** (www.seesport-stralsund.eu) um das ›Blaue Band vom Strelasund‹ den Reigen der maritimen Turniere fort.

Anfang September öffnen in der **Langen Nacht des offenen Denkmals** berühmte und weniger bekannte Denkmäler in der Stralsunder Altstadt ihre Türen, werden Kirchen, Museen, Innenhöfe etc. zur Bühne für Live-Musik u.a.

Mitte Oktober findet der **Rügenbrücken-Marathon** (www.ruegenmarathon.de) statt, bei dem es vom Ozeaneum über die Rügenbrücke nach Rügen und wieder zurück geht.

Stimmungsvoll ist der **Weihnachtsmarkt** (www.weihnachtsmarkt-stralsund.de) rund ums Rathaus und in seinem Keller.

Fragen Sie nach der
Petersfischkiste
... dem köstlichen Rügen-Souvenir.

Rügen aktuell A bis Z

Vor Reiseantritt

ADAC Info-Service:
Tel. 018 05/10 11 12 (0,14 €/Min.)

Informations- und Kartenmaterial können Mitglieder des ADAC kostenlos bei den ADAC-Geschäftsstellen oder telefonisch beim ADAC Info-Service anfordern. Das Thema Rügen behandelt auch der ADAC Reiseführer *Mecklenburg-Vorpommern*.

ADAC im Internet:
www.adac.de
www.adac.de/reisefuehrer

Rügen im Internet:
www.ruegen.de
www.ruegen.com
www.ruegen-abc.de
www.kreidefelsen.de

Allgemeine Informationen über Rügen erteilt:

Tourismuszentrale Rügen, Ringstr. 113–115, 18528 Bergen, Tel. 038 38/807 70, www.ruegen.de.

Die Tourismuszentrale gibt jährlich ein Gastgeberverzeichnis für ganz Rügen und Hiddensee heraus, das auch Adressen und Telefonnummern von Fremdenverkehrsämtern enthält.

Für einzelne Regionen auf Rügen wende man sich an:

Fremdenverkehrsverein Binz, Wylichstr. 13, 18609 Binz, Tel. 03 83 93/ 66 57 40, www.ostseebad-binz.de. Informationen, Karten für Ausflugsfahrten und Veranstaltungen.

Insel Information Hiddensee, Norderende 162, 18565 Vitte, Tel. 03 83 00/64 20, www.seebad-hiddensee.de. Kurverwaltung, Zimmervermittlung und Gästeinformation.

Kurverwaltung Göhren, Poststr. 9, 18586 Göhren, Tel. 03 83 08/ 667 90, www.ostseebad-goehren.de. Zimmer- und Ferienwohnungsvermittlung.

Tourismus-Service-Wittow, Ringstr. 6, 18556 Juliusruh, Tel. 03 83 91/ 130 50, www.ruegen-tsw.de. Private Vermittlung von Ferienwohnungen und Ferienhäusern.

Touristen-Information Bergen, Markt 23, 18528 Bergen, Tel. 038 38/ 81 12 76, www.stadt-bergen-auf-ruegen.de. Informationen, Zimmervermittlung und Ticketservice.

Kurverwaltung Sellin, Warmbadstr. 4, 18586 Sellin, Tel. 03 83 03/160, www.ostseebad-sellin.de. Zimmervermittlung, Infos und Karten für Radwanderungen.

Allgemeine Informationen

Tourismusämter

Tourismusämter und Kurverwaltungen der einzelnen Orte sind unter den jeweiligen **Praktischen Hinweisen** zu finden.

Notrufnummern und Adressen

Einheitlicher Notruf: Tel. 112 (EU-weit, auch mobil: Polizei, Unfallrettung, Feuerwehr)

Sana-Krankenhaus, Calandstr. 7/8, Bergen, Tel. 038 38/390, www.sana-ruegen.de

ADAC-Pannenhilfe: Tel. 018 02/22 22 22 (24 Std., 0,06 €/Anruf), in allen Mobilfunknetzen: Tel. 22 22 22

ADAC-Straßendienst Bergen:
Tel. 038 38/802 40, Mobil 01 71/147 22 7

ÖAMTC Schutzbrief-Nothilfe:
Tel. 00 43/(0)1/251 20 00, www.oeamtc.at

TCS Einsatzzentrale:
Tel. 00 41/(0)2 24 17 22 20, www.tcs.ch

ADAC-Geschäftsstelle: Werftstr. 4, 18439 Stralsund, Tel. 038 31/28 56 96

Wasserschutzpolizei:
Sassnitz, Tel. 03 83 92/30 80
Schaprode, Tel. 03 83 09/14 17
Stralsund, Tel. 038 31/261 40

Grenzübergänge

Für Bootsausflüge nach Bornholm (Dänemark), Trelleborg (Schweden) oder Swinemünde (Polen) sollte man Reisedokumente mit sich führen. Seit 2001, in Polen seit 2007, ist der Grenzübertritt für EU-Bürger auch ohne Ausweis möglich.

Anreise

Auto

In Stralsund treffen drei große Bundesstraßen zusammen: die B 105 aus dem Westen, die B 194 aus dem Süden und die B 96 aus dem Südosten. Sie alle münden in die sich als B 96 über den **Rügendamm** bzw. über die **Rügenbrücke** fortsetzende Landstraße nach Bergen und Sassnitz. Der Rügendamm wird mehrmals täglich für jeweils 20 Minuten geschlossen, um die **Ziegelgrabenbrücke** zu öffnen (2.20–2.40 bei Bedarf, 5.20–5.40, 8.20–8.40, 12.20–12.40, 15.20–15.40 bei Bedarf, 17.20–17.40, 21.20–21.40 Uhr) und somit großen Schiffen die Durchfahrt zu ermöglichen. Auf der Insel Rügen selbst wird das Fahren auch bei Tage mit Licht empfohlen.

Die Insel **Hiddensee** ist autofrei. Im Fährort Schaprode auf Rügen gibt es deshalb einen Großparkplatz für Tagestouristen und Langzeitparker.

Bahn

Die Deutsche Bahn unterhält fast stündlich Fernverbindungen zwischen Stralsund und Berlin (Hauptbahnhof), Hamburg (zum Teil mit Umsteigen in Rostock) sowie Rostock, Greifswald, Eberswalde und Prenzlau.

Von Stralsund fahren Züge über Bergen nach Sassnitz bzw. nach Binz auf Rügen. Mehrmals täglich fährt auch ein Intercity. Autoreisezüge fahren von München und Lörrach bis Hamburg oder Berlin. Info:

Deutsche Bahn, Tel. 018 05/99 66 33 (persönliche Auskunft, 0,14 €/Min. aus dem deutschen Festnetz), Tel. 08 00/150 70 90 (sprachgesteuert, kostenlos), www.bahn.de

Deutsche Bahn AutoZug, Tel. 018 05/99 66 33 (persönliche Auskunft, 0,14 €/Min. aus dem deutschen Festnetz), www.dbautozug.de

Bus

Vom **Zentralen Busbahnhof Stralsund** (am Altstadtrand zwischen Frankenwall und Weidendamm) fahren regelmäßig Busse der RPNV nach Bergen und zu anderen Orten auf Rügen.

Rügener Personennahverkehrs GmbH, InfoThek am Busbahnhof Bergen, Friedenstr. 24, Tel. 038 38/20 29 55, www.rpnv.de, Mo–Fr 8.30–12.30, 13–17 Uhr

Flugzeug

Während sich die nächstgelegenen Internationalen Flughäfen einige Fahrstunden entfernt in Hamburg und Berlin befinden, ist für Privat- und Sportflugzeuge auch ein kleiner Flugplatz auf Rügen vorhanden, bei Güttin, südwestlich von Bergen.

Flughafen Rügen, Güttin, Tel. 03 83 06/12 89, www.flugplatz-ruegen.de.

Schiff

Nach Rügen: Es gibt eine Personenfähre zwischen Stralsund und Altefähr (Mai–Okt. ca. 6-mal tgl., 15 Min. Fahrzeit) sowie eine Auto- und Personenfähre zwischen Stahlbrode und Glewitz (April, Sept./Okt. tgl. 6–20.10, Mai–Aug. tgl. 6–21.40 Uhr). Info:

Weiße Flotte, Fährstr. 16, Stralsund, Tel. 038 31/268 10, Infotel. 01 80/321 21 20 (0,09 €/Min.), www.weisse-flotte.de. Bedient die Auto- und Personenfähre zwischen Stahlbrode und Glewitz sowie die Wittower Fähre zwischen Rügen und der Halbinsel Wittow im Norden.

Nach Hiddensee: Personenfähre April–Okt. von Stralsund nach Neuendorf, Vitte, Kloster 2–2,5 Std. Fahrzeit; ab Schaprode ganzjährig nach Neuendorf 20 Min., nach Vitte 45 Min. und nach Kloster 1.05 Std. Info:

Reederei Hiddensee (ein Tochterunternehmen der Weißen Flotte GmbH), Fährstr. 16, Stralsund, Infotel. 01 80/321 21 50 (0,09 €/Min.), www.reederei-hiddensee.de

Nach Göhren, Sellin und Binz auf Rügen: Rundfahrten von Peenemünde auf der Insel Usedom zu diesen Rügener Seebädern bietet in den Sommermonaten:

Adler-Schiffe, Seebrücke 1, Seebad Heringsdorf, Tel. 018 05/12 33 44 (0,14 €/Min.), www.adler-schiffe.de. Auch Rügen-Rundfahrten zu den Kreidefelsen.

Fährhafen Sassnitz, Tel. 03 83 92/550, www.faehrhafen-sassnitz.de

Bank und Post

Öffnungszeiten der **Banken** sind in der Regel Mo–Fr 8.30–12.30 und 14–16 Uhr, der **Post** Mo–Fr 8–12 und 14–18, Sa 8–12 Uhr. Bank- und Postfilialen gibt es in fast allen Rügener Orten, auf Hiddensee jedoch nur in Vitte.

Denkmäler

Auf Rügen und Hiddensee gibt es um die 1380 Baudenkmäler, 2300 Bodendenkmäler und 110 Naturdenkmäler. Das Landkreisamt hat 110 davon ausgeschildert. Überall auf der Insel sind die blassgrünen Wegweiser mit einem Symbol zu sehen, das einem vierblättrigen Kleeblatt gleicht und mit einem Kurztitel wie ›Großsteingrab‹, ›Dorfkirche‹, ›Schloss‹ o. ä. auf interessante Sehenswürdigkeiten hinweist. Am jeweiligen Punkt informieren Tafeln über die Denkmäler.

Einkaufen

Geschäfte haben in den meisten Orten auf Rügen die üblichen **Öffnungszeiten**, in den Ostseebädern dagegen öffnen viele Geschäfte auch sonntags.

Souvenirs

Neben den Andenken, die man selbst sammeln kann wie etwa Feuersteine, Hühnergötter, Donnerkeile [s. S. 67] oder Muscheln sind Bernstein und Sanddorn sowie Räucherfisch typische Rügener Souvenirs. Die Gasthäuser mit **Fischräuchereien**, u. a. in Baabe [s. S. 56] und Seedorf [s. S. 51], bieten ihren frisch geräucherten Fisch auch zum Mitnehmen an.

Viele Rügener Landwirtschaftsprodukte werden wegen ihrer hohen Qualität und ihrer ökologischen Produktionsweise gerühmt. Man erhält sie z. B. bei:

Rügener Landschlachterei, Gademow 6 b, Parchtitz bei Bergen, Tel. 038 38/ 25 19 55, www.ruegenfleisch.de

Hofgut Bisdamitz, Dorfstr. 1, Bisdamitz bei Lohme, Tel. 03 83 02/92 07, www.hofgut-bisdamitz.de. Biolandhof mit Käserei und Hofrestaurant [s. S. 73].

1ste Edeldestillerie auf Rügen, Lieschow 17, Ummanz/Ortsteil Lieschow, Tel. 03 83 05/553 00, www.1ste-edeldestillerie.de. Hier werden Obstbrände und Liköre hergestellt [s. S. 98].

Klostergenuss, Billrothstr. 20 a, Bergen, Tel. 038 38/319 11 47. Rügenspezialitäten wie hausgemachte Konfitüren und Liköre sowie inseltypische Souvenirs [s. S. 23].

Gesund und beliebt wegen ihres hohen Vitamin-C-Gehaltes: Insbesondere auf Hiddensee werden alle Varianten von **Sanddornprodukten** angeboten: Marmelade, Saft, Sirup, Fruchtmus, Honig u. a.

Essen und Trinken

Die meisten Restaurants haben in der Saison gar keinen Ruhetag, schließen dafür aber im Winter oft einige Wochen bis auch Monate, mindestens jedoch zwei Tage die Woche (oft So/Mo).

Die bodenständige Landesküche Vorpommerns ist an den Früchten der Erde und des Meeres ausgerichtet, d. h. sie besteht aus Fisch und Wild, deftigem Brot, Kartoffeln und allen möglichen Kohlvarianten. So veranstalten von Ende

Traditionelle Landgasthöfe – Genuss unter jahrhundertealten Bäumen

September bis Ende Oktober einzelne Hotels und Restaurants spezielle Kohlwochen, bei denen das Wintergemüse in vielfältigsten Variationen auf den Tisch kommt.

Zu unterscheiden sind traditionelle Vorpommersche und Rügener Gerichte, die vielfach auf die Kochtraditionen der Bauern und Fischer zurückgehen, und die junge Gourmet-Küche der Restaurants und Hotels, deren Köche aus den frischen Zutaten der Region oftmals außerordentlich gelungene, neue Kreationen schaffen.

Zu den **traditionellen Gerichten** gehören Suppen und deftige Eintöpfe wie z. B. Schotenrahmsuppe mit Rotwurst, Kartoffelsuppe mit Rauchfleisch und Steckrübeneintopf mit gepökelter Gänsekeule. Bei den Hauptgerichten zeigt sich eine Vorliebe für Süßsaures: Bei *Himmel und Erde* handelt es sich um Kartoffeln mit Äpfeln, dazu wird Speck oder Blut- und Leberwurst gereicht. *Schwarzsauer von Schweinefleisch* ist ein Gericht, bei dem Bier-Essig, Schweineblut, Backobst und Klöße eine tragende Rolle spielen.

Unvergleichlich gut schmeckt auf der Insel natürlich der fangfrische Fisch, der auf vielerlei Art zubereitet wird: Neben Aalsuppe, Zandersülze, Heringskartoffeln und Rügener Zwiebelfisch gehört Räucherfisch zu den traditionellen Speisen.

Auch **Süßspeisen** sind sehr beliebt, so z. B. der Pommersche Bratapfel mit Zucker und Zimt, die Rote Grütze mit Vanillesauce und, nicht zu vergessen, der Sanddornkuchen.

Mit Buchenholz-Aroma: frischer Räucherfisch aus einer der Traditionsräuchereien

Zu den **neueren Kreationen** gehören Fischgerichte wie z. B. Ostseedorsch mit jungem Wirsing und Sanddornsauce oder auch Dorschroulade, gefüllt mit Charlotten, Dill und Bauchspeck. Ein besonderes Aroma zeichnet das Barschfilet in Weingelee aus. Damhirschleber auf Jägerkohl oder gebeizter Wildschweinsteak an Kirsch-Mandelsauce bescheren auch der Wildküche neue Geschmacksnuancen. Und der Rügener Vorliebe für Süßsaures wird der mit Backpflaumen gefüllte Keulenbraten vom Weidelamm gerecht.

Feiertage

Neujahr (1. Januar), Karfreitag, Ostermontag, Tag der Arbeit (1. Mai), Christi Himmelfahrt, Pfingstmontag, Tag der Deutschen Einheit (3. Oktober), Reformationstag (31. Oktober), Weihnachten (25./26. Dezember).

Festivals und Events

Die meisten Feste sind erst nach der Wende im Zuge des Tourismus-Marketing entwickelt worden, haben sich jedoch im Laufe der Zeit als feste Einrichtungen etabliert. Hier eine Auswahl:

März/April

Bergen: *Osterspektakel*

Ummanz, Zirkow: *Ostermarkt*

Mai

Altefähr: *Heringsfest* am 1. Mai (www.altefaehr.de)

Baabe: Beim *Reusenfest* Anfang Mai demonstrieren Fischer u. a. den Reusenfang, flicken Netze und räuchern Fisch auf dem Marktplatz (www.baabe.de).

Binz: Am 1. Mai wird mit dem *Anbaden der Hoteliers* offiziell die Saison eröffnet.

Glowe: *Hafenfest*

Goehren: *Mönchguter Heringsfest*

Mai/Juni

Goehren: *Bernsteinpromenadenfest* mit Musik und Markt am Kurpavillon (www.ostseebadgoehren.de)

Putbus: Junge Talente und etablierte Künstler musizieren bei den *Putbus-Festspielen* im Putbuser Theater und im Schlosspark. Information und Tickets beim Theater Putbus oder unter www.putbus-festspiele.de

Juni

Baabe, Bergen, Göhren, Kap Arkona: *Mittsommerfest*

Binz: *Seebrückenfest.* Beim *Blue Wave Festival* wird Binz zur Blues-Hochburg, Infos unter www.bluewave.de

Stralsund: *Stralsunder Segelwoche*, Infos unter www.ycstr.de, und *Hafenfest Stralsund* mit den Tagen der Seeschiffahrt, Infos unter www.hafenfeststralsund.de, [s. S. 127]

Juni–Sept.

Ralswiek: Die *Störtebeker Festspiele* sind ein Freiluftspektakel auf der Naturbühne Ralswiek, Ende Juni–Anfang Sept. Mo–Sa 20 Uhr. Kartenbestellung unter Tel. 038 38/311 00, www.stoertebeker.de

Juli

Breege-Juliusruh: Die *Saalhund-Regatta* im Breeger Bodden erhielt ihren Namen von den dort stehenden Saalhundsteinen.

Göhren: *Sommergartenfest*

Hiddensee: An verschiedenen Orten der Insel führen bei der *Palucca Tanzwoche* Eleven der Gret-Palucca-Schule Dresden Tänze auf. Infos bei der Insel Information in Vitte unter Tel. 03 83 00/642 26 sowie bei www.palucca.eu

Lauterbach: *Hafenfest*

Sassnitz: *Rügener Hafentage*

Sellin: *Seebrückenfest*

Stralsund: *Sundschwimmen* und *Wallensteintage*, Infos unter www.wallenstein tage.de [s. S. 127]

Juli/August

Kap Arkona: Der *Theatersommer am Kap* bietet Musik- und Theateraufführungen. Infos unter www.kap-arkona.de

Stralsund: Die *Ostseefestspiele* bringen Theater-, Oper- und Ballettdarbietungen von internationalem Rang auf die Bühne des Theaters Vorpommern (www.ostsee festspiele.de)

Baabe: *Sommerfest*

August

Baabe: *Dorffest*

Göhren: *Seebrückenfest*

Jagdschloss Granitz: Das *Granitzer Schlossfest ist ein* Mittelalterspektakel mit Handwerkervorführungen, Markt, Ritterkämpfen, Musik und Tanz rund um das Jagdschloss.

Festspiele Ralswiek – zu Störtebekers Zeiten waren die Uhren noch etwas unhandlich

Ummanz: Traditionelles Reiterfest *Tonnenabschlagen* mit der Ummanzer Haflingerzucht [s. S. 99]

September

Bergen: Die *Europa-Rügen-Tage* warten mit einer Leistungsschau der Rügener Wirtschaft und kulturellem Rahmenprogramm auf. Infos: Tel. 038 38/81 32 92, http://ruegana.kreis-rueg.de

Lauterbach: *Erntefest*

Putbus: Bei der *Rügener Kabarett-Regatta* wird Kleinkunst aus ganz Deutschland in Putbus auf die Bühne gebracht. Information beim Theater Putbus oder unter www.kabarett-regatta.de

Oktober

Bergen: *Oktoberfest*

Stralsund: Der *Rügenbrücken-Marathon* ist dank unterschiedlicher Distanzen ein Sportereignis für die ganze Familie. Infos unter www.ruegenmarathon.de [s. S. 127]

Dezember

Bergen, Binz, Sassnitz, Stralsund: Besonders stimmungsvoll sind die *Weihnachtsmärkte* in diesen Orten.

Klima und Reisezeit

Rügen gilt wie Usedom als eine der sonnigsten Regionen Deutschlands. Die Witterung liegt im ständig wechselnden Einflussbereich von maritimem nordeuropäischen und kontinentalem osteuropäischen Klima. Das Inselklima zeichnet sich durch frische Winde und viel Sonnenschein aus. Bei geringen Windstärken macht sich der tageszyklische Verlauf der unterschiedlichen Erhitzung von Land- und Seemassen bemerkbar. Dadurch wehen auch bei großer Hitze tagsüber leichte Seewinde, während es nachts zu schwachen Landwinden kommt.

Klimadaten Rügen

Monat	Luft (°C) min./max.	Wasser (°C)	Sonnen-std./Tag	Regen-tage
Januar	-2/ 2	3	1	9
Februar	-2/ 2	2	3	8
März	0/ 4	3	4	7
April	4/ 9	5	6	8
Mai	7/13	8	8	7
Juni	12/18	13	10	7
Juli	14/20	16	9	9
August	15/20	16	8	9
September	12/17	15	6	9
Oktober	8/12	12	4	9
November	4/ 8	8	2	10
Dezember	1/ 4	5	1	11

Auf Rügen ist fast das ganze Jahr über Saison. Während sich die Hauptreisezeit von Mai bis Mitte September erstreckt, kommen Wanderer und Radfahrer im Frühjahr und Herbst auf ihre Kosten. Auch Weihnachten und Silvester ist Hochbetrieb. Saisonpausen, in denen Pensionen sowie Gasthöfe teils schließen bzw. mehr Ruhetage haben, gibt es zwischen November und März – vielleicht ein Anlass, gerade dann einen ruhigen Urlaub auf der Insel zu genießen.

Kultur live

Theater

Theater Vorpommern, Olof-Palme-Platz, Stralsund, Infos unter Tel. 038 31/264 61 50, Ticketverkauf unter Tel. 038 31/264 66, www.theater-vorpommern.de

Theater Putbus, Markt 13, Putbus, Infos unter Tel. 03 83 01/80 80, Kartenservice 03 83 01/80 83 30, www.theater-putbus.de

Kabarett-Theater Lachmöwe, Strandstr. 25, Baabe, Tel. 03 83 03/990 75, www.kabarett-theater-lachmoewe.de. Kleinkunstbühne, die politisch-satirisches Ensemblekabarett der Nörgelsäcke und ihrer Gäste bietet (Ostern–Mitte Okt).

Kurtaxe

Die sieben staatlich anerkannten Ostseebäder Baabe, Binz, Breege-Juliusruh, Göhren, Hiddensee, Sellin und Thiessow sowie die anerkannten sechs Erholungsorte Dranske, Glowe, Lancken-Granitz, Middelhagen, Putbus und Sassnitz dürfen Kurtaxe erheben – örtlich und saisonal schwankend, in der Regel zwischen 0,50 und 2,60 € pro Person und Tag. Diese Kurtaxe dient für Investitionen in die allgemeine Ausstattung des Kurorts, seinen Park, sein Kurhaus, Kurkonzerte, Strandpromenade u. ä., Angebote also, die auch dem Gast zugute kommen. Die Kurtaxe muss durch die Vermieter eingezogen werden, d. h. bei der Vereinbarung über einen Mietpreis von Hotelzimmer oder Ferienwohnung ist es wichtig zu klären, ob dieser die Kurtaxe enthält oder nicht. Der Gast bekommt einen Beleg und kann sich damit ausweisen, um bestimmte Vergünstigungen zu erhalten.

Nachtleben

Wirkliches Nachtleben findet nur in wenigen Orten statt. In Sassnitz hat sich in der Altstadt eine Gruppe von Bars etabliert und in Binz bieten die großen Hotels Bars und Tanzklubs. Die Jugend der Insel trifft sich in Prora in der Groß-Diskothek *M 3* (Objektstr. 51, Tel. 03 83 93/326 45, www.m3-disco.de). In Stralsund gibt es die meisten Bars und Klubs in der Hafengegend.

Nationalparks

Biosphärenreservat Südost-Rügen, Blieschow 7 a, Lancken-Granitz, Tel. 03 83 03/88 50, www.biosphaerenreservat-suedostruegen.de. Information und Anmeldung zu geführten Wanderungen (Mai–Okt.).

Nationalpark Jasmund, Nationalpark-Zentrum Königsstuhl, Stubbenkammer 2, Sassnitz, Tel. 03 83 92/66 17 66, www.koenigsstuhl.com. Information und Anmeldung zu Führungen (Ostern–Okt.).

Nationalpark Vorpommersche Boddenlandschaft, Nationalparkhaus Hiddensee, Norderende 2, Vitte, Tel. 03 83 00/680 41, www.nationalpark-vorpommersche-boddenlandschaft.de. Infos, Ausstellungen und Vorträge.

Sport

Angeln

Rügen ist eines der besten Angelreviere Deutschlands. Man kann an den Binnengewässern und an der Küste fischen oder auch dem Hochseeangeln frönen. Anbeißen können u. a. Aal, Barsch, Dorsch, Scholle, Hecht, Zander, Hering und Meerforelle. Mit etwas Glück können Wittling, Lachs und Steinbutt beim Kutterangeln auf der Ostsee gefangen werden.

In den Küstengewässern ist das Angeln mit drei Handangeln erlaubt, das Schleppangeln ist in den Boddengewässern untersagt. Verboten ist auch die Verwendung lebender Köderfische. In den Lachsschongebieten ist die Raubfischangel vom 1. April bis 31. Mai nicht erlaubt. In den Fischschonbezirken ist der Fischfang ganzjährig verboten.

Auch die Bodden einschließlich der 12-Meilen-Küstenzone der Ostsee gelten als Küstengewässer. Um eine **Angelberechtigung** für die Küste zu erwerben, ist ein gültiger *Fischereischein* erforderlich. Es gibt in Mecklenburg-Vorpommern auf 28 Tage befristete Touristen-Fischereischeine, die einmal pro Jahr beantragt werden können. Die Berechtigungen sind bei den Außenstellen des Landesamtes für Fischerei in Sassnitz, Lauterbach, Breege und Stralsund sowie in manchen Angelgeschäften erhältlich. Infos:

Kreisangelverband Insel Rügen, Tel. 03 83 06/753 68

Landesanglerverband Mecklenburg-Vorpommern, Tel. 038 60/560 30, www.lav-mv.de

Landesamt für Landwirtschaft und Fischerei, Thierfelderstr. 18, Rostock, Tel. 03 81/403 50. Bestellung von Angelberechtigungen und Fischereischeinen.

Golf

Auf Rügen gibt es bislang die Golfanlage in Karnitz und die Übungsanlage der künftigen Golfakademie Rügen auf Schloss Ranzow.

Golfzentrum Rügen Schloss Karnitz, Dorfstr. 11 a, Karnitz, Tel. 03 83 04/824 70, www.inselgolf-ruegen.de. Auf 106 Hektar erwarten Sie ein 18-Loch-Turnierplatz (Par 72), 9-Loch-Standardplatz (Par 60), eine Golfschule mit Driving-Range und Abschlagboxen sowie ein Übungsplatz für jedermann (Par 3) [s. S. 30].

Hotel Schloss Ranzow, Schlossallee 1, Lohme, Tel. 03 83 02/889 10, www.schloss-ranzow.de. Driving Range, Pitching Aerea und Putting Green. Der PAR 18-Loch Course soll 2013 eröffnet werden.

Reiten

Überall auf Rügen gibt es Reiterhöfe, die oft auch Unterbringung anbieten und sowohl Reitstunden geben als auch Ausritte ermöglichen. An den meisten der bewachten und gepflegten Badestrände ist das Reiten jedoch nicht erlaubt. Eine Auswahl von Reiterhöfen auf Rügen:

Reitanlage Gut Boldevitz, Boldevitz, Tel. 0172/151 82 43, www.boldevitz.de [s. S. 97]

Pferdehof Altkamp, Dorfstr. 3, Altkamp, Tel. 03 83 01/617 30, www.pferdehof-altkamp.de [s. S. 37]

Pferdehof Viervitz, Viervitz 3 a, Zirkow, Tel. 03 83 93/145 50, www.hof-viervitz.de [s. S. 48]

Reiterhof Dubnitz, Dubnitz 15, beim Fährhafen Sassnitz-Mukran, Tel. 03 83 92/ 69 10, www.landpension-dubnitz.de [s. S. 68]

Reit- und Zuchthof Pätzold, Starrvitz 37, Tel. 03 83 91/82 33, www.reiterhof-paetzold.de [s. S. 90]

Schwimmen

Die **Wasserqualität** wird auf Rügen streng geprüft. Die beste Kategorie (1) – völlig ohne Belastung – weisen alle Strände der Außenküsten auf, d. h. die gesamte Ostküste, die Westküste von Hiddensee wie auch die Nordküste von Wittow. Gelegentliche geringe Belastungen wurden an einigen Boddenküsten festgestellt, die jedoch unbedenklich sind (2. Kategorie). An einigen Punkten der Südküste wurden leichte Verschmutzungen festgestellt, die aber nicht gesundheitsbeeinträchtigend sind (3. Kategorie).

Das Baden im Meer und im Bodden ist an allen Stränden Rügens und Hiddensees erlaubt und unbedenklich. Besonders an den großen Sandstränden geht es recht flach ins Wasser, sodass Kinder relativ gefahrlos am Wasser spielen können. An vielen Stellen, wie z. B. entlang der gesamten Westküste von Hiddensee, sorgen zudem Buhnen (Dammkörper) in regelmäßigen Abständen für ein Bremsen der Wellen und einen gefahrlosen, seichten Zugang.

Die **Sicherheit** wird in der Badesaison während festgelegter Tageszeiten an allen ortsnahen und ausgewiesenen Badestränden durch die DLRG gewährleistet. Den Anweisungen des Personals ist unbedingt Folge zu leisten, denn bei starkem Witterungsumschwung können auch an seichten Stränden gefährliche Situationen entstehen. Es gibt einige Extrempunkte wie die Kaps und das Südperd, an denen bei Seegang verschiedene Meeresströmungen zusammentreffen, die für Schwimmer gefährlich werden könnten. Hier ist besondere Vorsicht geboten.

In der DDR galt das **Nacktbaden** als fortschrittlich und war weit verbreitet. Die Wiedervereinigung hat auch hier eine Wende gebracht. Inzwischen sind an den Badestränden voneinander getrennte Textil- und FKK-Bereiche ausgewiesen, wobei letztere sich meist an den äußersten Enden der Strände befinden und nicht selten mit den Hundestränden (!) kombiniert werden. Vielerorts neigt man jedoch dazu, diese Reglementierung zu ignorieren, sodass an den meisten Stränden ein unbekümmert-fröhliches ›Jeder so viel Kleidung, wie er mag‹ gilt.

Für schlechtes Wetter oder die Zeit außerhalb der Badesaison gibt es ein vielfältiges Angebot beheizter **Hallenbäder**. Viele Hotels haben eigene Pools, die mitunter auch öffentlich zugänglich sind, z. B. im Cliff-Hotel in Sellin und im Hotel Binz-Therme in Binz. Auf Rügen und in Stralsund gibt es drei Spaßbäder mit breitem Angebot:

Die Nase in den Wind – kreuzender Segler zwischen Hiddensee und Rügen

Jasmund-Therme, bei Neddesitz, Tel. 03 83 02/977 00, www.glowe.de/Jasmundtherme, tgl. 8–22 Uhr [s. S. 74]

Inselparadies, Badstr. 1, Sellin, Tel. 03 83 03/12 30, www.inselparadies.de, Mai–Okt. tgl. 9–22, Nov.–April tgl. 10–22 Uhr [s. S. 53]

HanseDom, Grünhufer Bogen 18–20, am Stadtrand von Stralsund, Tel. 038 31/373 30, www.hansedom.de, Thermen- und Saunalandschaft tgl. 9.30–23, Fitness- und Ballsportbereich tgl. 8–23 Uhr [s. S. 125]

Segeln

Der größte Segelhafen befindet sich in Lauterbach, wo mehrere Firmen Boote verleihen und Kurse anbieten:

Im Jaich, Wasserferienwelt und Marina Lauterbach, Am Yachthafen 1, Lauterbach, Tel. 03 83 01/80 90, www.im-jaich.de. Vermietung von Segeljachten, auch mit Skipper; Segel- und Schnupperkurse. 300 Liegeplätze und Winterlager für Schiffe [s. S. 33].

Windjammer Reederei, Puddemin 1, Poseritz, Tel. 03 83 07/405 55, www.yachtcharter-ruegen.de. Segeltörns für Gruppen und Einzelpersonen mit hochseetüchtigen Segelbooten.

Wasserwanderer finden *Rastplätze* in: Altefähr, Breege, Dranske, Gager, Lauterbach, Neuendorf/Hiddensee, Wreecher See, Sagard, Sassnitz, Schaprode, Seedorf, Sellin, Vitte/Hiddensee, Ummanz-Bollwerk und Wiek.

Tankstellen für Motorboote und Jachten gibt es in den Häfen von Breege, Lauterbach, Sagard, Sassnitz, Stralsund und Vitte/Hiddensee.

Windsurfen

Das Paradies für Surfer auf Rügen sind die windreichen Gegenden am Südperd des Mönchguts und am Strelasund sowie vor der Nordküste von Wittow. Surfschulen gibt es u. a. auf den Campingplätzen von Thiessow und Suhrendorf/Ummanz; außerdem in Dranske beim *Uni Surf Team Rügen* [s. S. 90] und in Glowe bei den *Rügener Segel- & Surfschulen* [s. S. 76], die auch Surfstationen in Binz und Baabe betreiben.

Statistik

Der **Landkreis Rügen** mit einer Fläche von 986 km² umfasst die Inseln Rügen, Hiddensee, Ummanz und eine Reihe von kleineren Inseln in deren Nachbarschaft. Seine insgesamt 70 000 Einwohner verteilen sich auf vier Städte (Kreisstadt Bergen 14 000 Einw., Garz 2300 Einw., Putbus 2500 Einw., Sassnitz 10 600 Einw.) und 38 Gemeinden. Unter den Gemeinden zählen Binz (5800 Einw.) und Dranske (1200 Einw.) zu den größten. 15 400 ha des Landkreises sind Waldgebiete.

Die Fläche der Insel **Rügen** beträgt 926 km² bei einer maximalen Ausdehnung von 51,4 km in Nord-Süd-Richtung und 42,8 km in Ost-West-Richtung. Höchste Erhebung ist mit 161 m der Piekberg (Halbinsel Jasmund). Das Straßennetz umfasst knapp 2000 km, das ausgewiesene Radwegenetz ca. 250 km. Rügens Küstenlänge beträgt insgesamt 574 km, wovon 56 km als Sandstrände, 27 km als Naturstrände und 2,8 km als Boddenstrände ausgewiesen sind.

Die Insel **Hiddensee** verzeichnet eine Fläche von 16,8 km² bei einer Länge von 16,8 km und einer Breite zwischen 250 m und 3,7 km. Höchste Erhebung mit 72,5 m ist der Bakenberg. Die 1000 Einwohner verteilen sich auf die vier Ortschaften Grieben, Kloster, Vitte und Neuendorf. Die Länge der Sandstrände beläuft sich auf 13 km.

Freizeit- und Erholungsinfrastruktur: Auf ganz Rügen gibt es rund 170 Hotels mit 13 200 Betten sowie 110 Pensionen und Gasthöfe mit 2500 Betten; im Jahr 2010 wurden auf Rügen rund 6,13 Mio. Übernachtungen verzeichnet.

Häfen: Es gibt 22 Sport- und Jachthäfen und 4 Fischer- und Personenschifffahrtshäfen. Die Ostseebäder Binz, Sellin und Göhren haben Seebrücken, die von kleineren Fahrgastschiffen angefahren werden.

Hansestadt Stralsund: Kreisfreie Stadt mit knapp 58 000 Einwohnern.

Unterkunft

Die Vermittlung von Hotel-, Pensions- und Privatzimmern sowie Ferienwohnungen und Apartments ist über die Touristenbüros der jeweiligen Orte möglich (s. Praktische Hinweise). Ein umfassendes **Gastgeberverzeichnis** für Rügen und Hiddensee verschickt die *Tourismuszentrale Rügen* in Bergen [s. S. 129].

Einige private Anbieter vermitteln Zimmer, Apartments und Ferienwohnungen auf Rügen, so z. B.:

AVR Ferienanlagen Rügen, Strandstr. 12, Göhren. Tel. 03 83 03/126 50, www.avr.de (Südostrügen)

Mönchgutferien, Antje Triphan, Boddenstr. 39, Groß Zicker, Tel. 03 83 08/302 38, www.zimmervermittlung-moenchgut.de (Halbinsel Mönchgut)

Sander-Touristik, Büro Rügen, Tel. 03 83 03/127 01, www.sander-touristik.de (Binz, Sellin und Nordrügen)

Tourismus-Service Agentur GbR, Stralsund, Tel. 038 31/285 70, www.insel-ruegen.com (ganz Rügen)

Zimmervermittlung Rügen, Grubnow 1, Neuenkirchen, Tel. 03 83 09/880 01, www.zv-ruegen.de (ganz Rügen)

Apartment- und Ferienanlagen

Die größeren Anlagen finden sich fast ausschließlich in den Seebädern des Südostens. Die Buchung erfolgt meist wochenweise, ist außerhalb der Saison jedoch auch für kürzere Zeitabschnitte möglich. Der Preis gilt in der Regel für die Wohneinheit, nicht pro Person, die vorgegebene Bewohnerzahl darf jedoch nicht überschritten werden. Oft wird bei Auszug eine Reinigungsgebühr erhoben. In vielen dieser Anlagen fallen für die Nutzung von Sportanlagen, Fahrrädern, Sauna etc. zusätzliche Kosten an.

Camping

Es gibt 27 Camping-/Caravaningplätze auf Rügen, dagegen keinen einzigen auf Hiddensee. Die Plätze sind weitläufig, liegen in der Regel am Wasser und haben meistens Baumbestand. Da sie in DDR-Zeiten das Gros der Urlauber aufnahmen, bieten viele von ihnen auch Bungalows und Ferienhäuser. Ein Adressenverzeichnis der Campingplätze mit Übersichtskarte und Standarddetails ist bei der *Tourismuszentrale Rügen* in Bergen erhältlich [s. S. 129].

Eine detaillierte und übersichtliche Darstellung geprüfter Campingplätze mit Sterne-Klassifikation und Preisen bietet auch der jährlich aktualisierte **ADAC Camping-Caravaning-Führer** Band *Deutschland und Nordeuropa* (http://campingfuehrer.adac.de).

Ferienhäuser und Ferienwohnungen

Die Zahl der privaten Ferienwohnungen und -häuser wächst ständig. Sie werden sowohl auf der Website der *Tourismuszentrale Rügen* in Bergen [s. S. 129] angeboten als auch über lokale und regionale Vermittlungen, in Katalogen wie auch durch Zeitungsannoncen. Ob modern oder im Stil eines Gutshofs, ob mit Terrasse oder Kinderbett – man sollte sich vorher genau über den Ausstattungsstandard informieren.

Hotels

Man kann deutlich unterscheiden zwischen Großhotels mit umfassendem Angebot wie Restaurant, Bar, Sauna etc., die das ganze Jahr über geöffnet haben, und mittleren Hotels mit geringerem Leistungsangebot und eher familiärer Atmosphäre. Fast alle Hotels sind nach 1990 entstanden und verfügen über ein ausgezeichnetes Ausstattungsniveau, moderne Bäder und gute Betten. Für die Nutzung von Extra-Angeboten wie Sauna, Fahrräder u. ä. werden meist Gebühren erhoben.

Jugendherbergen und -dörfer

Auf Rügen gibt es Jugendherbergen in Binz, Sellin und Prora. In Stralsund liegt die Jugendherberge etwas außerhalb, im Ortsteil Devin am Strelasund. Jugendferiendörfer gibt es in Altenkirchen-Drewoldke bei Juliusruh und auf Ummanz. Ihre Angebote stehen auch privaten Gruppen und größeren Familien offen.

Jugendherberge Binz, Strandpromenade 35, Binz, Tel. 03 83 93/313 60 für Gruppen, Tel. 03 83 93/325 97 für Einzelgäste und Familien, www.binz.jugendherbergen-mv.de. 143 Betten, vorwiegend in 5-Bett-Zimmern.

Jugendherberge Sellin, Kiefernweg 4, Sellin, Tel. 03 83 03/950 99, www.sellin.jugendherbergen-mv.de. 156 Betten, vorwiegend in 4-Bett-Zimmern.

Jugendherberge Prora, [s. S. 47].

Jugendherberge Stralsund, Strandstr. 21, Ortsteil Devin, Stralsund, Tel. 038 31/ 49 02 89, www.stralsund.jugendherbergen-mv.de. 178 Betten, vorwiegend in 3- und 6-Bett-Zimmern.

Internationales Jugenddorf Hinter der Düne, Hinter der Düne 2, Altenkirchen-Drewoldke, Tel. 03 83 91/431 68, www.jugenddorf.de. Verteilt auf 10 Gästehäuser mit 2- bis 6-Bett-Zimmern. Im Wald an der Schaabe mit kilometerlangem Strand gelegen; geeignet für Gruppen jeden Alters, Jugendliche und Familien. Bietet vielfältige Sportmöglichkeiten.

Jugendtours-Feriendorf Ummanz, Markow auf Ummanz, Tel. 03 83 05/81 07, www.jugenddorf-ruegen.de. Die 13 Bungalows in reizvoller Lage stehen für Gruppenreisen von März bis Nov. offen.

Pensionen

Es gibt unendlich viele freundliche und familiäre Pensionen in allen Orten Rügens und auch auf Hiddensee. Sie haben in der Regel zwischen 8 und 15 Zimmer, sind gemütlich eingerichtet und liegen hübsch. Die meisten Pensionen sind nach 1990 gebaut oder grundlegend saniert worden, sodass die Zimmer eigene Bäder oder sehr gute Etagenbäder haben. Immer ist ein reichhaltiges Frühstück eingeschlossen.

Privatzimmer

Zimmer in Privathäusern gibt es eher selten. Sie werden über die Vermittlungen angeboten, manchmal sieht man auch das Schild ›Zimmer frei‹ an Privathäusern. Der Standard ist hier meist noch etwas altbacken, die Preise dementsprechend günstig. Das Frühstück ist in der Regel eingeschlossen.

Wohnmobil

Rügen bietet gut ausgestattete Stellplätze in allen wichtigen Ferienorten. Sie verfügen über sanitäre Einrichtungen und Wasserzapfsäule. Detaillierte Beschreibungen geprüfter Plätze bietet der jährlich aktualisierte **ADAC Stellplatzführer Deutschland/Europa** (im Buchhandel erhältlich). Die **ADAC Wohnmobilvermietung** vermietet ganzjährig Wohnmobile, ADAC-Mitglieder genießen Preisvorteile und Zusatzleistungen; Tel. 089/17 92 30 22 für Vermietung innerhalb Deutschlands.

Verkehrsmittel

Bahn

Auf Rügen verkehrt die **Deutsche Bahn** ab Stralsund über den Rügendamm und unterhält Bahnhöfe in Bergen, Binz und Sassnitz. Auf der Strecke gibt es eine Reihe weiterer Haltepunkte. Von der Hauptstrecke gibt es eine **Zubringerbahn** von

Bergen zur Endstation der Rügenschen BäderBahn ›Rasender Roland‹ in Putbus oder Lauterbach.

Rügensche BäderBahn: Ab Putbus, im Sommer auch ab Lauterbach, fährt der über 100 Jahre alte ›Rasende Roland‹ mit Dampfzügen im 2-Stunden-Takt nach Göhren. Von 8 bis 21 Uhr dampft er 8-mal am Tag in jede Richtung (Okt.–Mai 6-mal) und braucht für die Strecke rund 1 Std. und 15 Min. (bei Aufenthalt in Putbus länger). Im Sommer gibt es zusätzliche Züge zwischen Binz und Göhren. Haltestellen: Lauterbach Mole, Putbus, Beuchow, Posewald, Seelvitz, Serams, Binz, Jagdschloss Granitz, Garftitz, Sellin, Baabe, Phillipshagen und Göhren. Infos:

Pressnitztalbahn – Zweigniederlassung Rügensche BäderBahn ›Rasender Roland‹, Gartenstr. 5, Bergen, Tel. 038 38/ 81 35 91, www.ruegensche-baederbahn.de

Bus

Die Rügener Personennahverkehrs GmbH (RPNV) bietet in der Hauptsaison bis zu 14 verschiedene Ausflugsrouten zu allen wichtigen touristischen Zielen auf der Insel, auf denen man mit Tagestickets oder Kombi-Tickets (Bus-Schiff-Bahn) fahren kann. Zudem gibt es einen regelmäßigen Busservice mit ca. 25 Linien von Bergen zu allen Orten auf Rügen und nach Stralsund. Die Fahrpläne wechseln zwischen Sommer- und Wintersaison. Infos:

Rügener Personennahverkehrs GmbH, InfoThek (Auskunft, Fahrscheine, Anträge) am Busbahnhof Bergen, Friedenstr. 24, Bergen, Tel. 038 38/20 29 55, www.rpnv.de, Mo–Fr 8.309–12.30, 13–17 Uhr

Fahrrad

Das Radwegenetz auf Rügen von ca. 250 km ist weiter im Ausbau. Gut ausgeschildert ist z. B. der 278 km lange *Rügenrundweg* einmal rund um die Insel. Er besteht aus Radwegen und meist verkehrsarmen kleinen Seitenstraßen. Die Nutzung der großen Bundesstraßen sollte generell vermieden werden.

In den Fremdenverkehrsämtern sind Rügenkarten mit Radwegen erhältlich. In den meisten Orten Rügens gibt es Möglichkeiten, Räder zu mieten. Einen Fahrradmietservice für ganz Rügen bietet:

Fahrradverleih Bruchalla, Gademow 32, Ortsteil Parchtitz, Bergen, Tel. 038 38/ 203 09 55, www.fahrradverleih-ruegen.de. City-, Touren-, E-Bikes und Montainbikes.

Auf **Hiddensee** gibt es an allen drei Fährhäfen Leihstationen. Man muss aber das Fahrrad dort abgeben, wo man es ausgeliehen hat. Für Tagesbesucher lohnt es nicht, das eigene Fahrrad per Schiff mitzubringen, denn die Fährgebühren für Räder übersteigen die Tages-Leihgebühren auf Hiddensee.

Flugzeug

Die **Ostsee-Flug-Rügen GmbH** bietet Charterflüge und Inselrundflüge in ein- und zweimotorigen Maschinen vom Flughafen Rügen in Güttin aus. Infos:

Flugplatz Ruegen, Güttin, Tel. 03 83 06/ 12 89, www.flugplatz-ruegen.de

Mietwagen

Lokale Anbieter finden sich z. B. in Bergen, Sassnitz und Stralsund. Mitglieder können bei der *ADAC-Autovermietung GmbH* über die ADAC-Geschäftsstellen oder unter Tel. 018 05/31 81 81 (0,14 €/Min.) preisgünstig ein Auto vorbuchen. Sie genießen Preisvorteile und Zusatzleistungen.

Schiff

Scandlines Deutschland, Fährhafen Sassnitz, Tel. 018 05/11 66 88 (0,14 €/Min.), www.scandlines.de. Fähren von Sassnitz nach Trelleborg in Schweden.

Reederei Hiddensee (eine Tochter der *Weißen Flotte GmbH*), Fährstr. 16, Stralsund, Infotel. 01 80/321 21 50 (0,09 €/Min.), www.reederei-hiddensee.de. Fähren von Hiddensee (Vitte) nach Dranske, Schaprode, Stralsund, Wiek und Zingst.

Reederei Ostsee-Tour, Hafenstraße 12/ Haus J, Sassnitz, Tel. 03 83 92/31 50, www.reederei-ostsee-tour.de. Ausflüge von Sassnitz, Binz, und Sellin zu den Kreidefelsen sowie zum Kap Arkona.

Boddenreederei Rügen, Zum Höft 10, Gager, Tel. 03 83 08/83 89, www.boddenreederei-ruegen.de. Ausflugsfahrten über den Bodden sowie Linienfahrten nach Peenemünde (Usedom).

Reederei Kipp, Dorfstr. 101, Breege, Tel. 03 83 91/123 06, www.reederei-kipp.de. Ausflüge von Breege und Ralswiek nach Hiddensee.

Reederei Lojewski, Schlossallee 4–5, Liegeplatz Ostmole, Sassnitz, Tel. 03 83 92/ 351 36, www.reederei-lojewski.de. Ausflüge von Sassnitz zu den Kreidefelsen.

	ADAC Reiseführer	ADAC Reiseführer plus
Ägypten	■	■
Algarve	■	■
Allgäu	■	■
Alpen – Freizeitparadies	■	
Amsterdam	■	■
Andalusien	■	■
Australien	■	■
Bali & Lombok	■	■
Baltikum	■	■
Barcelona	■	■
Bayerischer Wald	■	■
Berlin	■	■
Bodensee	■	■
Brandenburg	■	■
Brasilien	■	
Bretagne	■	■
Budapest	■	■
Bulgarische Schwarzmeerküste	■	■
Burgund	■	
City Guide Germany	■	
Costa Brava und Costa Daurada	■	
Côte d'Azur	■	■
Dänemark	■	■
Deutschland – Die schönsten Autotouren		■
Deutschland – Die schönsten Orte und Regionen	■	■
Deutschland – Die schönsten Städtetouren	■	
Dominikanische Republik	■	
Dresden	■	■
Dubai, Vereinigte Arab. Emirate, Oman	■	■
Elsass	■	■
Emilia Romagna	■	■
Florenz	■	■
Florida	■	■
Franz. Atlantikküste	■	■
Fuerteventura	■	■
Gardasee	■	■
Golf von Neapel	■	■
Gran Canaria	■	■
Hamburg	■	■
Harz	■	■
Hongkong & Macau	■	
Ibiza & Formentera	■	■
Irland	■	■
Israel	■	■
Istanbul	■	■
Italien – Die schönsten Orte und Regionen	■	■
Italienische Adria	■	■
Italienische Riviera	■	■
Jamaika	■	
Kalifornien	■	■
Kanada – Der Osten	■	■
Kanada – Der Westen	■	■
Karibik	■	■
Kenia	■	■
Korfu & Ionische Inseln	■	■
Kreta	■	■
Kroatische Küste – Dalmatien	■	■
Kroatische Küste – Istrien und Kvarner Golf	■	■
Kuba	■	■
Kykladen	■	
Lanzarote	■	■
Leipzig	■	■
Lissabon	■	■
London	■	■
Madeira	■	■
Mallorca	■	■
Malta	■	■
Marokko	■	■
Mauritius & Rodrigues	■	■
Mecklenburg-Vorpommern	■	■
Mexiko	■	
München	■	■
Neuengland	■	■
Neuseeland	■	■
New York	■	■
Niederlande	■	■
Norwegen	■	■
Oberbayern	■	■
Österreich	■	■
Paris	■	■
Peloponnes	■	
Piemont, Lombardei, Valle d'Aosta	■	■
Polen	■	■
Portugal	■	■
Prag	■	■
Provence	■	■
Rhodos	■	■
Rom	■	■
Rügen, Hiddensee, Stralsund	■	■
Salzburg	■	■
St. Petersburg	■	■
Sardinien	■	■
Schleswig-Holstein	■	■
Schottland	■	■
Schwarzwald	■	■
Schweden	■	■
Schweiz	■	■
Sizilien	■	■
Spanien	■	■
Südafrika	■	■
Südengland	■	■
Südtirol	■	■
Sylt	■	■
Teneriffa	■	■
Tessin	■	■
Thailand	■	■
Thüringen	■	■
Toskana	■	■
Trentino	■	■
Tunesien	■	■
Türkei – Südküste	■	■
Türkei – Westküste	■	■
Umbrien	■	
Ungarn	■	■
USA – Südstaaten	■	
USA – Südwest	■	■
Usedom	■	■
Venedig	■	■
Venetien & Friaul		■
Wien	■	■
Zypern	■	■

■ **ADAC Reiseführer**
144 bzw. 192 Seiten

■ **ADAC Reiseführer plus**
(mit Extraplan)
144 bzw. 192 Seiten

Mehr erleben, besser reisen ... mit ADAC Reiseführern!

Stand: 11/2011

Register

Impressum

Chefredakteur: Dr. Hans-Joachim Völse
Textchefin: Dr. Dagmar Walden
Chef vom Dienst: Bernhard Scheller
Lektorat und Bildredaktion: Irene Unterriker
Aktualisierung: Cornelia Schubert
Kartografie: Computerkartographie Carrle, München
Layout: Martina Baur
Herstellung: Ralph Melzer
Druck, Bindung: Rasch Druckerei und Verlag, Bramsche
Printed in Germany

Ansprechpartner für den Anzeigenverkauf: Kommunalverlag GmbH & Co KG, MediaCenterMünchen, Tel. 089/92 80 96-44

ISBN 978-3-89905-994-6

Neu bearbeitete Auflage 2012

Bildnachweis

Umschlag-Vorderseite:
Kreideküste im Nationalpark Jasmund.
Foto: Berthold Steinhilber/laif
Umschlag-Rückseite links:
v.o.n.u. Wh. von 52, 2 unten, 8 oben, 52/53, 62
Umschlag-Rückseite rechts:
v.o.n.u. Wh. von 108, 114/115, 64, 122, 98
Titelseite: v.o.n.u. Wh. von 58, 104, 60

Alimdi.net, Deisenhofen: 52/53 (Nico Stengert) – Gunda Amberg Farbdia-Archiv, Gröbenzell: 88 (A. Birkmann), 87 oben – AKG, Berlin: 14, 35, 70, 82, 109 – Argus Fotoarchiv, Hamburg: 76 (Hartmut Schwarzbach) – ddp images/dapd: 20 – Werner Dieterich, Stuttgart: 25, 59, 83, 108, 118, 128 oben und Mitte rechts, 136 – FAN, Lüneburg: 7 unten (Peter Mross), 8 oben (Jens Rufenach) – Hartmuth Friedrichsmeier, Hamburg: 6 (Fotostudio Böttcher) – Bildagentur Huber, Garmisch-Partenkirchen: 6, 55, 123 (Mehlig), 8 unten, 48, 50 unten, 57, 60, 78, 92, 112, – Ottmar Heinze, Hamburg: 69 – IFA-Bilderteam, Ottobrunn bei München: 87 unten (Gerig), 101 (Köpfle), 121 (Aberham) – Volkmar E. Janicke, München: 9 unten – Kulturhistorisches Museum der Hansestadt Stralsund: 12 – laif, Köln: 5 (2), 7 oben, 8 Mitte, 9 oben, 10 (2), 11 oben und Mitte, 19, 21, 26, 27 (2), 30, 31, 32, 34, 36 (2), 37, 38, 39, 40, 43, 44, 50 oben, 52, 58, 62, 64, 66, 68, 71, 72, 73, 74, 80 (2), 81, 85, 94 (2), 96, 97, 98, 99, 100, 102, 103, 104, 106, 107, 110 (2), 111, 113 (2), 128 Mitte links und unten, 133 (Kirchner), 69 (H. D. Zielske), 116 (Gerhard Westrich) – Kurverwaltung Ostseebad Binz: 42 unten – LOOK, München: 11 unten, 18, 22, 49 (Hauke Dressler), 117 (H. & D. Zielske) – Mauritius, Mittenwald: 28, 77 (Mehlig) – Meeresmuseum Stralsund: 122 (Joahnnes-Maria Schlorke) – Ozeaneum Stralsund: 124, 125 (Johannes-Maria Schlorke) – PhotoPress, Stockdorf bei München: 16/17 (Schlierbach), 119 (Arden) – Gunther Reymann, Putbus: 23 – Johannes-Maria Schlorke, Saarbrücken: 15 – Thomas Semmler, Lünen: 114/115 – Störtebeker Festspiele, Ralswiek: 95 – Süddeutscher Verlag/Bilderdienst, München: 45, 46 – Theater Vorpommern, Stralsund: 120 – Tourismuszentrale der Hansestadt Stralsund: 127 – Traditionsräucherei Lietzow: 132